느낌,

대한민국 365일
사진여행

느낌!
대한민국 365일
사진여행

2011년 6월 27일 1판 1쇄 인쇄
2011년 7월 11일 1판 1쇄 발행

지은이 조계준, 황중기
펴낸이 이종춘
펴낸곳 BM 성안당
주소 경기도 파주시 교하읍 문발리 출판문화정보산업단지 536-3
전화 (031) 955-0511
팩스 (031) 955-0510
등록 1972. 2. 1 제 13-12호
수신자 부담 서비스 080-544-0511
출판사 홈페이지 www.cyber.co.kr

ISBN 978-89-315-7542-2 (03960)
정가 15,800원

이 책을 만든 사람들
기획·진행 아홉번째서재
편집·표지디자인 아홉번째서재
일러스트 아홉번째서재
홍보 박재언
제작 구본철

느낌!
대한민국 365일
사진여행

BM 성안당

처음 출판사의 출간 제의를 받고 많은 고민을 했습니다.

보잘것없는 사진과 짧은 글을 벌거 벗겨 세상에 내보내야 한다는 것이 내심 불안하고 두렵기 때문이었지요. 직장인으로서 바쁜 회사 업무와 취미생활을 병행해가면서 사진에 미쳐 20여 년간 대한민국 방방곡곡 참 많은 곳들을 돌아다니고 사진에 담아왔습니다.

그동안 작품들은 간간히 전시회나 온라인에 소개도 해왔지만 이렇게 한권의 책으로 출간 한다는 것이 힘들고 어려운 것인지 몰랐습니다. 첫째로 의욕만 앞서 원고를 쓰다 보니 막상 한정된 지면에 더 많은 여행지 사진과 안내글을 싣지 못한 것, 둘째로 사진과 풍경에 의존하다 보니 축제와 음식의 느낌을 글로만 표현하게 된 것이 못내 아쉽습니다. 전체적인 분위기를 살리는 것이 쉽지 않음을 다시 한 번 깨달았습니다. 그런 아쉬운 부분들은 풍경사진과 좋은 여행지로 대신합니다.

한 달에 한 번, 스트레스 해소와 여유로움을 즐기기 위한 여행 어떨까요?

요즘은 방학이나 휴가철이면 너나없이 해외로 여행을 많이들 떠나는데 그에 못지않게 대한민국의 아름다운 자연과 풍경들은 세계 어느 나라에도 뒤지지 않는 멋진 여행지들이 곳곳에 산재해 있습니다. 홀가분하게 카메라 하나 메고 떠나보자 대한민국 방방곡곡 볼거리와 먹거리, 그리고 축제속으로 자신과 가족, 연인과 함께 아름다운 추억을 만들어보세요.

끝으로 이 책이 나오기까지 많은 도움을 주신 출판, 기획사 관계자 여러분들 그리고 주말 과부가 되어 불평한마디 없이 언제나 그저 묵묵히 옆에서 도움을 준 아내와 가족들에게 감사를 드립니다.

나의 사진창고에 고이 간직해둔 못난 자식들을 세상에 내놓으며...

조계준

지난 2007년 5월 "아름다운 풍경·접사사진을 위한 DSLR"이 출간된 지 꼭 4년 만에 두 번째 책이 나왔습니다. 첫 번째 책이 아름다운 풍경 사진을 찍기 위한 정보들(포인트, 필요한 준비물, 촬영장소의 시간, 카메라 세팅과 노출, 구도 등)에 초점을 둔 책이라면 이번의 책은 사진 촬영뿐만 아니라 여행지에서의 볼거리인 축제, 숙박, 교통, 그리고 먹을거리 등 여행에서 필요한 기초정보를 주목적으로 쓴 책입니다.

요즘은 많은 분들이 카메라를 가지고 여행을 떠납니다.

사진은 여행에서의 자기 자신에 대한 먼 훗날을 뒤돌아 볼 수 있는 좋은 자료가 되고 또한 현재의 자기를 오랫동안 기억할 수 있는 좋은 수단이 됩니다. 마냥 혼자 떠나는 여행은 조용한 사색을 할 수 있어서 좋고 그 반대로 누군가와 함께 떠나는 여행은 삶을 윤택하게 만들어 주며 또한 같이 동행하는 이와의 좋은 추억과 보이지 않는 정(情)을 만들 수 있는 좋은 시간이 되겠지요. 그래서 이 책에서는 여행지의 특색을 보여주고, 그에 맞게 계절과 시기, 연인과 가족 등이 같이 가면 좋겠다는 생각으로 구성하게 되었습니다. 물론 화려한 책은 아니지만 책의 내용을 통해 많은 분들이 즐거운 마음으로 여행을 떠나고, 그 여행에서 정보를 얻고 더불어 따뜻한 인간의 삶을 영위하는 힘을 비축하는 계기가 된다면 필자로서는 바랄 것이 없겠습니다.

이 책이 나오기까지 힘써주신 기획사 및 출판사 담당자님, 한 번도 뵌 적은 없지만 너무나 멋질 거 같은 공동 저자이신 조계준님 그리고 사진을 쓸 수 있도록 도와주신 모든 분들께 감사의 말씀을 전합니다.

끝으로 더 좋은 책이 될 수 있도록 독자 여러분들의 아낌없는 충고와 격려를 바라며 아무쪼록 이 책을 선택하신 모든 분들께서 사진과 여행 두 마리 토끼를 한꺼번에 잡길 진심으로 바랍니다.

황중기

느낌!
대한민국 365일
사진여행

한 달에 한 번, 당신의 쌓인 스트레스를 해소하고 여유로움을 찾는
아름다운 대한민국으로 떠나보자!

수도권 촬영지 10선

느낌!
대한민국 365일
사진여행

1년 365일! 한 달에 한 번! 찾아가는 나만의 특별한 여행지
여행과 사진, 축제, 그리고 맛의 현장으로 떠나 보자.

왜목마을

서해에서 일출을 바라보다

와목(臥木)

월별 베스트 추천여행_1월

여행 시기 | 11월 2주~2월 중순 사이

당일코스	연인
1박 2일 코스	MT
주변명소	사진여행
가족여행	계절마다

첫 해는 항상 추운 겨울날, 늦잠에서 깬 잠꾸러기처럼 그렇게 솟아오른다. 늦잠에서 깬 해는 우리가 생각하던 그런 동해바다의 해가 아니다. 서해에서 일출을 알리는 해다. 떠오르는 해를 서해에서?

충남 당진군 석문면 교로리에 위치한 왜목마을이라 불리는 작은 어촌마을이 있다. 언제부턴가 사진가들과 여행객들의 입소문을 통해 서해안에서 바다 일출을 볼 수 있는 곳으로 알려지면서 유명해진 곳이 바로 이곳 왜목마을이다. 서해바다인 왜목마을에서 바다 일출을 볼 수 있는 것은 지리적 특성 때문인데 지도를 보면 당진군이 서해에서 반도처럼 북쪽으로 불쑥 솟아 나와 있는 것을 볼 수 있다. 이 솟아나온 부분의 해안이 동쪽으로 향해 있고, 동해와 같은 방향으로 되어 있기 때문에 동해안에서와 같은 일출을 볼 수 있다. 특히 일출과 일몰을 함께 볼 수 있다는 것이 매력적이다.

왜목마을 뒤에 있는 작고 아담한 석문산79m의 정상에

당일 코스

수도권에서 비교적 가깝고 접근성이 좋아 당일 코스로도 좋은 곳이며 주변의 여행지와 연계 여행하면 좋다. 왜목마을 일출과 체험관광 코스도 돌아보고 마지막에는 도비도 전망대와 해수탕에서 온천을 하고 당일코스를 마무리 한다.

▶ 1코스 왜목마을 일출-성구미포구-석문방조제/대호방조제-삼길포-웅도-벌말-도비도
▶ 2코스 왜목마을 일출-안섬포구/한진항-필경사-삽교천 함상공원-솔뫼성지

올라보면 충남의 장고항 용무치와 경기도 화성군 국화도를 사이에 두고 시기별로 위치가 바뀌면서 일출과 월출이 이루어지고 있는 것을 볼 수 있다. 산을 오르는 길은 횟집 끝나는 지점에 나무 계단이 보이는데 빠르면 15분에서 느리게는 30분이면 정상에 오를 수 있다. 이곳의 일몰은 충남 당진군 석문면 대난지도와 소난지도 사이의 비경도를 중심으로 이루어지고 있다.

여름 같았으면 벌써 중천에 떠 있을 해가 8시가 다 되가는 시각에 늦잠이라도 잔 듯 서서히 솟아오르고 있다. 그것도 왠지 바닷가 서민처럼 작고 소소해 보인다. 📷 400mm 1/40s f10 iso100 spot

왜목마을은 일출, 일몰 광경을 볼 수 있는 시기가 년 중 180일 정도로 어느 지역보다 긴 편이라고 할 수 있다. 왜목마을 일출의 백미는 일명 가늠좌쇠 바위 사이로 뜨는 해인데 사진 촬영 적기는 11월부터 2월말 사이가 가장 좋다. 이 기간 동안은 매년 전국의 여행객들과 사진가들이 몰려든다.

입구에 들어서면 해안가 횟집 앞으로 도로가 나 있는데 적당한 곳을 찾아 주차하고 해안가를 따라서 촬영 포인트를 점검해야 한다. 시기마다 일출 포인트가 이동하기 때문이다. 대체적으로 그날 촬영 팀들이 몰려 있는 곳으로 가면 적당한 일출 포인트를 찾을 수 있다. 가늠자쇠 바위 사이의 해를 클로즈업하려면 400mm 이상의 망원렌즈나 컨버터teleconverter 가 필요하며, 흔들리지 않게 셔터 릴리즈shutter release 와 삼각대 는 필수적으로 필요하다. 일출 후에는 석문산에 올라서 광각렌즈로 주변 풍경들을 담는 것도 좋다.

해마다 12월 31일부터 1월 1일 사이에는 해맞이 행사를 개최하여 많은 관광객들의 발길이 끊이지 않고 있다. 한해를 보내고 시작하는 뜻 깊은 날에 서해바다 왜목마을로 가족, 연인과 함께 해맞이 여행을 떠나 보는 건 어떨까?

1박2일 코스

1박2일은 왜목마을 주변 관광지와 당진군의 명소들을 여유 있게 돌아볼 수 있는 시간이 될 것이다. 우선 서해고속도로 송악 나들목을 나와서 심훈(소설가)이 이곳에서 상록수를 집필한 필경사와 김대건 신부의 출생지이기도 한 솔뫼성지를 둘러본다. 삽교천의 함상공원과 작고 아담한 성구미 포구, 갯벌을 막아서 만든 석문방조제, 대호방조제를 지나서 왜목마을에 도착(1박)한 후 아침 왜목일출을 보고 인근의 대산 삼길포와 웅도, 벌말 염전과 어촌을 둘러본 후 서산과 대산의 경계에 있는 도비도에서 갯벌체험과 해수탕으로 1박2일 코스를 마무리 한다.

▶ 솔뫼성지 - 함상공원 - 필경사 - 성구미포구 - 석문방조제, 대호방조제 - 왜목마을(1박)

▶ 왜목마을 일출 - 삼길포항-웅도 - 벌말 - 도비도(갯벌체험, 해수탕)

1 해가 산봉우리 위에 우뚝 솟아올랐다.

2 왜목마을의 일출을 담고 난 후 다른 포인트의 촬영을 위해 사진가들의 발이 분주하다.

3 어느덧 해가 솟아오르고 난 후 태양을 주시하며 새해다짐을 해본다.

4 이 작은 곳의 소소한 일출을 구경하기 위해 온 가족들의 모습이 마냥 행복해 보인다.

당진의 촬영 명소로는 서해대교 일출과 야경, 왜목일출, 삼길포항과 대산석유화학 단지가 보이는 도비도와 삽교천 함상공원, 성구미포구 일출과 석문방조제와 대호방조제에서 바라보는 바다풍경 등을 꼽을 수 있다. 또한 인근의 대산 웅도 소달구지와 벌말 바다풍경도 좋다.

서해대교 야경 촬영은 평택항에서 서해대교아래 아산방면으로 가면 길가에 펜스Fence가 있는데 그곳에서 직진하다보면 중간 중간에 초소가 보인다. 조금 더 내려가면 정면으로 볼 수 있는 곳이 야경촬영 포인트다. 서해대교 주탑 조명은 20분 간격으로 4가지 색으로 바뀐다.

서해대교

1 삽교천 함상공원, 대형 상륙함과 구축함이 나란히 위용을 뽐내고 있다.
2 어업을 쉬고 있는 선박들의 모습
3 성구미포구 풍경

삽교천 함상공원은 삽교호관광지 내에 있는 군함 테마공원으로 대형 상륙함과 구축함에 해군과 해병대의 역사와 문화를 체험할 수 있도록 전시관을 설치한 곳이다. 관람객을 위한 각종 편의시설과 150m의 선착장에서 각종 이벤트가 열리기도 한다.

아미산 산림욕장과 삽교호 관광단지, 충장사와 영랑사, 난지도 해수욕장과 대산 석유화학단지, 도비도 농어촌 휴양단지, 한진항과 안섬포구 등이 가까이 있어서 한번쯤 가볼만한 장소들이다.

축제의 현장

서해안 내륙의 중심지 당진의 문화축제로는 제일 먼저 450여년의 역사를 지닌 기지시리(機池市里)의 줄다리기 축제를 들 수 있다. 유형문화재 75호로 등록되어 있는 이 줄다리기 축제는 윤년마다 음력 3월 초순경에 하고, 평년에는 소제로 용왕제와 당제만을 지낸다. 너나 할 것 없이 많은 사람이 모여 치르는 이 행사는 규모가 크고 격식이 갖춰져 있어 줄을 만드는 시간만도 3개월이 넘는다고 한다. 또 다른 축제로는 송악면 부곡리의 상록문화제, 면천의 진달래축제, 안섬포구의 풍어제, 소난지 의병추모제 등 각종 행사를 놓치지 말자.

★ 기지시 줄다리기 축제
➤ 기간 윤년마다 4월6일~4월9일(4일간)
➤ 장소 기지시리 일원, 공설운동장
➤ 주요행사 줄제작(체험행사), 용왕제등의 전야제, 각종 민속행사 및 공연 줄다리기 등

★ 상록문화제
➤ 기간 매년 10월 말경(3일간)
➤ 장소 당진읍 일대
➤ 주요행사 추모행사 및 심훈 문학상, 글짓기대회, 어울마당 등으로 진행된다.

★ 면천 진달래 축제
➤ 기간 매년 4월경(2일간)
➤ 장소 면천면 일대
➤ 주요행사 몽산성돌기 및 체험행사, 복지겸장군 추모제, 진달래 문화예술제 및 문화 체험, 진달래 민속놀이 등

★ 장고항 실치 축제
➤ 기간 매년 4월초 (2일간)
➤ 장소 장고항 일원
➤ 주요행사 사물놀이공연 및 연예인공연, 실치회 시식 및 각종 체험행사

★ 왜목 해돋이 축제
➤ 기간 매년 12월31~1월1일(2일간)
➤ 장소 왜목마을 일대
➤ 주요행사 해맞이행사 및 사물놀이 공연

당진군 기지시리 줄다리기 축제가 한창이다.

당진군은 내륙과 바다가 잘 조화된 곳으로서 음식문화 또한 육지와 바다 음식이 잘 어우러져 맛깔스런 맛을 내는 다양한 메뉴가 발달해 왔다. 황토에서 자란 당진 황토 우렁이 쌈밥과 장고항의 실치, 성구미 포구의 간재미

요리, 면천의 두견주와 어죽, 붕어찜 등 육지와 바다의 다양한 음식을 맛볼 수 있다. 칼칼한 맛의 된장, 두부와 삶은 콩을 갈아 넣은 고소하고 감칠맛 나는 쌈장이 당진을 들를 때면 항상 돌아보게 만든다.

맛이있는 곳

• 우렁이박사 _우렁이 쌈밥
(041) 363-9554
당진군 신평면 도성리 499-1 우렁이촌
/ 신평면 도성리 일원에 우렁이 쌈밥촌
이 있어 많은 단체관광객이 꼭 한 번씩
들리는 명소다.

• 남원골 _추어탕

(041) 357-8999
당진군 당진읍 채운리 1087

• 태공수산 _각종 활어회
(041) 353-6544
당진군 석문면 교로리 884-9

• 면천가든 _어죽,한식
(041) 356-3572

당진군 면천면 원동리 298-6

• 한일회관 _실치회 및 활어회
(041) 353-3200
당진군 석문면 장고항2리

• 바다이야기 _간재미요리 및 활어회
(041) 352-7266
당진군 송산면 가곡리 12-28

길따라 지도따라

• 인터넷 웹사이트
http://www.dangjin.go.kr/당진군청
왜목마을 : http://www.waemok.org

• 문의전화
당진군청 문화관광과 (041)-350-3101

• 대중 교통정보

► 자가운전
수도권에서는 서해안 고속도로를 타고 서해대교 건너 송악 나들목으로 빠져 나와 38번 도로를 타고 대호방조제, 대산

항 방향으로 직진하면 20여분이면 도착한다. 경부고속도로 방면은 안성 - 평택 - 서해고속도로 방면으로 진입하면 1시간30분~2시간여 걸려 도착한다.

► 버스
서울 남부터미널이나 동부터미널에서 매일 당진행 시외버스가 출발한다. 고속버스는 서울 강남고속터미널에서 수시(30분 간격) 당진간 고속버스가 운행되고 있으며 소요시간은 약 1시간30분 대전은 동부터미널에서 2시간 소요되며 당진버스터미널에서 교로리행 시내버스가 매시 30분 간격으로 운행(30분소요)되고 있다.

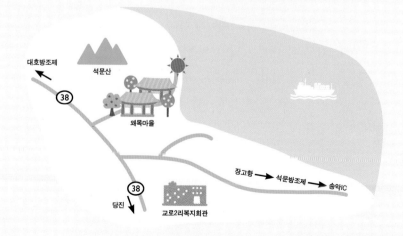

덕유산 설경

스키와 등산을 함께 즐기는

월별 베스트 추천여행_1월

여행 시기 | 1월 1주~2월 초 사이

당일코스	연안
1박 2일 코스	MT
주변명소	사진여행
가족여행	계절마다

1월의 찬바람은 매섭다. 신고식이라도 하듯 새해 시작을 알리는 매서운 추위는 따뜻한 온돌방에 앉아 화로에 구워먹던 고구마가 생각난다. 고구마 껍질을 벗기며 피어오르는 김은 왠지 머릿속에 사진처럼 담겨있다. 도시에서 보기 힘든 시골 풍경은 넉넉하진 못해도 따스함을 잃진 않았었다. 눈이 내려도 소복이 쌓이면 그해 겨울은 유난히 따뜻했다. 하지만 최근 들어 내리는 눈은 그 어릴 적 보던 눈이 아니다. 타이어에 쓸려 시커멓게 변한 눈이 아스팔트를 덮어버려 회색빛의 도시를 보여준다. 거기다가 눈을 녹이기 위해 뿌리는 염화칼슘은 그 아스팔트길마저 패이게 한다. 그래서인지 언제부터인가 눈이 내리는 날이 썩 반갑지만은 않았다. 결국 눈이 내리면 만사가 귀찮아진다. 특히 차를 끌고 다닐 생각은 엄두도 못 낸다. 하지만 간혹 눈으로 하얗게 쌓인 산들을 보노라면 금세라도 뛰어가고 싶은 마음이 간절하다. 여유롭지 못한 도시의 마음을 받

 당일 코스

사진촬영을 겸한 덕유산 등반은 크게 두 가지 방법이 있다. 삼공 탐방지원센터에서 향적봉까지 이르는 코스는 총 거리 8.5km 총 소요 시간은 2시간 40분 ~ 3시간 30분 정도의 탐방객들이 가장 많이 이용하는 덕유산 등산의 기본코스와 무주리조트에서 곤돌라를 타고 설천봉에 오른 뒤 향적봉과 대피소 방향으로 오르는 길이 무난하다. 코스도 험하지 않고 오르는 길 중간 중간에 사진 촬영 포인트가 많아 힘들지 않게 오를 수 있어서 가족단위로도 많이 찾는다.

아줄 곳 말이다.

눈이 내리고 난 후 자정을 넘기고 난 시각, 부산스레 준비한 카메라가방과 등산화, 아이젠을 챙겨 짐을 꾸리고 정신없이 차를 몰아 단번에 무주까지 달려갔다. 한시라도 빨리 설원의 상고대를 보고 싶어서인지 악셀레이터를 밟는 오른쪽 발에 힘이 들어간다. 수많은 인파가 몰려도 좋다. 스키와 등산객들, 그리고 관광객, 여유롭지 못한 도시의 답답함마저도 그 모두를 수용하는 그곳은 덕유산이다.

덕이 많고 너그러운 모산(母山)이라는 뜻에서 붙여진 그 이름에서도 풍기듯 넉넉한 인심은 많은 인파를 품에 안고 있다. 전남 무주와 장수군, 경남 거창과 함양군에 걸쳐 있는 모습에서만 보아도 두 곳의 인심을 모아주고 있는 곳이기도 하다.

회색빛 도시가 아닌 산에서 눈이 많이 내린다는 것은 사진을 찍는 이들에게나 등산을 즐기는 이들, 그리고 스키, 보드를 즐기는 이들에게 가장 행복한 날이다. 설원에서 펼쳐지는 아름다운 풍경은 그 무엇으로도 사기 힘들다. 때문에 눈이 내린 후에는 여행가가, 등산가가 그리고 스키어들이 가만히 앉아 있을 수만은 없는 노릇이다.

덕유산의 설경을 담는 사람들 📷 12mm 1/800s F8 ISO250

특히 사진을 즐기는 이들은 겨울에 피는 눈꽃을 보려고 눈이 내린 다음 날에는 어김없이 이곳 덕유산 설천봉에 카메라와 가방들을 메고 모여 있다. 마치 약속이라도 하듯이 말이다. 바람에 흩날리는 눈발의 아늑함은 마치 신선이 구름을 타고 내려오듯 그 신비함을 더해준다. 그 신비로움을 담기위해 새벽잠을 이루지 못하고 이곳에 오는 것이다.

등산을 즐기는 산악인이 아니라면 전문산악인들이 즐기는 어려운 코스를 즐길 필요는 없다. 무주리조트를 이용한 곤도라를 타고 눈발 날리는 덕유산을 내려다보며 짧은 시간에 향적봉에 도달할 수 있는데 스키어들과 등산객들이 어우러져 이색적인 색을 낳기도 한다. 산행을 하는 이들은 삼공리에서 백련사, 오수자굴, 중봉, 향적봉에 다다르게 되는데 무려 7시간 이상이 걸린다. 덕유산을 한 번 다녀오고 나면 입에 침이 마르도록 자랑하는게 바로 이 향적봉과 설천봉 정상에서 볼 수 있는 상고대다. 상고대와 함께 아름다운 설경을 눈앞에 펼쳐주는 덕유산의 넉넉함이 어릴 적 시골의 따스했던 인심을 느끼게 해준다.

 1박2일 코 스

덕유산탐방코스 가운데 대표적인 것이 남덕유와 북덕유를 잇는 종주 탐방로다. 삼공탐방지원센터에서 시작하여 백련사에서 향적봉에 올랐다가 동엽령 ~ 무룡산 ~ 삿갓골재를 거쳐 영각사로 내려서는 이 길은 장장 26.3km로 14시간 이상 소요되는 힘든 코스이다.
1박2일 일정으로 일출과 설경을 함께 담기위해서는 사전에 대피소 숙박 예약을 해야 한다. 향적봉 대피소는 사전 전화예약만 받는다. (063-322-1614)

덕유산은 겨울 설경이 유명하지만 사계절 변화되는 그 모습이 색다른 아름다움을 자아낸다. 6월 초순의 철쭉 군락과 여름이면 구천동계곡의 시원한 물줄기, 또 가을 에는 붉게 물든 단풍이 계곡을 물들이고, 겨울에는 눈 에 덮인 주목과 바람에 흩날리는 눈보라가 장관이다. 덕유산의 설경은 1~2월의 상고대가 피는 설천봉 입구 의 팔각정과 향적봉 대피소 부근 철탑에서 중봉가 는 길의 주목군락이 장관을 이룬다.

고목사이로 보이는 곳이 설천봉 정상인데 곤도라를 타면 이곳에 도착하게 된다.

무주리조트에서 설천봉까지는 곤도라가 운행하고 곤도라의 첫 운행시간은 오전 10시이며주말은 9시 30분 마지막 운행은 16시30분이다.

덕유산의 아침 일출을 촬영하려면, 마지막 곤도라를 타고 설천봉에서 내린 후 약 30분을 올라가면 덕유산의 정상인 향적봉이 나온다. 여기에서 다시 5분 정도 내려가면 "산지기의 집"이라는 산장이 나오는데, 이곳에서 일박 후 새벽에 일출을 찍을 수 있다.

설경을 촬영할 때는 노출을 +1스탑 정도 보정해야 하며, 한겨울 정상의 체감온도는 매서운 눈보라와 함께 영하 20도를 넘나들므로 방한에 특히 신경쓰는 것이 좋다. 또한 미끄러지지 않도록 아이젠과 스패치를 착용하고, 카메라 배터리가 방전되기 쉬우니 여분의 배터리를 챙겨가도록 하자.

주변 명소 名所

전라북도 무주군과 장수군, 경상남도 거창군과 함양군에 걸쳐 있는 산으로서 해발 1,614m의 향적봉이 최고봉으로 우뚝 솟아 있다. 덕유산은 덕이 많고 너그러운 모산(母山)이라는 뜻에서 이름 붙여졌으며. 북덕유산(향적봉)과 남덕유산(1,507m)으로 나뉜다.

남덕유산은 경상남도 거창군·함양군과 전라북도 장수군 경계에 솟아 있다. 두 산봉 사이의 약 20km 구간에는 해발고도 1,300~1,400m의 소백산맥 주맥이 북동~남서 방향으로 뻗으면서 경상남도와 전라북도의 도 경계를 이룬다. 주봉우리인 향적봉을 중심으로 무풍면(茂豊面)의 삼봉산(三峰山:1,254m)에서 시작하여 대봉(1,300m)·덕유평전(1,480m)·중봉(1,594m)·무룡산(1,492m)·삿갓봉(1,410m) 등 해발고도 1,300m 안팎의 봉우리들이 줄 지어 솟아 있어 일명 덕유산맥으로 부르기도 한다.

구천동을 지나 향적봉을 약 3km 남겨 둔 곳에는 천년고찰 백련사(白蓮寺)가 있다. 이곳에는 매월당부도(梅月堂浮屠:전북유형문화재 43), 백련사계단(전북지방기념물 42), 정관당부도(靜觀堂浮屠:전북유형문화재 102) 등의 문화재가 있다. 1975년 2월 일대가 국립공원으로 지정되었다. 또한 무주리조트는 1990년 덕유산국립공원 무주구천동 안에 개장한 종합휴양지로 스키장 등 동계스포츠 시설을 위주로 한 대단위 레저·오락 시설 단지이다. 스키장 시설로는 FIS 공인 슬로프 23면과 스키점프, 노르딕코스 등을 갖추었으며 1997년에는 이곳에서 동계 유니버시아드가 열렸다.

 숙박 정보

• 블루스카이
(041) 354-3372
당진군 송산면 가곡리 38-27

• 그랜드팬션
(063) 322-9110
전라북도 무주군 설천면 삼공리 530-12

• 덕유산의풍경
(063) 322-0111
전라북도 무주군 설천면 삼공리 393-32

• 체리스팬션
(063) 322-7711
전라북도 무주군 설천면 삼공리 742-4

• 눈꽃여행팬션
(063) 322-3759
전라북도 무주군 설천면 심곡리 738-7

• 포유팬션
(063) 322-5151~2
전라북도 무주군 설천면 심곡리 551-9

• 노블팬션
(063) 322-9067
전라북도 무주군 설천면 심곡리 632

1998년 5월에는 아놀드 파머가 설계한 18홀 규모의 골프장을 열었다. 그밖에 키드랜드·워터파크 등의 놀이시설과 호텔, 콘도미니엄 등의 숙박시설, 컨벤션 센터, 한방 요양원, 휘트니스 센터 등의 다양한 부대시설이 있다. 주변 덕유산국립공원 내에 구천동관광단지·자연휴양림·적상산성, 안국사, 호국사 등의 관광지가 있다.

맑은 물과 깨끗한 공기, 오염되지 않은 청정지역의 축제로 무주 반딧불이 축제와 고로쇠나무에서 흘러나오는 고로쇠 물을 홍보하기 위한 고로쇠축제, 오월의 철쭉축제, 시월의 사과축제, 머루축제 등 다양한 행사와 축제가 청정의 고장 무주일대에서 펼쳐진다.

국립공원 덕유산 입구의 관광특구내의 많은 식당가와 무주 리조트내의 식당들이 다양한 메뉴를 선보인다. 특히 이곳은 내륙의 깊고 높은 산들로 둘러싸여 있어서 산채나물 등의 청정 재료를 이용한 음식들이 대부분 차지한다. 전라도 지방 특색의 한정식을 전문으로 하는 식당도 많이 있다. 어느 음식점 빠지지 않고 깔끔한 산나물의 음식들이 구미를 당긴다.

★ 반딧불이 축제
▶ 기간 : 6월2주~3주(9일간)
▶ 장소 : 한풍루, 반디랜드 등 무주일원
▶ 주요행사 : 반딧불이 체험행사와 환경, 문화 예술 행사, 그밖에 민속행사와 각종 공연 및 체험행사 등

★ 고로쇠 축제
▶ 기간 : 3월14일경
▶ 장소 : 무주구천동 일원
▶ 주요행사 : 산신제 및 풍물패 길놀이공연, 각종 참여마당과 화합마당이 다채롭게 펼쳐짐

★ 구천동 철쭉제
▶ 기간 : 5월9~10 (2일간)
▶ 장소 : 무주구천동 일원
▶ 주요행사 : 숲길체험과 화전만들기 등의 각종 체험행사와 인기 가수 공연 등

★ 반딧골 머루축제
▶ 기간 : 매년9월경
▶ 장소 : 적상면 서창마을 산성와인공장 필드 일원
▶ 주요행사 : 머루댄스대회와 각종 체험행사 및 풍물놀이, 인기 가수 공연 등

사진 출처 firefly.co.kr

맛이있는 곳

• 맛고을 회관 _ 한정식
(063) 322-1147 / 전라북도 무주군 설
천면 심곡리 679-3

• 구천동식당 _ 한정식
(063) 322-2332 / 전라북도 무주군 설
천면 삼공리 418-23

• 전주한식당 _ 산채비빔밥
(063) 322-4242 / 전라북도 무주군 설
천면 삼공리418-31

• 하늘천따지 _ 한정식
(063) 322-1145 / 전라북도 무주군 설
천면 심곡리 679-10

• 명가생고기 전문점 _ 갈비
(063) 322-0909 / 전라북도 무주군
설천면 삼공리 309

• 덕유산 백숙집 _ 토종닭
(063) 322-0889 / 전라북도 무주군
설천면 삼공리 357-1

그밖에도 무주 리조트내 많은 식당들이 있어서 다양한 메뉴의 음식들을 맛볼 수 있다.

길따라 지도 따라

• 인터넷 웹사이트
http://deogyu.knps.or.kr/덕유산 국립공원
무주리조트 : http://www.mujuresort.com

• 문의전화
국립공원 덕유산 사무소 (063)-322-3175

• 대중 교통정보

▶ 자가운전
경부고속도로 진입 → 무주IC → 19번국도-49번지방도를
탄다.(총연장 : 206km, 소요시간 : 2시간 30분)
호남고속도로 진입→ 호남고속도로(유성경유) → 서대

전 남부순환도로 → 대진고속도로(무주방향) (총연장 :
256.33km, 소요시간 : 2시간 50분)

▶ 버스
서울남부터미널에서 무주행 고속버스를 이용(하루4번) 하
면 약 3시간정도 소요된다. 무주시외버스 터미널에서 구천
동행 버스를 타면 삼공주차장까지 약 40분 정도 소요된다.
※ 곤돌라를 이용해서 설천봉에 오를 경우에는 무주리조트 방면으로
진입해야 한다.
곤돌라는 오전 09:00부터 17:00 까지 운행되며 계절에 따라서 30분
~1시간의 시차가 있다.
요금은 성인기준 왕복 12,000원.

동해 추암

겨울바다의 미학

당일코스	연인
1박 2일 코스	MT
주변명소	사진여행
가족여행	계절마다

아름다운 바다와 함께 무공해 도로가 펼쳐지는 동해로 가보자. 한국의 아름다운 길로 선정된 바 있는 7번 국도를 타고 가다보면 하얗게 부서지는 파도와 끝없이 늘어진 모래사장의 풍경이 한 눈에 들어온다. 넓고 넓은 바다가 품에 밀려온다. 잠시 사색을 즐기기 위해 7번 국도를 타고 삼척방향으로 가는 길에 작은 해수욕장을 발견하고 멈춰섰다. 조선 세조 때 강원도 제찰사로 있었던 한명회가 촛대바위의 경승에 취해 능파대라고 일컬었다고 할 만큼 유명한 추암해수욕장이다. 해안절벽과 동굴과 촛대바위 등 크고 작은 기암괴석의 경관이 빼어나 해금강해수욕장이라고 한다. 작은 해변과 함께 사색에 잠겨본다.

추암 해수욕장은 동해시와 삼척시 경계해안을 중심으로 하여 동해안의 삼해 금강이라고도 불리는 곳으로 한국관광공사의 겨울철 가볼만한 곳 10선에 선정되기도 한 자연경관이 수려한 곳이다.

당일 코스

2월의 대관령 설경을 뒤로하고, 동해바다의 푸른 물결이 넘실대는 동해로의 여행은 해안선을 따라서 속초, 강릉, 동해, 삼척과 함께 드라이브 일주 코스로도 낭만적이다.

동해에 도착하면 제일 먼저 추암 해수욕장에 들러 작고 소박한 어촌풍경과 기암괴석이 어우러진 추암 촛대바위 앞에 서보자. 포말처럼 부서지는 하얀 파도와 차가운 바닷바람을 맞으면 비릿한 바닷내음이 코끝을 스친다. 파도가 넘실대는 추암의 백사장을 걷기도 하고, 조각공원에 들러 휴식을 취한 후 이웃의 삼척 해신당을 둘러보는 코스도 당일치기로 추천한다.

① 추암해수욕장 - 추암 조각공원 - 삼척 해신당
② 무릉계곡 - 삼화사 - 학소대- 용추폭포 - 두타산성 - 관음사
③ 망상해수욕장 - 고래 화석박물관 - 묵호, 등대일출공원 - 묵호항 - 천곡천연동굴

추암 촛대바위

아찔한 해안절벽과 함께 그리움이 베인 촛대바위, 그리고 크고 작은 바위섬들이 장
관을 이루고 있으며 동해의 거세고 맑은 물이 바위를 때리는 파도소리와 함께 잘게
부서진 백사장이 아름다운 추암 해수욕장, 동해고속도로를 벗어나 7번국도를 따라
삼척을 향하다 보면 효가사거리를 만나는데 직진하여 4.8km를 더 달리면 주유소
가 있고, 대형 안내광고탑을 좌회전하여 조금 들어가면 추암이 나선다. 지금은 관광

지로 소개되면서 입구에 넓은 주차
장과 편의 시설이 잘 갖추어져 있다.
해금강 해수욕장이라고도 불리는
추암행 버스는 동해에서 1일 7회 운
행하는 탓이라 그런지 한적함을 볼
수 있다. 가속피서지로 적합한 해금
깅 해수욕장에는 볼거리 많음이나

추암 30mm 1/30s F5.6 ISO100

넉넉한 오징어, 멍게, 소라, 해삼, 광어 등 해산물이 풍부한 장점이 있으며 연중 많은 관광객들의 발길이 끊이지 않고 있다. 추암의 바다는 일출과 함께 기암바위 군락과 그 사이로 드나드는 바닷물이 만들어내는 풍경이 장관이다. 촛대바위, 형제바위 등의 형상을 한 바위도 있지만, 발길아래 아득히 수많은 바위들이 있어 추암의 바다가 더욱더 보는 이로 하여금 감탄사를 자아내게 한다. 눈으로 보는 바위 군락은 바다와 어우러져 멋진 풍경을 만들어내지만, 카메라를 통해 한 번 걸러진 바다의 모습은 추암의 풍경을 초현실적으로 만든다.

카메라를 삼각대에 올려놓고 셔터 속도를 느리게 해서 파도가 부딪치는 바위와 바다가 만들어내는 장면을 포착하는 것도 좋다. 느린 셔터 속도 때문에 밀리고 쓸리는 바닷물의 결까지 사진 속에 그려 넣는다면 더없이 좋은 작품을 만들 수가 있다. 이른 새벽 추암 바다에 서면, 여행작가 장태동의 글이 생각난다.

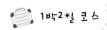

1박2일 코스

1박2일 코스로는 첫 번째 해수욕장과 계곡들을 연계해서 돌아보는 것도 좋고,
두 번째는 동해 해안 드라이브 코스를 돌아보고, 천연동굴과 문화마을 체험 등 이색적인 관광을 해보는 것도 색다른 느낌을 맛볼 수 있다.

❶ 무릉반석-삼화사-학소대 - 쌍폭포 - 용추폭포 - 두타산성 - 관음사 - 추암해수욕장(1박) - 추암 촛대바위일출-추암해수욕장

❷ 망상해수욕장 - 묵호항 - 천곡천연동굴 - 추암해수욕장(1박) - 추암촛대바위 일출 - 약천문화마을 - 고래화석 박물관.

"경계의 아름다움은 여행의 미학이다. 바다와 육지의 경계, 햇빛과 그림자의 경계, 낭떠러지 끝 땅과 허공의 경계, 밤과 낮의 경계, 빙점과 해빙점의 경계, 카메라 랜즈 안과 밖의 경계서터속도와 함께 사진기에 담기는 현실과 비현실의 경계, 그 모든 풍경 앞에선 여행자의 선택과 선택의 경계, 칼날 같은 경계에서 미지가 현실로 다가온다."

Photo & Camera Info

동해하면 일출이 가장 좋은 명소로 떠오른다. 동해와 삼척의 사진 촬영 명소로는 너무나도 잘 알려진 동해 추암 촛대바위 일출과 해안선을 따라서 펼쳐진 해수욕장 주변의 풍경들. 그리고 인근 삼척의 해신당 조각공원과 삼척신남의 일렁이는 파도는 많은 사진작가들이 찾는 명소이기도 하다. 그리고 조금 더 해안선을 따라 내려가다 보면 영국의 사진작가 Michael kenna에 의해 알려진 월천해수욕장 솔섬이 한눈에 들어온다. 여행 중 평소에 무심코 지나쳤던 풍경들이 사진가의 눈에는 특별한 존재로 각인되어 하나의 작품이 완성되기도 한다.

영국의 사진작가 Michael kenna에 의해 알려진 월천 해수욕장 솔섬 📷 24mm 1/6s F29 ISO100

표준 줌렌즈와 ND필터를 이용하여 부서지는 파도를 담아보자. ND필터를 사용할 시에 우유빛처럼 잔잔하게 퍼지는 파도를 표현할 수 있다. 다만 한 낮에 촬영하기 위해서는 저감도와 짧은 셔터 속도로 인해 삼각대를 활용하는 것이 좋다

삼척신남 ▢◉ 40mm 1/5s F29 ISO100 ND400 filter

주변 명소 名所

동해는 7번국도를 통하는 해변도로와 함께 동해 9경이라 일컫는 능파대(촛대바위)와 용추폭포, 무릉계곡입구의 1500평이나 되는 무릉반석, 천혜의 해수욕장 망상 명사십리, 천연석회동굴인 천곡 천연동굴, 만경대, 호해정 할미바위, 백두대간의 영봉 초록봉, 국내 최초의 자동차 전용 오토캠핑장이 있다.

인근의 삼척 해신당 조각공원과 무릉계곡, 신남 해안 등이 주변 명소로 잘 알려져 있다.

 숙박 정보

• 낙원비치 가족호텔
(033) 534-3400 / 망상동 390-14

• 동해비치호텔
(033) 533-6035 / 묵호동 3-6

• 게스트하우스
(033) 534-3737 / 대진동 8-4

• 베리식스
(033) 535-6009 / 천곡동 936-2

• 핑크팬션
010-9155-8503 / 망상동 176-1

• 황토팬션
(033) 534-7900 / 삼화동 16-6

• 비취파크
(033) 534-3131 / 망상동 393-34

Festival & taste 축제와 맛을 찾아

축제의 현장

동해의 축제 중에는 지역의 특색에 맞게 해맞이와 수평선 축제, 오징어 축제 등 이색적인 축제가 열린다. 그중에서도 추암에서 열리는 새해 해맞이 축제는 단연 인기다. 그리고 동해의 대표어종인 오징어 축제가 묵호항에서 열리고 매년 여름이면 망상해수욕장에서 수평선 축제가 열린다. 그밖에도 정월대보름 축제, 동해 무릉 축제, 유천 문화 축제 등이 열린다.

동해 여행하면 제일 먼저 입맛 다시는 것이 타우린이 풍부한 오징어와 동해바다의 명물 곰치국을 빼놓을 수 없다. 특히 곰치국은 그 맛이 시원하고 얼큰해서 해장으로도 애주가들의 사랑을 받는 음식 중 하나이다. 그리고 동해 청정 바다에서 나는 각종 활어회와 새콤달콤한 오징어 물회 맛은 잊을 수가 없다. 동해의 대표적인 먹거리 거리는 묵호의 어달횟집대게 타운과 무릉계곡 향토음식촌, 북평장터 먹거리촌으로 분류할 수 있다.

★ 해맞이축제
▶ **기간** 매년 12월31일~1월1일
▶ 장소 : 추암해수욕장, 망상해수욕장
▶ 주요행사 : 기원제, 새해소망의불 점화, 영화감상, 촛불 축제, 불꽃쇼, 각종 공연 및 연하장보내기

★ 정월 대보름맞이축제
▶ 기간 : 매년 정월 대보름
▶ 장소 : 전천 둔치
▶ 주요행사 : 달집태우기, 달맞이 행사, 촛불, 횃불행진, 그 외 각종 부대행사가 열린다.

★ 오징어축제
▶ 기간 : 매년 9월 중순경(3일간)
▶ 장소 : 묵호항 일원
▶ 주요행사 : 풍어제, 각종 공연 및 체험행사 부대행사 등이 펼쳐진다.

★ 동해 무릉 축제
▶ 기간 : 매년 2월 중순경(3일간)
▶ 장소 : 동해 종합경기장 일대
▶ 주요행사 : 축하공연 및 문화기획공연, 산신제, 풍신제 등, 그 외 민속경기와 각종 체험장 운영

★ 유천 문화 축제
▶ 기간 : 매년 4월초
▶ 장소 : 수원지 및 초록봉일원
▶ 주요행사 : 주민 노래자랑 및 각종 공연

맛이있는 곳

- 해왕 해물탕 _ 해물탕, 해물찜

(033) 535-0889

동해시 천곡동 868

- 신라횟집 _ 생선회, 물회

(033) 533-2888

묵호동 어달184-11

- 영빈관 _ 회정식, 모듬회

(033) 533-8585

천곡동 834-1

- 미다미 _ 미다미정식, 회정식

(033) 533-0458

천곡동 994-16

- 가야 한정식 _ 한정식

(033) 535-2339

천곡동 1015-2

- 오동동횟집 _ 생선회

(033) 534-3122

망상동 393-36

- 보리밭 _ 무릉산채비빔밥, 정식

(033) 534-7051

삼화동 858-1

- 대밭골 _ 민물장어, 메기

(033) 532-8194

용정동 305-2

- 고려정 한우촌 _ 한우

(033) 531-6118

천곡동 1084-11

길따라 지도 따라

- 인터넷 웹사이트

http://www.dh.go.kr/동해시청

- 문의전화

동해시청 관광진흥과 (033)-530-2481

- 대중 교통정보

자가운전

서울-경부고속도로-신갈분기점-영동고속도로-강릉-동해고
속고로-추암

시외버스/고속버스

시외버스는 서울 동서울 터미널에서 동해발 주말8회 운행
하며 고속버스는 강남과 동서울 터미널에서 30분~1시간 간
격으로 연중 운행된다.

열차

청량리역에서 강릉, 동해, 정동진발 무궁화호가 정기적으로
운행되고 있다.

웅도와 삼길포항

어촌 섬마을의 행복

월별 베스트 추천여행_3월

여행 시기 | 3월 1주~3월 말 사이

당일코스	연인
1박 2일 코스	MT
주변명소	사진여행
가족여행	계절마다

그 고 넓은 곳만 바라보는 사람이 있다. 반면 작고 아기자기한 곳만 보는 이도 있기 마련이다. 순천에 순천만이 있다면 작고 아담한 물길을 열어주는 서산에는 웅도가 있다.

웅도는 서산시에서 북서쪽으로 16㎞ 해상에 위치하며, 대산읍에 위치한 작은 어촌 섬마을이다. 만조 때는 섬으로 들어가는 도로가 잠겨 섬이 되고 간조 때만 물길이 열려 섬으로 들어갈 수 있다. 간조 때면 드넓은 가로림만의 갯벌이 드러나는데 일몰풍경도 아름다운 곳이 바로 서산의 웅도다.

웅도는 높은 곳에서 내려다보면 마치 곰이 웅크리고 앉은 형태와 같다고 하여 웅도라는 이름이 붙었다. 조선시대의 문신 김자점(金自點:1588~1651)이 역적으로 몰려 이곳으로 귀향을 오게 되면서 사람이 살기 시작했다고 한다. 1914년 행정구역 개편으로 웅도리에 속해 현재에 이르고 있다. 가로림만 내에 있는 여러 섬 가운데 가장 큰 섬으로, 육지와 연륙되어 간조 때에는 차량과 도보로 통행이 가능하고, 만조 때에는 선박을 이용한다.

간조와 만조의 차가 심해서 웅도에 들어가기 전에 필히 물때를 확인해야 한다. 그렇지 않고 무턱대고 들어가면 물길이 막혀 나올 수 없는 낭패를 볼 수도 있다.

웅도는 주민의 대부분이 가로림만의 갯벌에서 바지락과 굴, 낙지잡이를 생업으로 하고 있다. 썰물 때면 마을 공동 작업이 진행되는데 소달구지를 타고 일렬로 마을 주민들이 갯벌로 향하는 모습은 TV에도 소개되어 이제는 사진작가와 관광객이 자주 찾는 곳이 되었다.

아직까지도 소달구지를 이용하는 이유는 경운기와 트랙터를 이용할 경우 바닷물에 쉽게 부식되어 수명이 짧기 때문이라고 한다. 마을 안쪽으로 도로가 나있어서 차량을 이용해 부두까지 들어갈 수가 있다. 해안은 기암괴석으로 이루어져있어 낚시인들도 자주 찾는다. 그리고 썰물 때면 드넓은 갯벌이 순천만의 S자 코스와는 비교될지 몰라도 순박하고 아기자기한 아름다운 물길을 곳곳에서 볼 수 있다.

 당일 코스

수도권에서 비교적 가까운 2시간여 거리에 있어서 당일 코스로도 서산시 대산읍 주변의 항포구와 관광, 유적지들을 돌아볼 수 있다. 도비도에서 유람선을 타고 삼길포항 일대 풍도, 비경도, 난지도를 돌아보고 대산 석유화학단지 견학과 웅도, 오지리 벌천포 해수욕장에서 조개잡이와 해수욕을 즐겨도 좋다.

서산 쪽의 관광코스로는 서산 마애삼존불상과 개심사, 간월암 해미읍성 등이 있다.

참고로 웅도에 들어가려면 하루 6시간 단위로 밀물과 썰물이 바뀌는 물때를 잘 맞춰야한다. 대산읍사무소(041-681-8004)에 문의하거나 인터넷 물때를 검색하면 된다.

사진 촬영을 위해서는 사전에 웅도리 어촌계에 연락하면 마을 공동 소달구지 바지락 공동 채취작업 시간을 알려준다. (웅도리 어촌계 041-663-8903)

대호 방조제의 서쪽에 위치한 삼길포는 대호방조제 끝나는 지점에 위치한 작고 아름다운 항구다. 작은 항구에 빽빽이 정박해 있는 작은 어선들과 갈매기떼, 그리고 배위에서 저렴하게 즉석 회를 떠서 판매하는 싱싱한 활어회는 관광객들의 발길을 잡는다.
이른 아침 항구 풍경과 대호방조제 위에서 바라보는 일몰풍경이 아름다운 곳이다.

1박2일 코스

서해고속도로 송악IC로 빠져 나와 대산 방면으로 방조제길을 따라 달리다보면 중간 중간에 포구들과 방조제 위에서 보는 바다 풍경이 시원하고 좋다. 삼길포항 부근에는 대단위의 석유화학 단지가 있다. 사전 예약하면 공장견학이 가능하다. 삼길포항은 풍도, 비경도 주변 바다낚시로도 많이 알려져 있다. 웅도의 바지락 갯벌 체험과 벌천포 해수욕장 가는 길의 오지리 염전, 태안반도가 지척에 보이는 벌천포 해수욕장과 항구 등은 여름철 피서와 함께 사진 촬영 여행지로도 좋다. 여름 휴가철 가족끼리의 오붓한 휴양을 위한 해수욕장으로는 한적하고 인적이 드문 난지도 해수욕장을 추천한다.

삼길포항 - 대산석유화학단지 견학 - 웅도 - 벌천포 - 난지도 해수욕장

1 삼길포 대호만 풍경
2, 3 삼길포항 일몰풍경
4 삼길포항
5 도비도에서 바라본 삼길포항 일몰풍경

45

대산읍 주변의 사진 촬영 명소로는 웅도갯벌과 소달구
지 행렬을 첫째로 들 수 있다. 하지만 이곳은 물때를 잘
맞춰야하고 접근하기가 그리 쉽지않다. 삼길포항 인근의
석유화학 공단의 야경도 좋다. 염전에 반영된 공장의 굴
뚝과 조명 그리고 바람에 날리는 연기들 또한 멋진 풍경
이 된다. 그리고 벌천포의 바닷가 풍경과 황금산 일몰
풍경도 사진 촬영의 좋은 소재로 추천한다.

이곳은 삼길포에서 화곡저수지에서 우회전해 독곶 방
향 29번 4차선도로를 지나면 삼성석유화학과 롯데, 엘
지 석유화학 단지 입구 교차로 10m 전방 오른쪽에 염
전이 있는데 그곳이 촬영 포인트다. 4차선 도로 아래
로 내려가면 작은 농로가 있어서 이곳에서 촬영하면 된
다. 그리고 4차선 도로가 끝나는 시점에서도 오른쪽으
로 삼성석유화학 공단의 불야성같은 야경도 담을 수 있
다. 망원과 표준줌 렌즈가 필요하며 삼각대 🔱 와 릴리
즈 ✎ 도 필수다.

또 하나의 촬영지로는 대산읍 오지리 벌말 벌천포 어촌
풍경을 추천한다. 멀리 태안반도가 지척에 보이고 작은
섬들과 고깃배들의 조화는 조용하고 한적한 시골 어촌
풍경을 담는 사람들에겐 좋은 촬영 소재가 되기도 한
다. 이곳은 썰물 때면 가로림만의 드넓은 갯벌이 드러나
는 아름다운 어촌이다. 썰물 때 갯벌이 보이는 시점이
촬영하기 좋은 시간대이므로 물때를 필히 확인해야 좋

대산 석유화학 단지 야경 📷 52mm 1/14s F11 ISO100

은 풍경을 담을 수 있다. 봄, 여름, 가을에는 바다낚시 하기도 좋은 곳이다. 특히 현지인들에게 초가을부터 망둥어 낚시터로 각광받는 곳이기도 하다.

벌천포 어촌풍경을 담는 사람들

주변 명소 名所

서해 가로림만을 한눈에 내려다볼 수 있는 망일사가 있고, 황금산 일대의 자연산 가리비와 조개구이 집, 그리고 낙조를 함께 볼 수 있는 독곶이 있다. 또한 대호방조제와 도비도 농어촌 휴양지가 있고, 이곳에서 유람선을 타고 삼길포 인근의 섬들을 유람할 수가 있다. 해수욕장으로는 난지도 해수욕장과 벌천포 해수욕장이 있다. 그리고 인근의 서산과 당진이 거리상으로 30여분 거리이므로 함께 연계해서 돌아보는 것도 좋다.

 숙박 정보

● CF 팬션
011-826-1728 / 서산시 대산읍 화곡리 삼길포항 내

● 비치 하우스
017-212-1188 / 서산시 대산읍 화곡리 삼길포항 내

● 대산항 힐하우스
(041) 663-8320 / 서산시 대산읍 화곡리 삼길포항 내

● 선창 팬션
(041) 664-0166 / 서산시 대산읍 화곡리 삼길포항 내

● 황토한옥 팬션
010-8449-2020 / 서산시 지곡면 중왕리 395

● 중왕 팬션
011-410-8669 / 서산시 지곡면 중왕리 497-7

축제의 현장

서산을 차로 돌다보면 주변의 인근행사가 많다는 것을 알 수 있다. 특히 불볕더위가 오기 전인 6월에 중순에 열리는 삼길포 축제의 포스터를 주변에서 쉽게 볼 수 있는데, 토속적인 풍미가 물씬 풍기는 이 우럭축제는 서산 먹거리 대표축제로 다양한 민속놀이와 서해바다 체험과 공연 등 각종행사가 이루어진다.

역시 6월에는 태안에서 6쪽마늘캐기 체험이 시작된다. 가족과 함께 마늘캐기 체험을 할 수 있고, 싼 가격에 마늘을 구입할 수 있는 이 축제는 2010년까지 4회를 맞이하였다. 태안군과 서산시, 지역농협, 신문사, 영농조합법인 등 다양한 후원을 가지고 있어 꾸준한 축제의 현장이 될 것이다. 10월에는 천수만 철새축제도 챙겨보자. 2002년 처음으로 실시된 천수만 철새기행전은 매년 겨울철새가 도래하는 가을에 시작한다. 수많은 철새들이 날갯짓하며 노을에 그림을 그리듯 나는 모습이 장관이다.

서산과 대산읍 부근은 썰물 때면 대규모의 갯벌들이 많이 있다. 완만한 구릉지대와 황토 빛의 질 좋은 토지 그리고 갯벌이 드넓은 바다가 인접해 있어서 사시사철 먹거리가 풍부하고 그 종류들도 다양하다. 토속 음식으로는 밀국낙지탕과 꽃게장, 바지락 칼국수, 어리굴젓 및 게국지 등이 있다.

★ ● 삼길포 우럭 축제
➤ 기간 매년 6월 중순경 (3일간)
➤ 장소 삼길포항 일원
➤ 주요행사 풍어제와 국악한마당, 노래자랑 및 초청가수 공연, 풍물놀이와 각종 체험 행사 등

★ 서산6쪽마늘 축제
➤ 기간 매년 중, 하순경
➤ 장소 서산 공설운동장 일원
주요행사 마늘 캐기 체험 행사와 요리경연대회, 전시회 및 각종 공연 등

★ 팔봉감자 축제
➤ 기간 매년 6월경
➤ 장소 서산시 팔봉면 팔봉산 일원
➤ 주요행사 감자 캐기 및 체험 행사, 요리 전시회 및 팔봉산 등반대회 등

★ 해미읍성 병영축제
➤ 기간 매년 10월 중
➤ 장소 해미읍성 일원
➤ 주요행사 조선시대 군대 행군, 군사훈련, 충청병마절도사영 출정식, 조선시대생활상 체험, 병영체험학교, 천주교도 압송 및 추모행사, 해미장터(조선시대 장터 재현), 무술경연대회 등

★ 천수만 철새축제
➤ 기간 매년 10월 말 (1개월)
➤ 장소 간월도 일원
➤ 주요행사 철새탐조 및 생태관 운영, 그밖에 각종 체험마당과 장터마당이 열리고 있다.

맛이있는 곳

- 대현수산 회 타운 (생선회)
011-431-8148 /
서산시 대산읍 삼길포항 /

- 우정횟집 (박속 밀국낙지)
(041) 662-0763 / 서산시 지곡면 중왕리509-1 /

- 웅도식당 (박속낙지 ,한식전문점)
(041) 663-8497 / 서산시 대산읍 대산리 212 /

- 어부일가 (생선회, 매운탕)
(041) 6633-7201 / 서산시 대산읍 화곡리 1849-3 /

- 바다나라 회 센터 (생선회)
(041) 669-4835 / 서산시 대산읍 화곡리 1851-4

- 벌천포 횟집 (생선회)
(041) 681-5262 / 서산시 대산읍 오지리 338-42

길따라 지도따라

- 인터넷 웹사이트
http://ds.seosan.go.kr/대산읍

- 문의전화
서산시청 문화관광과 (061)-660-3290

- 대중 교통정보

자가운전
서해고속도로 송악IC에서 석문, 대호 방조제를 따라서 가면
대호 방조제 끝나는 지점이 삼길포항이다. 웅도는 이곳에서

대산읍 방면으로 가다보면 대산읍 입구 사거리에서 오지리
(벌천포) 방면으로 우회전해서 들어가다보면 웅도리의 작은
이정표가 나온다. 또한 서산IC나 해미IC로 빠져나와 대산행
29번 국도를 타면 약 30여분이면 도착한다.

버스
강남 고속버스터미널과 양재 시외버스터미널에서 서산행
버스가 수시로 운행되며, 서산 버스 터미널에서 대산행 직행
버스나 시내버스를 이용하면 된다.

옥천 용암사와 둔주봉

고색 찬란한 사찰의 새벽

월별 베스트 추천여행_3월

여행 시기 | 3월 2주~5월 중순 / 10월 1
주~11월 1주 사이

당일코스	연인
1박 2일 코스	MT
주변명소	사진여행
가족여행	계절마다

이 오는 소리를 전해주는 용암사의 일출은 운
해와 한데 어울려 장관을 이룬다. 먼 길을 달
려와 불과 몇 분 만에 담을지언정 그 짧은 감동은 무엇
과도 바꿀 수가 없다. 병풍처럼 펼쳐진 수묵화 같은 산
과 수평선너머로 생긴 붉은 경계선의 시작이 열리는 일
출은 용암사 주변의 부락에서 피어오르는 연기와 안개,
운해가 섞여 대자연의 아름다움을 표현한다. 조용한 산
새에 자리 잡은 사찰은 대자연의 광경을 보기엔 매우 안
성맞춤이다. 암자에서 조용히 불어오는 차가운 봄바람
에 울리는 맑은 종소리를 들으며 바라보는 일출은 마치
신선이라도 된 듯한 기분이 든다.

용암사는 충북 옥천군 옥천읍 삼청리 장령산 북쪽 기슭
에 있는 대한불교 조계종에 속한 사찰로서 전설에 의하
면 신라 진흥왕 2년(541)경에 의신조사(義信祖師)가 인도에
가서 불도를 닦고 신라에 돌아와서 이곳에 용암사를 창

당일 코스

수도권에서 그리 멀지 않은 곳으
로 당일로도 옥천군의 주변 명소
들을 돌아볼 수 있다. 먼저 용암
사 아침일출 풍경을 담고, 내려오
는 길에 KTX 촬영 포인트에 들러
촬영을 한 다음, 둔주봉으로 이
동 후 산행을 한다. 주변의 장계
관광지와 정지용생가, 육영수생
가, 금강유원지 일정으로 코스를
잡으면 좋을 것 같다.

용암사 - KTX - 둔주봉 - 장계관
광지 - 정지용생가, 육영수생가 -
금강유원지

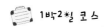

1박 2일 코스

용암사 - KTX - 둔주봉 - 장계관
광지(1박) - 장령산휴양림 - 정지
용생가, 육영수생가 - 금강유원지

건하고, 13년 후에 속리산 법주사(俗離山 法住寺)를 창건하였다고 전해지며, 신라 56대 경순왕(敬順王)의 아들 마의태자(麻衣太子)가 신라 천년사직의 무상함을 통탄하며 유랑하던 중 이곳에 머물러 지내다가 떠났다. 후에 마의태자를 추모하던 자가 그를 그리며 마애불(磨崖佛)을 조성하였다는 전설이 전해오고 있다.

용암사 당우의 건축연대는 오래되지 않았지만 자연과 어우러지는 산사(山寺)의 전통건축미를 맛볼 수 있는 아름다운 사찰이다. 쌍삼층석탑에서 바라보는 용암사 풍경은 요사와 주불전, 그 너머 보이는 천불전이 층층인 풍경이 숲 사이로 보이는 쌍삼층석탑 자리는 용암사를 가장 아름답게 볼 수 있는 곳이다.

해발 384m의 둔주봉은 한반도 좌우 반전 모습을 볼 수 있는 275m 봉과 정상을 앞두고 있는 328m 봉 등 두개의 봉우리를 거느리고 있는 옥천군 안남면의 명산이다. 산세가 험하지 않고 온 산에 소나무 숲이 우거져 있어서 산림욕 겸 산책하기에 좋은 산으로 안남면 주민들과 사진가들에게 사랑을 톡톡히 받고 있는 산이기도 하다. 특히 275m 봉의 남쪽풍광은 한반도 좌우 반전 모습이 한눈에 바라다 보이는 신비로운 풍광으로 이름 나 있다. 영월의 한반도 지형과 함께 전국의 사진가들에게 많이 알려져 있는 산이다. 강원도 영월 20여분의 산길 오솔길을 걸어 정상에 오르면 가슴이 탁 트이는 시원한 풍경이 눈앞에 펼쳐진다.

용암사

둔주봉은 산세가 완만하여 산책을 즐기면서 오를 수 있는 가벼운 등산로이다. 이곳을 가자면 안남면사무소 주차장이나 등산로 입구에 주차를 하면 된다. 등산로입구는 주차장이 따로 없고 길가에 주차한다. 면사무소와 안남초등학교 사잇길로 들어서서 130m 정도 마을로 들어서면 네거리가 나오는데, 왼쪽으로 난 길로 접어들면 마을을 지나서 등산로 입구에 다다르게 된다. 네거리에서 약 670m 되는 지점에 또다시 갈림길이 나오는데 이곳에서 좌측 길로 접어들어 50m 정도 이동하면 등산로 입구에 다다르게 된다. 등산로 입구의 주차장은 따로 없고 길가에 주차하는데 1~2대 정도 주차할 공간이 있다.

등산로 입구에서 한반도 지형이 바라다 보이는 275m 봉까지의 거리는 0.8km 남짓된다. 면사무소 사거리에서 등산로입구까지 이동하는 거리보다 짧은 거리이다. 등산로 입구에서 쉼터가 있는 곳까지 0.27km 구간을 지나고 시작되는 오르막 구간은 0.07km 구간. 이 구간을 지나고 나면 더 이상의 힘든 오르막 없이 산책을 즐기며 호젓한 산길을 걷는 여유로움이 정상까지 계속된다. 정상까지의 산행시간은 약20여분 정도 걸리는 비교적 완만한 산길이다.

정상의 팔각정 전망대는 주민들이 관리를 잘해놓아서 주변도 깨끗하고 정자주변에 쉴 수 있는 의자와 탁자 등이 비치되어있다. 시원한 팔각정 그늘아래 마루에 누워 눈앞의 풍광을 보노라면 무릉도원이 따로 없다. 용암사에서 둔주봉까지의 이동거리는 약25km로 20여분이면 도착한다. 네비게이션으로 찾을 경우는 "안남초등학교"나 "안남면사무소"를 입력하면 된다.

1 둔주봉
2 삼청 저수지
3 소정리 저수지

용암사 가는 길은 경부고속도로 옥천IC를 빠져 나와 옥천역방향으로 가다 좌회전 후 4번 국도를 타고 약 2km 정도 가다보면 우측에 소정리 이정표가 나오는데 여기서 다시 직진하며 두 번째 신호등이 있는 곳이 삼청리 가는 방향이다. 소정리나 삼청리 두 방향 중 삼청리 방향이 찾아가기 쉽다. 마을을 지나다 보면 작은 용암사 이정표가 나오는데 소정리 저수지를 끼고 계속 올라가면 조금 가파른 산길 포장도로로 가다보면 용암사 주차장에 당도한다. 네비게이션을 이용한 검색어는 "용암사"로 검색하면 된다. 촬영포인트는 대웅전 우측 쌍삼층석탑방향으로 등산로가 나있는데 완만한 산길을 5분정도 걸으면 왼편에 넓은 바위가 첫 번째 촬영 포인트다. 이곳에서 5분쯤 계속 등산로를 따라 오르면 가파른 등산로에 밧줄을 연결해 놓았는데 어렵지 않게 두 번째 포인트에 이른다. 이곳은 시야가 좀 더 넓은 곳으로 여러 사람이 함께 촬영할 수 있는 포인트다. 새벽 바위산 산행길이므로 각별히 안전에 신경을 써야한다. 이곳의 최적 촬영 시기는 일교차가 큰 봄(3~5월)과 가을(9~10월)이며 이때가 운해를 가장 잘 볼 수 있는 시기다.

용암사 주변의 사진 촬영 명소로는 KTX 열차를 정면에서 촬영할 수 있는 곳이 있는데, 용암사 일출을 보고 내려오는 길에 산길을 다 내려가자마자 우측에 시멘트길 소로를 따라 들어가면 KTX 길이 보인다. 철조망이 보이는 삼거리에 주차를 한 후, 마주 보이는 철문우측에

숙박 정보

● 옥천호텔
(043) 731-2435 / 충북 옥천군
옥천읍 금구리 203-9

● 강변하얀집
(043) 732-3181 / 충북 옥천군
군북면 이평리 88-1

● 장령산 자연휴양림
(043) 733-9615 / 충북 옥천군
군서면 금산리 산15-1
(인터넷 예약 : http://jaf.cbhuy-ang.go.kr)

● 군서파크
(043) 732-7988 / 충북 옥천군
군서면 오동리 35-1

● 스위스 파크
(043) 733-7800 / 충북 옥천군
옥천읍 교동리 152-4

서 철조망사이로 삼각대를 세우고 렌즈를 고정하여 사진을 찍으면 된다.

철조망 옆 오른편 위쪽의 작은 도로에서는 세로구도로 찍을 수 있으며 보통 200~400mm정도의 망원이 촬영하기에 적당하다.

열차는 주말이면 약 5~10분 간격으로 상·하행선이 교대로 지나가는데 이곳은 열차속도가 빠르지 않아서 전국의 KTX 촬영지 중에서 가장 촬영하기에 적합한 곳이다. 조리개는 F11 이하로 하고, 셔터 속도를 1/350s 이상으로 확보해야만 움직이는 열차를 선명하게 잡을 수 있다. 사전에 삼각대를 튼튼하게 철망사이에 고정하고 미리 구도를 잡아놓아야 셔터 찬스를 놓치지 않는다.

경부고속도로를 따라 옥천과 영동 IC 사이에 시설된 금강변의 휴게소로 쏘가리와 메기 등을 낚는 낚시꾼들과 행락객들이 찾는 금강유원지는 유원지로 보트장, 야영장, 낚시터 등의 시설이 있다. 한 여름에 초록색으로 뒤덮인 강과 휴게소에서 바라보는 금강유원지의 야경은 경부고속도로 전구간 중에 가장 아름다운 자연경관을 자랑하는 곳이기도 하다.

휴양림처럼 조성된 길을 따라 산책할 수 있고, 주변에 놀이시설과 사계절썰매장, 물놀이장, 인공폭포, 연못, 분수대 등 위락시설을 비롯한 야외취사장, 휴게소, 원두막, 상가, 식당 등이 잘 갖추어진 장계국민관광지 또한 관광객들에게 많은 사랑을 받고 있다. 또한 정지용 문학관, 청마리제 신탑, 부소무니 선경 등 주변명소가 있으며 독락정과 조헌선생묘소, 육영수 생가지 등이 있다.

Festival & taste 축제와맛을찾아

대한민국 최대 묘목의 고장으로 옥천에서는 농업, 농촌에 활력을 불어 넣기 위한 자리로 옥천이원묘목축제를 시작하였다. 해마다 3월 말에 약 3일간 개최하며 축제 기간 동안 향토음식경연대회, 축제관련 퀴즈, 묘목 나누어 주기, 미니화분 나누어 주기, 어린이 그림그리기 대회 등 다양한 행사가 열린다. 5월 중순(3일간)에는 현대시의 선구자이며 우리의 언어를 천재적인 감각으로 시적 형상화하고 민적의 정서를 가장 잘 표현한 정지용 시인을 추모하는 문학축제로 1988년 첫 행사를 시로 매년 5월에 개최하는 지용제가 옥천군과 문화원 등에서 열리고 있다.

일조량이 풍부하고 주·야간 일교차가 큰 옥천에서는 매년 탐스러운 포도가 대량 생산되고 있는데 농민들과 옥천군, 농림수산식품부 등이 후원하는 옥천포도축제도 체험할 수 있다. 또한 9월에는 임진왜란 때 1,300여 의승병과 함께 나라를 위해 장렬하게 옥쇄하신 중봉조헌 선생과 의승장 여규대사의 살신호국 정신을 계승 발전시키는 의미에서 중봉충렬제가 열리고 있다.

★ 옥천 이원 묘목축제
▶ **기간** 매년 3월말 (3일간)
▶ **장소** 충북 옥천군 이원면 건진리 옥천이원묘목유통센터 일원
▶ **주요행사** 전통 민속놀이, 도자기만들기 등의 체험행사와 가요제등 각종공연

★ 지용제
▶ **기간** 매년 5월중순경(3일간)
▶ **장소** 지용생가, 정지용문학관, 관성회관, 문화예술회관, 공설운동장, 시내일원
▶ **주요행사** 향수음악회 및 가족 시낭송회, 지용문학상 시상 및 그 외 체험행사

★ 포도축제
▶ **기간** 매년7월중순경(3일간)
▶ **장소** 충북 옥천군 동이면 적하리 금강유원지일원(금강2교 옆)
▶ **주요행사** 포도 및 포도 가공식품 시식 및 민속놀이 등의 체험행사와 가요제 등의 공연행사

★ 중봉 충렬제
▶ **기간** 매년 9월말(3일간)
▶ **장소** 안남면 표충사, 관성회관, 야외공연장, 청소년수련관 등
▶ **주요행사** 중봉 조헌선생 추모제 및 유적순례, 난계국악단 초청공연 및 군민노래자랑 등

옥천은 충북내륙 대청호 주변의 맑고 깨끗한 물과 아름다운 산세로 인해 사계절 청정지역으로도 이름나 있는 곳이다. 향토음식으로는 대청호 주변에서 나는 올갱이국과 피라미를 튀겨 만든 도리뱅뱅이, 그리고 생선을 뼈째 푹 삶아낸 국물에 국수를 넣어 만드는 어죽이 있다. 송어회와 얼큰하고 시원한 민물새우탕 등 주로 민물고기를 재료로 한 음식들이 발전해왔다.

 맛이있는 곳

● 명가 _한정식
(043) 731-5501 / 충청북도 옥천군 옥천읍 문정리 184-1

● 금강올갱이 _한식
(043) 731-4880 / 충청북도 옥천군 옥천읍 금구리 24-6

● 별미올갱이 _한식
(043) 731-4423 / 충청북도 옥천군 옥천읍 금구리 172

● 금강집 _생선국수(어죽)
(043) 732-8083 / 충청북도 옥천군 청산면 지전리

● 부산식당 _도리뱅뱅
(043) 732-3478 / 충청북도 옥천군 동이면 조령리

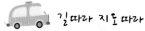

길따라 지도따라

● 인터넷 웹사이트

http://www.oc21.net/옥천군청

● 문의전화

옥천군청 문화관광과 (043)-730-3084

● 대중 교통정보

► **자가운전**

서울방면에서는 경부고속도로를 타고 옥천IC에서 빠져나와 4번국도 용암사 방면이나 둔주봉 방면으로 가면된다. 옥천 IC에서 20~30분이면 도착한다. 서해고속도로를 이용할 경우 당진 - 대전간고속도로를 타고 회덕분기점에서 경부고속도로를 타면 된다.

► **대중교통**

동서울 종합터미널에서 옥천으로 가는 시외버스 첫차는 10:00에 출발하며 배차간격은 2시간 간격에 소요시간은 2시간 정도 소요된다. 옥천 버스터미널에서 삼청리나 소정리행 시내버스를 타면 된다. 용암사까지 많이 걸어야 되므로 버스로의 여행은 쉽지 않다.

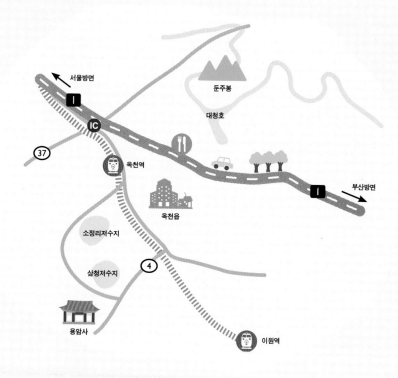

봄의 대지와 함께 하는

서산목장 나들이

여행 시기 | 4월 초~중순

당일코스	연인
1박 2일 코스	MT
주변명소	사진여행
가족여행	계절마다

 당일 코스

해미IC - 해미읍성 - 서산목장 - 개심사 - 서산마애삼존불상 - 천주교 순교성지 - 덕산온천

해미IC를 빠져나오면 우선 해미읍성을 들러보고 이어서 운산 방면으로 647번 지방도로를 약 9km쯤 달리면 도로 양쪽으로 푸른 초지가 드넓게 펼쳐진 서산목장 풍경이 한눈에 들어온다. 이곳의 출입은 관리사무소에 사전 연락해서 목장 출입허가를 받는 것이 좋다. 물론 열려있는 여러 곳이 있기도 하지만 현지인이 아니면 출입하기가 쉽지 않다. 서산목장 주변의 해미읍성, 개심사, 서산마애삼존불, 천주교 순교성지를 둘러본 후 덕산온천에서 하루의 피로를 온천욕으로 풀고 마감하는 코스로 추천한다.

4월, 봄이 무르익어가는 이른 아침 초록의 대지와 파란하늘을 보며 가족과 함께 나서는 목장 여행길은 생각만으로도 싱그럽다. 수도권에서 서해안 고속도로를 달려 두어 시간 남짓한 충남 서산을 찾으면 지평선을 향해 끝없이 이어진 목장에서 화사한 봄날의 정취를 맘껏 누릴 수 있다. 드넓은 초록빛의 초원을 보노라면 가슴이 탁 트이게 하는 아름다운 풍경이 펼쳐진 곳 서산목장이 바로 그곳이다. 파란 하늘에 구름이 드넓게 펼쳐진 충남 서산시 운산면 원벌리 서산목장(한우 개량사업소)은 4월이면 천상의 화원을 이루고 있다. 벚꽃이 활짝 핀 목장의 능선은 푸름을 더해가고 민들레, 냉이꽃 등 노랗고 하얀 들꽃이 지천으로 흐드러지게 피어있다. 서산목장은 본래 정치인 김종필씨 소유였으나 전두환 정권 시절 부정축재 환수 절차에 따라 지금의 농협 가축개량사업소로 바뀌었다. 서산목장의 일반인 출입 금지는 2000년 구제역 파동 이후부터였다.

국내 최고의 한우를 생산해내기 위해 철저한 관리를 하는 까닭이다. 목장 안에 들어설 수는 없지만 울타리 따라 이어지는 목장길 드라이브가 근사하다. 이국적 운치가 물씬 풍기는 환상의 드라이브 길은 해미읍성에서 647번 지방도로를 타고 7㎞쯤 달리면 목장 초입에 다다르게 된다. 하늘과 맞닿을 듯한 지평선을 따라 목장길을 달리면 노랫말 속 탱자나무 울타리가 나서고, 이를 지나치면 시멘트길이 초원을 이리저리 가로지른다. 운산면에서 개심사로 향하는 주변은 초지의 연속이다. 그 끝 무렵에 작지만 아름다운 개심사가 자리하고 있다. 개심사 가는 길은 왼쪽으로 저수지를 끼고 졸졸 흐르는 계곡수 소리를 벗 삼아 솔내음 짙게 풍기는 송림 속 200계단을 오르다 보면 어느새 속세의 찌든 번뇌는 씻겨 나가고, 마음의 빗장도 함께 열린다.

개심사의 왕벚꽃(겹벚꽃)은 탐스럽고도 아름다워 해마다 이맘때면 서산목장과 함께 많은 사람들이 찾는 명소이기도 하다.

농협중앙회 한우개량사업소는 1969년에 약 21.06㎢의
거대한 산지를 개발하여 산악 축산의 요람이라 부르는
국내 제일 규모의 목장으로 무려 6백38만평에 이르는
드넓은 목장은 호주나 유럽의 목장을 보는 듯이 이국적
인 곳이다. 운산면 일대 축협 한우개량사업소는 80년경
까지 삼화목장으로 알려졌던 곳. 푸른 초원을 두르고
있는 벚나무는 30년생 2,000여 그루. 벚꽃길이 끝나는
지점에는 전망대가 있는데 목장 언덕길을 따라 전망대
에 이르는 1km 가량의 벚꽃길이 가장 예쁘다.
전망대에 오르면 탁 트인 목장 전경이 한눈에 펼쳐지고
푸른 초원 위에 길게 띠를 두른 벚꽃 터널을 보면 둥둥
떠 있는 꽃섬 같은 느낌을 준다.

 1박2일 코스

서산목장 - 개심사 - 해미읍성 -
천주교 순교지 - 남당리 - 간월암

1박2일 코스
서산목장 - 개심사 - 해미읍성 -
천주교 순교지 - 수덕사 - 덕산온
천 - 오서산 - 남당리

Photo & Camera Info

벗꽃 개화시기에 서산목장은 일반인들의 출입을 금지하고 있다. 사전 출입허가를
받거나 새벽 일찍 도착해서 도로건너 팔각정 반대방향 능선으로 진입한 후 팔각
정 방향으로 구도를 잡으면 좋다. 오후에는 관광객들 인파로 사진 촬영이 어렵고
접근하기가 쉽지 않다. 이른 아침 안개 낀 목장풍경도 운치가 있다.

 숙박 정보

• 이슬팬션
(041)-664-6336
http://www.islps.com

• 돌꽃팬션
(041)-668-4960
http://www.dolflower.co.kr

• 간월도 노올팬션
(041)-662-5218
http://www.noelpension.co.kr

• 솔마루팬션
(041)-665-6601
http://www.solmaloo.com

• 하늘빛으로 물든새
011-382-1862
http://www.birdpension.com

주변 명소 名所

서산목장 주변의 사진 촬영지로는 현지인들이나 낚시꾼들에게 더 잘 알려진 용비지를 추천한다. 용비지는 충남 서산시 운산면에 자리한 1만2천여평에 그리 크지 않은 계곡형 저수지이며, 목장의 구석진 곳에 위치하고 있는 물맑고 풍광좋은 아름다운 저수지다. 이른 새벽의 물안개 핀 풍경은 주변 산벚꽃과 함께 일년 중 가장 환상적인 풍경을 자아내며 사진가들이 제2의 세량지라고도 할 만큼 멋진 곳이기도 하다.

촬영 시기는 산벚꽃이 개화되는 4월초부터 중순까지 가능하다. 이후에는 모내기철이 시작되며 저수지 수위도 낮아져 반영이 거의 없어 촬영시기로는 좋지 않으며 초행길은 진입로부터 찾기가 힘들어 근처에서 헤매기 십상이다.

해미IC에서 647번 국도를 타고 서산목장방면으로 가다 운신 초등학교 전방에서 우회전 후 마을회관 조금 못 미쳐 작은 시멘트 농로길이 나있으며 농로길을 가다 우회전하면 용비농원 산판이 나타난다. 이곳을 통과해서 진입하면 칠조망옆길에 주차공간이 있다. 철조망을 넘어서 올라가면 저수지제방이 보인다.

좋은 풍경을 담기 위해서는 일출 전 일찍 도착해서 삼각대를 세우고 촬영 포인트를 사전 점검해 보는 것도 요령이다. 저수지 제방 쪽과 수문 반대편에서 해가 뜨기 전에 반영과 함께 앵글을 잡는 것이 촬영 포인트! 일출 후에는 강한 역광이 정면으로 비치므로 일출 전 물안개와 반영을 촬영하는 것이 좋다.

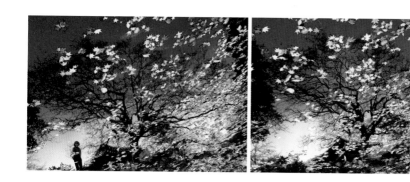

개심사, 해미일락사, 용현계곡, 해미읍성, 천주교 순교지, 수덕사, 덕산온천, 간월도 역시 가보면 좋은 명소들이다. 촬영장소로 주로 찾는 곳이 개심사인데 사진들은 모두 개심사의 사진들이다. 벚꽃이 만개한 명부전과 연못에 비추는 반영은 계절 내내 다시 찾아오게 만드는 곳이기도 하다.

개심사. 촬영 포인트는 연못(경지鏡池)에 비친 반영. 벚꽃이 어우러진 봄과 단풍이 어우러진 가을이 가장 아름답다.

해마다 4~5월이면 각 지역마다 다채로운 축제가 열리는데 이곳은 해미읍성, 병영체험축제, 천수만 철새축제, 팔봉산 감자축제, 삼길포 우럭 축제 등의 체험축제와 창리영신제, 굴부르기 군왕제, 서산 벗가릿대 놀이 등의 민속축제가 다양하게 열린다.

해미읍성 병영체험축제는 사적116호인 서산해미읍성의 역사성을 테마로 축제를 개발했으며 국내 최초로 조선시대 병영생활 및 역사를 체험할 수 있는 축제다. 또한 천수만 철새축제는 간척지인 A지구의 담수호인 부남호수에 해마다 겨울이면 날아오는 철새들의 생태와 모습을 관찰하고 이와 연계한 다양한 행사가 간월도 인근에서 열리고 있다.

그밖에 팔봉 감자캐기 축제와 삼길포 우럭 축제 등 관광객이 직접 참여할 수 있는 다채로운 체험 축제 행사가 해마다 있다.

축제의 현장

★ 해미읍성 병영체험축제
▶ **기간** 매년 봄(4월말~5월초) ▶ **장소** 서산시 해미읍 해미읍성 일원
▶ **내용** 조선시대 역사체험. 병영체험 및 민속 한마당 놀이

★ 천수만 철새축제
▶ **기간** 매년 11월말~12월초 ▶ **장소** 서산시 부석면 간월도 일원
▶ **내용** 철새탐조 기행. 체험마당. 천수만 생태관 운영

★ 삼길포 우럭축제
▶ **기간** 매년 5월 중순
▶ **장소** 서산시 대산읍 삼길포항 일원
▶ **내용** 갯벌체험 및 민속놀이. 한뫼가요제. 연예인 축하공연 및 민속체험 놀이

★ 고북 국화축제
▶ **기간** 매년 가을 10월말~11월초
▶ **장소** 서산시 고북면 한농원
▶ **내용** 국화꽃 전시 및 관람. 공예품 전시. 국화차 시음회. 농촌체험장. 먹거리 장터

75

서산목장 주변엔 변변한 식당은 없고 가까운 해미읍성쪽이나 서산으로 나가야 한다. 해미읍성부근엔 해미읍성 뚝배기집이나 서산쪽으로 나가는 길목의 오른쪽에 있는 향수가든 보리밥 쌈밥정식을 추천한다. 해미읍성 진남문 바로 앞의 읍성 뚝배기집은 설렁탕이 일품인 군의 향토음식점으로 지정된 맛집이며 향수 가든은 토종된장, 고추장 양념에 10여가지의 산나물을 보리밥과 함께 비벼서 싱싱한 각종 쌈재료와 함께 먹는 맛이 구수하고 일품인 맛집으로 추천하는 곳이다.

 맛있는 곳

- 향수가든_보리밥 쌈밥정식
(041)-688-3757/6663 / 서산시 해미면 반양리 358-2

- 읍성 뚝배기집_설렁탕
(041)-688-2101 / 서산시 해미면 읍내리 327-1

- 서초식당_한식
(041)-668-1420 / 서산시 해미면 읍내리 306

- 영가든_한식
(041)-688-5550 / 서산시 해미면 황락리 13-2

 길따라 지도따라

- 인터넷 웹사이트
http://seosantour.net/ 서산시청 문화관광 홈페이지

- 문의전화
서산시청 문화관광과 (041)660-2498

- 교통정보
현지대중교통-서산버스터미널-운산/해미 버스승강장-한우
개량사업소행 시내버스이용

자가운전1-서해안 고속도로 서산IC-32번국도-운산-서산목
장(한우 개량사업소)
자가운전2-서해안 고속도로 해미IC-운산방향-서산목장(한
우개량사업소)

도심의 습지대와 어시장의 만남

풍차가 있는 풍경과
소래포구

월별 베스트 추천여행_4월

여행 시기 | 4월 1주~5월 중순 사이

당일코스	연인
1박 2일 코스	MT
주변명소	사진여행
가족여행	계절마다

인천광역시 남동구 논현동 33번지 일원에 위치하고 있는 소래 해양생태공원은 1996년까지 소금을 직접 만들던 염전이었다. 지금은 바닷물이 점점 낮아지면서 일부만 물이 들어와 1999년 6월1일 논현동 일대 폐염전 및 갯벌 21만 3천 평의 규모에 자연학습장을 만들면서 일반인들에게도 많이 알려지게 되었다. 잘 정돈된 정문을 지나 다리를 건너면 해당화와 갯멧꽃이 핀 꽃길이 나오는데 이 길을 따라 들어가면 소금창고와 염전, 그리고 이국적인 풍차를 만날 수 있다. 생태 전시관에는 옛날 염부들의 소금채취 모습과 다양한 갯벌 수생식물들, 그리고 소래포구의 정경을 만날 수 있다. 그리고 NGO 홍보관과 강의실이 있는데 여기에서는 학습장에서 관찰할 수 있는 동·식물과 소금채취과정 등을 볼 수 있고 갯벌체험장이 있어 가족 및 연인들의 나들이로도 많이 찾는다.

소래 해양생태공원은 서울, 인천 등의 수도권 도심에서

당일 코스

수도권에서 1시간 내의 거리에 있는 소래포구와 생태공원 주변의 여행은 당일 코스로도 여유롭게 돌아볼 수 있겠다. 주변의 둘러볼 곳으로는 인천대공원과 연꽃 군락지로도 유명한 시흥의 관곡지, 송도유원지, 월미도, 인천항이 있다.

소래포구 - 소래해양생태공원 - 송도유원지 - 인천대공원 - 월미도 - 시흥 관곡지 가까운 자연 습지이다. 소래 해양생태공원은 하천과 바다가 접하는 지역을 사이에 두고 형성된 염생습지로서 인천 남동구청에서 약1.5km정도의 지척에 위치하고 시흥시와 광명시가 인근에 접해있으며 서울, 인천 등 대도시 생활권과 근접해 있다. 100여 만 평의 습지가 도심에 가까운 거리에 있다는 것은 매우 드문 사례로 습지의 자연보전, 정화기능을 감안할 때 그 보전가치가 매우 뛰어나다고 볼 수 있다. 이웃 일본에서는 동경항 야조공원, 야쯔이가타 간석공원 등 도심 내에 갯벌, 습지, 자연생태공원 등을 조성함으로써 방문객에 대한 자연체험 학습과 함께 자연보전, 정화기능을 담

풍차가 있는 소래 해양생태공원 풍경 12mm 1/500s F5.6 ISO100

1 📷 24mm 1/640s F8 ISO100
2 📷 12mm 1/200s F8 ISO100

당하게 하고 있으며, 이러한 습지들을 람사협약에 등록시켜 지방자치단체와 시민들
이 자부심을 갖고 지켜나갈 수 있는 토대를 마련하고 있다. 소래 생태공원은 소래포
구의 맞은편에 위치하고 있으며 월곶IC에서 10여분이면 도착한다. 주말이면 많은 사
람들이 찾는 곳으로 입구 안내소 옆의 주차장은 자리가 없을 정도로 빼곡히 들어찬
다. 사진촬영을 위해서는 조금 서둘러 가는 것이 좋다. 입구의 갯벌과 염전, 그리고
폐소금창고, 풍차, 갈대숲길, 각종 염생식물과 꽃들은 사진 촬영 소재와 가족, 연인
들의 나들이 코스로도 좋다.

2

소래포구는 소래해양 생태공원 가는 길 입구의 맞은편에 위치하고 있는 작은 포구다. 소래(蘇来)의 이름의 유래는 당나라 소정방(蘇)이 왔다(来)는 뜻에서 지었다고 한다. 소래하면 사람들은 새우젓과 염전을 떠올리는데, 소래에 염전이 들어 선 것은 일제강점기인 1933년이었다. 4년 뒤, 일제는 소래와 남동 등 염전에서 나는 소금과 이천, 여주 등 곡창지대에서 추수한 쌀을 인천항을 통해 일본으로 보내기 위해 철로를 놓았다. 그러면서 자연스럽게 촌락이 형성된 곳이 바로 소래다. 그 이름이 사람들에게 알려지게 된 것은 1974년 인천항이 준공된 뒤 새우잡이 어선들이 인천항 대신 소래포구를 이용하면서 시작되었다.

소래포구에서는 매년 6, 9, 11월에 새우 파시(波市)가 열리고 있다. 이곳은 과거에 유명한 염전지대였지만 지금은 거의 사라졌다. 최근에는 수인선(水仁線)의 소래역과 어울려 관광명소가 되었다. 문화재로는 병인양요(丙寅洋擾) 직후 외국선박의 침입을 막기 위한 포대가 있던 논현동 호구포 포대지(虎口浦 砲臺址)가 있으며, 관광지로는 간석동 만월산의 약사사(藥師寺)와 관모산의 인천대공원 등이 있다.

수도권에서 가까운 거리에 있고 주변에 대단위 아파트 단지가 들어서면서 주말이면 많은 사람들이 찾는 명소가 되었다. 소래포구에 가면 비릿한 바다 냄새와 어시장 사람들의 분주한 삶과 서민들의 애환이 담겨있는 소박하고도 진솔한 삶의 현장을 느낄 수 있어서 좋다. 싱싱하고 값싼 각종해산물을 구입하면 즉석에서 요리해 준다. 주변 여행도 함께하면 하루나들이로 좋다.

숙박 정보

소래포구 주변에는 마땅한 숙박업소가 없고 인근의 월곶이나 인천시내 숙박업소를 이용해야 하며, 주로 인근의 깨끗한 모텔이 많아 이용하는 고객들이 많다.
첼시관광호텔(032-434-7517)

소래 부근의 사진 촬영 명소로는 7~8월의 연꽃 촬영지로 이름난 시흥 관곡지, 월곶포구와 오이도 일몰풍경 등이 있지만 인천항 쪽의 북성포구 공장풍경 촬영지도 유명하다. 소래포구에서 15km 남짓의 거리에 있어서 일몰감상 및 사진 촬영 포인트로도 많이 알려져 있는 포인트이기도 하다.

북성포구는 인천역에서 월미도 방향으로 가다가 대한제분 앞 월미도 입구 삼거리에서 직진하여 중간에 주차를 하고 도보로 20m정도 가면 맞은편 공장 지대가 보이는데 이곳이 촬영 포인트다. 또 다른 길은 인천역에서 월미도 방면으로 나오면 바로위에 순환고가도로가 있는데 좌회전해서 고가도로 밑으로 계속간다. 막다른 골목 가기 전 대한사료 정문 앞 골목에서 북성포구로 들어가는 작은 골목길을 걸어가면 바닷가에 작은 횟집들이 나온다. 여기서 50m정도 계속 걸어 들어가면 촬영 포인트에 도착한다. 횟집 앞 작은 어선들이 있는 포구 풍경도 좋다.

이곳의 촬영 적기는 썰물 때이며 해가지는 일몰 시간대가 적당하다. 화각은 도로 위 제방에서의 촬영각과 바다 쪽 로우앵글 포인트가 광각렌즈를 이용할 경우 시원한 화각을 보인다. 바닷가의 일몰시간대 촬영이므로 튼튼한 삼각대는 필수이며 흔들리지 않게 셔터릴리즈를 사용하는 것이 좋다. 붉은 노을빛을 표현하기 위해서는 오토 화이트밸런스 보다 수동으로 맞춰 화이트밸런스

값을 K8000 이상으로 올리면 좀 더 붉고 아름다운 일 몰풍경을 표현할 수 있다. 강한 역광이므로 렌즈플레어 를 방지하기위해 UV필터는 빼고 ND4 하프 그러데이션 필터를 사용하면 극심한 노출차를 극복할 수 있다. 또 한 셔터타임을 길게(장노출) 하여 굴뚝의 연기흐름과 바 닷물의 흐름을 부드럽게 표현하는 것도 좋다.

Festival & taste 축제와 맛을 찾아

축제의 현장

도심 속의 천연포구, 낭만으로 흥청거리는 인천 소래포구는 서해안풍어제, 은율탈춤, 주댓소리와 같은 문화공연이 펼쳐진다. 먹을거리 행사로는 어죽 시식회, 장어잡기, 대하·전어 잡기, 회 뜨기, 굴비 따기 등 체험 프로그램으로 짜인다. 즐길거리로는 연 만들기, 탁본 체험, 회 빨리 뜨기 대회, 장어 이어 달리기 등의 이벤트도 펼쳐진다. 소래포구축제는 볼거리·먹을거리·즐길거리 삼박자가 한데 어우러져 인천은 물론 서울·경기지역 관광객들로만도 인산인해를 이룬다. 소래는 특히 제철에 먹는 꽃게와 대하 등은 값이 싸고 싱싱하며, 횟감을 비교적 싼 가격에 구입해서 먹을 수가 있다.

인천근교에 볼만한 또 하나의 축제로는 중국의 날 축제가 있다. 2002년부터 시작한 이 축제는 중국 민속예술단 초청공연과 자장면, 음악, 전통차, 의상 등 다양한 중국인들의 문화를 소개한다.

소래포구는 각종 조개류와 싱싱한 활어들 그리고 맛깔스런 젓갈과 포구의 정취가 가득담긴 음식들이 많이 있다. 포구의 어시장에 들어서면 생동감 넘치고 활기찬 시장의 정취를 느낄 수 있으며 구수한 생선 굽는 냄새와 산더미처럼 쌓아놓은 조개류들, 그리고 즉석에서 돗자리 펴고 바닷가에서 앉아서 먹는 조개구이와 싱싱하고 감칠맛 나는 회 맛은 여행객들의 발길을 사로잡는다.

★ 소래포구 축제
▶ 기간 매년 10월초 (4일간)
▶ 장소 소래포구 일원, 소래 생태공원
▶ 주요행사 서해안 풍어제 및 각종 공연행사, 노래자랑, 그밖에 관광객 체험행사와 지역 특산물행사, 부대행사, 특별행사 등이 있다.

★ 인천 해양 축제
▶ 기간 매년 8월중
▶ 장소 을왕동 왕산해수욕장 일원
▶ 주요행사 해양가족캠프, 선상투어, 맨손 고기잡이체험, 갯벌체험, 무인도체험 등 각종 공연

★ 인천 중국의 날 축제
▶ 기간 매년 10월중
▶ 장소 차이나타운 및 자유공원 일원
▶ 주요행사 중국공예체험, 중국의상체험, 중국음식요리체험, 중국차체험 등 각종 체험행사

★ 음식 문화 축제
▶ 기간 매년 10월중
▶ 장소 문학경기장 일원
▶ 주요행사 : 개막축하공연, 시민노래자랑, 음식화합 한마당 추억의 거리, 궁중음식시식회, 빵나눔 행사 등 참여행사

★ 인천 하늘 축제
▶ 기간 매년 10월중
▶ 장소 인천국제공항 청사 앞 잔디광장
▶ 주요행사 개막축하콘서트 및 어린이 사생대회, 세계항공사의 승무원복을 한자리에 시네마 나이트, 그밖에 상설이벤트

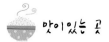
맛이있는 곳

• 대하수산

(032) 441-2644 / 인천광역시 남동구
논현동 111-168

• 장어이야기

(032) 446-3326 / 인천광역시 남동구
논현동 111-126

• 인호네

(032) 446-4014 / 인천광역시 남동구
논현동 소래포구 소래어시장내

• 태평양조개구이

(032) 441-6429 / 인천광역시 남동구
논현동 소래포구

• 월미횟집

(032) 446-8152 / 인천광역시 남동구

논현동 111-0

그밖에 소래 어시장내 많은 횟집과 조
개구이집이 있다. 보편적으로 맛집을
찾을 때는 항상 사람들이 북적대는 집
으로 가면 후회하지 않을 것이다. 장사
가 잘되는 집은 음식 맛도 서비스도 좋
게 마련이다.

길따라 지도 따라

• 인터넷 웹사이트

http://www.incheon.go.kr/sorae/인천광역시 동부공원사
업소

• 문의전화

인천광역시 동부공원사업소 (032)-435-7076

• 대중 교통정보

자가운전

영동고속도로를 이용할 경우 월곶IC에서 빠져나와 월곶 입
구 삼거리에서 소래방면으로 좌회전 후 소래대교건너 소래

포구를 지나서 소래마을 풍림아파트 앞에서 고가다리 밑으
로 좌회전 후 비포장도로 약 50M 직진하면 소래생태공원
주차장에 도착한다.
서울외곽 순환고속도로를 이용할 경우 장수IC에서 영동고
속도로 진입, 월곶IC로 빠져나와 소래포구 방면으로 직진하
면 된다.

버스

대중교통 이용 시 동인천에서 21, 27번 버스가 있고, 주안역
에서 38번 버스, 백운역에서 20번 버스가 있다. 송내역에서
는 논현 지구가는 103번 버스가 있다.

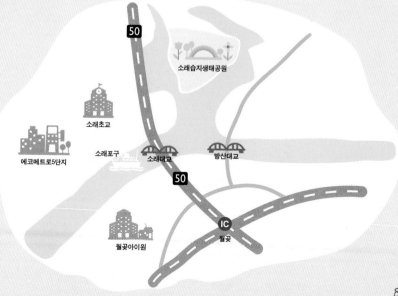

안개 속 천년의 역사

경주 보문단지

월별 베스트 추천여행_4월

여행 시기 | 연중

당일코스	연인
1박 2일 코스	MT
주변명소	사진여행
가족여행	계절마다

천년의 역사를 간직한 경주는 우리가 어릴 적 한 번쯤 가보았던 수학여행에서, 그리고 역사체험으로 한두 번쯤은 가봄직 했을만한 곳이다. 어린 청소년 시절에 보았던 풍경은 왕릉과 한적한 도로를 기억하고 있을 뿐 실로 다른 아름다움을 알지 못했다. 하긴 그 나이에 벚꽃이 아름다워 사진을 찍는다거나 역사를 기리는 경주의 속삼임이 들려 올 턱이 없었다. 여행을 시작하고 사진을 찍기 시작하면서 이곳이 역사적인 고장뿐 아니라 언제와도 반겨주는 아름다운 곳이라는 것을 깨달았다.

도시전체가 노천 박물관이라고 불릴 만큼 신라 천년의 영화가 고스란히 보존되어 있는 경주는 유네스코에서 지정한 세계적인 역사도시다. 세계 각지에서 찾아오는 관광객의 발길이 끊이지 않아, 관광과 휴식을 겸할 수 있는 최적의 여행지다. 경주보문단지는 경주시가지에서 동쪽으로 약 10㎞정도 떨어진 명활산 옛성터에 보

 당일 코스

아침 일찍 서두른다면 당일코스로 많은 곳을 보고 올 수 있다. 물론 여유가 없을 수도 있지만 경주의 모든 곳을 하루에 보는 것만으로도 감회가 새롭다.

고속버스터미널 → 분황사 → 보문관광단지 → 신라밀레니엄파크 → 경주세계문화엑스포공원 → 민속공예촌 → 불국사 → 동리·목월 문학관(아사달 사랑탑) → 석굴암 → 통일전 → 박물관 → 임해전지(안압지) → 계림숲 → 첨성대 → 대릉원(천마총) → 포석정 → 오릉 → 김유신장군묘 → 태종무열왕릉 → 경주역 → 고속버스터미널

문호를 중심으로 조성되었는데 전 지역이 온천지구 및 관광특구로 지정되어 있고 도로, 전기, 통신, 상하수도 등 기반시설이 완비되어 있으며, 컨벤션시티로의 육성, 보문관광단지와 연계한 감포관광단지의 개발을 추진하고 있는 등 국제적 수준의 종합 관광 휴양단지로 자리를 잡아가고 있다.

경주 보문단지는 총 242만평의 대지에 국제적 규모의 최고급호텔, 가족단위의 콘도미니엄, 골프장, 각종 수상시설, 산책로, 보문호와 높이 100m의 고사분수 등 수

많은 위락시설을 갖춘 경주의 사랑방이라고 일컫는 종합관광 휴양지다.

특히 벚나무가 많은 경주는 어느 특정 지역에만 많은 것이 아니라 도시전체가 벚꽃천지인 것이 다른 지역과 다르다. 4월 개화기 때에는 발길 닿는 곳마다 온통 벚꽃천지이지만 그 중에서 특히 이곳 보문호 주위와 불국사 공원 벚꽃이 한층 기염을 토한다. 바람이라도 부는 날이면 꽃송이가 눈발처럼 날려 환상적인 경관을 연출한다.

주변 명소 名所

경주는 그 자체가 거대한 박물관이고 어느 곳에서 사진을 찍던 작품이 되는 곳이다. 봄에는 어디를 가든지 아름다운 벚꽃을 볼 수 있지만 특히 아름다운 곳은 보문단지, 김유신 장군묘 가는 길, 경주불국사가 있다.

봄처녀의 연분홍빛 치마를 닮은 듯한 고운 진달래꽃이 솔숲 사이에 피어오른다. 거북등걸 같은 무채색 소나무 사이에 만발하는 진달래의 모습이란 산능성이에 피어오르는 흔한 광경과는 사뭇 다르다.

신라인의 문화, 예술적 향기가 가장 진하게 남아 있는 경주 남산은 문화의 보고 이상으로 자연의 풍치 또한 빼어나다. 특히 삼능 주변의 아름드리 솔숲은 그 규모나 소나무 한그루 한그루의 자태에 경탄이 절로 터져 나오며 안개 낀 맑은 날이면 솔숲 사이로 내리는 빛을 담을 수 있다.

가을이면 울긋불긋 단풍이 물던 불국사의 풍경도 아름답지만 겨울 소복이 쌓인 눈의 불국사 정경 또한 일품이다.

불국사에서 석굴암방면으로 올라가다 다시 양남방면으로 30분 정도 가다보면 문무대왕릉이(봉길해수욕장) 나온다. 10월경부터 이듬해 2월경까지 일출 때 물론, 운이 좋아야 하겠다. 아름다운 해무를 만날 수 있다.

숙박 정보

• 대명리조트경주
(054-778-8311): 보문호가 한눈에 들어오는 레이크 사이드에 자리하고 있어 경주 최고의 숙박시설로 꼽힌다. 대명 아쿠아월드 스파존은 7개의 테마별 월풀 욕조를 두어 가족과 연인 단위 이용이 편리하다. 또 목, 전신 등 부위별 수압 안마가 가능한 '워터 마사지'와 솔향탕, 아로마탕 등 말 그대로 '웰빙풀'을 지향하고 있다.

• 경주 캐슬 펜콘(펜션+콘도)
(010-2508-1012, 054-777-2130)
http://www.g-castle.co.kr

• 아름다운펜션
(054-777-3055) http://www.e-beautifulpension.co.kr/
경상북도 경주시 천북면 물천리 872-1번지

• 별바라기 펜션
(054-777-1020) http://www.gjmirinae.com/
경상북도 경주시 북군동 441

• 예림펜션
(054-771-9049) http://www.ylpension.com/ 경상북도 경주시 북군동 471-3번지

• 삼광그레이스펜션
(054-745-0404) http://www.sggrace.com/경주 보문단지 위치

• 씨티빌
(054)771 -2974
경상북도 경주시 충효동 콘도형 민박

• 한국콘도경주
(054)745 -1500

경상북도 경주시 신평동 콘도

• 경주 한화콘도
(055)754 -8060
경상북도 경주시 북군동 콘도

• 웹투어 경주온천콘도
(02)585 -7276
경상북도 경주시 진현동 콘도

• 파도소리
(054)744 -8542
경상북도 경주시 감포읍 오류3~4리 콘도형 민박

• 해송민박
(054)741 -0835
경상북도 경주시 보문동 콘도형 민박

• 미루
(054)748 -9897
경상북도 경주시 북군동 콘도형 민박

• 경주감나무민박
(054)745 -2437
경상북도 경주시 보문동 콘도형 민박

• 경주등잔초가집
(054)745 -7254 / 경상북도 경주시 보문동 기타

• 경주별장
(00)00 -00
경상북도 경주시 보문동 콘도형 민박

• 별장마을
(054)749 -7928 / 경상북도 경주시 북군동 일반 민박, 농원

• 차향기 가득한 집
(054)748 -6754 / 경상북도 경주시 동천동 펜션

Festival & taste 축제와 맛을 찾아

1년 365일 신라의 찬란했던 1,000년의 문화를 비춰주듯 경주는 화려하다. 특히나 오색이 찬란하게 피어나기 시작하는 봄에는 그 경치가 가는 곳마다 절경을 이룬다. 도로에 흩날리는 벚꽃과 함께 드라이브를 즐기며, 잠시 세워 사진을 찍을 수도 있다. 길가 곳곳이 아름다움으로 배어 있는 경주의 축제는 매달마다 쉴 틈이 없다.

봄이 활짝 열리는 4월에는 충담재, 청마백일장, 원효예술제 등 각종 축제들이 열리며, 주말마다 보문단지 야외상설공연장에서 각종 공연들이 시행되고 있다.

축제의 현장

전통문화예술행사

★ 2월 정월대보름 민속행사 · 장소 :
양동마을

- ·참석 : 1,000명 정도
- ·내용 : 동제, 윷놀이, 줄다리기
- ·장소 : 서천둔치
- ·참석 : 2,000명 정도
- ·내용 : 달집태우기, 민속놀이

★ 4월 청마백일장

- ·장소 : 불국사앞 청마시비
- ·참석 : 1,000명 정도
- ·내용 : 초, 중, 고, 운문

★ 5월 목월백일장

- ·장소 : 황성공원 목월시비
- ·참석 : 2,000명 정도
- ·내용 : 초, 중, 고, 일반운문

★ 4월 충담재

- ·장소 : 문화 예술의 거리(첨성대 옆)
- ·참석 : 1,000명 정도
- ·내용 : 충담스님을 기리기 위한 茶
행사

★ 5~12월 문화학교

- ·장소 : 신라문화원 교육장
- ·참석 : 강좌별 60여 명
- ·내용: 신라문화유산강좌 / 대금강좌
1 ~ 12월

★ 신라문화강좌

- ·장소 : 경주문화원 동경관
- ·운영 : 매월1회 특강

★ 1~12월 국악강사 풀제 운영

- ·장소 : 관내 초, 중등 57개교
- ·운영 : 주2시간 강의

★ 4월, 10월 원효예술제

- ·장소 : 분황사
- ·참석 : 1,000명 정도
- ·내용 : 추모대제, 예술제

★ 6월 종합예술제

- ·장소 : 서라벌문화회관
- ·참석 : 400명 정도
- ·내용 : 예술단체 공연 및 전시

★ 10월 동학예술제

- ·장소 : 국립경주박물관
- ·참석 : 1,000명 정도
- ·내용 : 설치미술, 판화, 영화상영 등

★ 10월 향교기로연

- ·장소 : 유림회관
- ·참석 : 300명 정도
- ·내용 : 70세 이상 노인 초청 위로연

★ 10월 청소년서예 실기대회

- ·장소 : 경주향교
- ·참석 : 500명 정도
- ·내용 : 초, 중, 고학생

★ 8월, 12월 충효교실

- ·장소 : 경주문화원
- ·참석 : 200명 정도
- ·내용 : 관내 청소년 충효교육

★ 4월 ~ 10월 보문상설공연

※ 자세한 일정 보기

- ·장소 : 보문단지야외상설공연장
- ·참석 : 매회 1,000명 정도
- ·내용 : 전통국악, 퓨전공연

★ 4월~12월 무형문화재 공개발표회

- ·가야금병창, 누비장, 교동법주, 여창
가곡 발표회

경주에는 유명한 황남빵이 있다. 물론 배를 채우기 위해서는 빵보다 밥이 제격이겠지만 팥빵이라 그런지 칼로리가 꽤 높은 빵이다. 황남동에서 처음 시작하여 이름 붙여진 이 빵은 팥과 밀가루, 재료의 배합과 반죽의 농도가 딱 맞아떨어져야 고유의 맛이 나기 때문에 타 지역에서는 만들기 힘든 빵이라 경주에 간다면 나름 맛을 볼만 하다.

국보급 역사가 많이 담긴 지역답게 보문단지로 들어가는 입구에는 커다란 초가집 두채가 눈에 들어오는데 건물만 봐도 느껴지듯이 토속음식과 전통차, 전통주 등의 메뉴를 선보이는 집들이 있다. 개별적인 방을 제공해 조용하고 오붓한 분위기에서 식사와 차 그리고 술을 즐길 수 있는 여유로움을 가지고 있는 이곳은 가족은 물론 연인들, 단체 등에 최적의 공간을 제공하는 곳들이 제법 있다.

- 토함(054-748-6969 / 777-6968) 위치: 보문단지입구

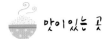
맛이있는곳

● 토암산식당

(054-745-1752)

·**위치안내** : 민속공예촌 맞은편

닭, 오리백숙 등이 전문메뉴인 이 업소는 경주의 대표적인 음식점 중 한곳이며 단체나 소모임, 가족단위 등의 손님들이 편안하게 식사 할 수 있는 곳으로도 알려져 있어 많은 사람들이 찾는 곳이다. 보문단지에서 불국사로 이동하는 도로(보불로)사이에 하동못이라는 제법 큰 저수지가 있는데 그 바로 아래에 위치해 있으며 본 건물 2층에서는 저수지의 좋은 경관을 볼 수 있는 게 하나의 매력이며, 식사 후 저수지 주변을 산책하며 사진을 찍을 수 있는 여유를 가지기에도 좋다.

● 맷돌순두부

(054-745-2791)

·**위치안내** : 보문단지 입구 북군동에 위치

맷돌순두부는 경주 관광음식점을 대표하는 유명한 곳으로 가장 많이 알려진 음식점 중 한곳이며, 이 집의 주 메뉴 순두부찌개는 누구나 부담 없이 즐기는 맛으로 손님들을 발길이 끊기는 날이 없다. 순두부찌개 뿐 아니라 곁들여 나오는 밑반찬도 간략하면서 일품인데, 이 집에 들러 음식을 먹고 난 후에 뒷말이 나오거나 후회를 하는 사람들은 거의 없어 보인다.

● 석거돈

(054-746-6308)

·**위치안내** : 울산에서 경주방면 불국사가기 전 300m전방 우측, 경주 경주시 외동읍 괘릉리 762-6

낙지와 돼지고기를 얇게 썰어서 갖은

양념으로 지글지글 볶은 석거돈은 마늘의 알싸한 향과 고춧가루의 매콤한 냄새로 일반 제육볶음과는 달리 부드럽고 매콤하면서 달콤한 맛을 자랑합니다. 공기밥도 그릇에 수북이 쌓아 아무리 배고파도 두 그릇 이상 비우기 힘들다.

● 전통한식 육부촌

(054-776-6676)

·**위치안내** : 보문단지 입구편

경주에서 전통한식을 맛볼 수 있는 음식점 중 대표적인 업소로 메뉴는 기본정식과 경주의 특산물인 전복을 이용한 전복돌솥정식이 있다. 나지막한 옛 기와집으로 지어진 고유의 건축미와 소박하지만 다양한 볼거리를 제공한다. 또, 옛 물건들을 직접 보며 접할 수 있는 즐거움도 있는 곳이며 소박하고 예스러운 분위기와 복잡하지 않고 조용하게 식사할 수 있는 개별방 형태로 이루어져 있어 사랑방에서 식사하는 느낌이 든다.

● 토박이식당

(054-748-7025)

·**위치안내** : 보문단지입구(북군동음식촌) 경주시 북군동 225번지

보문단지입구의 음식촌 중에서도 소문이 자자한 집이다. 보문단지를 찾는 관광객은 물론 보문단지 내에 근무하는 사람들에게도 아주 인기 있는 업소다. 이 집의 주 메뉴는 갈치찌개와 구이인데 제주산 생갈치를 직접 공수 받아 끓이는 시원하고 맛깔스런 갈치찌개 국물에 가마솥 돌솥밥 한 그릇이면 최고의 식사라 할 만큼 좋은 식사가 됩니다.

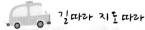 길따라 지도따라

• 인터넷 웹사이트
http://www.gyeongju.go.kr/ 경주시청

• 문의전화
053-779-6114

• 대중교통정보

▸ 버스
054-743-5599 (경주터미널)
서울/경주 23회 4시간 30분 소요
부산/경주 24회 50분 소요
대구/경주 31회 50분 소요
경주(시외버스터미널)/보문단지(현대호텔) 운행버스10번
운행간격 16분 29분소요

▸ 열차(1544-7788)
KTX : 서울/동대구역(1시간 50분소요)/
서울/경주(안강) 2회 5시간 소요

▸ 자가운전
* 경부고속도로 경주나들목 - 나정교 - 보문교 - 보문관광
단지
* 포항 - 31번 국도 - 감포 - 전촌초등학교 - 4번 국도 - 기
림사 입구 - 추령터널
- 덕동호 - 보문관광단지

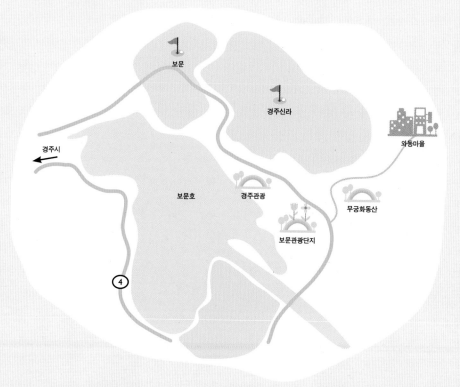

울창한 송림과 해안의 어우러짐

울산 대왕암공원

(구 울기공원)

월별 베스트 추천여행_4월

여행 시기 | 4~5월, 9~10월

당일코스	연인
1박 2일 코스	MT
주변명소	사진여행
가족여행	계절마다

봄과 가을에 추천 여행지를 찾는다면 잠시 울산으로 발길을 돌려보자.

울산 대왕암공원(구 울기공원)은 우리나라 최고의 해안 공원이라 할 수 있는 울산의 관광지다. 이곳은 아직 많이 알려지지 않았지만, 울창한 송림과 등대 그리고 해안 절경과 해안 바위인 대왕암이 어우러진 아름다운 해변이 있다. 대왕암까지는 다리가 놓여 있어 대왕암의 작은 전망대까지 갈 수 있다. 또한 이곳은 우리나라에서 울주군 간절곶과 함께 해가 가장 빨리 뜨는 곳이기도 하며 산책이 즐거운 숲, 그늘과 벚꽃, 동백, 개나리, 목련이 어우러진 이곳을 지나다 보면 자신은 벌써 시인이 되는 듯한 착각에 빠지기도 한다.

대왕암공원은 도심 속에서 좀처럼 보기 어려운 귀한 휴식처다. 28만평에 달하는 산뜻한 공간을 가진 이 공원 옆에는 울퉁불퉁한 바위 해변을 보고 놀란 가슴을 진정시킬 수 있는 일산해수욕장의 모래밭이 펼쳐져 있다.

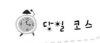

당일 코스

대왕암공원 - 일산해수욕장 - 남목마성 - 주전바닷가 - 정자바닷가

우리나라 동남단에서 동해로 가장 뾰족하게 나온 부분의 끝지점에 해당하는 대왕암공원은 동해의 길잡이를 하는 울기항로표지소로도 유명하다.

이곳 항로표지소는 1906년 우리나라에서 세 번째로 세워졌으며, 이곳 송죽원에서는 무료로 방을 빌려주어 아름다운 추억거리를 만들어 갈 수 있도록 민박을 제공하고 있다. 공원입구에서 등대까지 가는 길은 600m 송림이 우거진 길로, 1백여 년 아름드리 자란 키가 큰 소나무 그늘이 시원함과 아늑함을 선사한다.

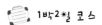

송림을 벗어나면 탁 트인 해안절벽으로 마치 선사 시대
의 공룡화석들이 푸른 바닷물에 엎드려 있는 듯한 착
각을 불러일으킬 정도로 거대한 바위덩어리들의 집합소
다. 불그스레한 바위색이 짙푸른 동해 바다색과 대비되
어 그 선명함이 제법이다.

마주 보이는 대왕암은 하늘로 용솟음치는 용의 모습 그
대로인데 점점이 이어진 바위를 기둥삼아 가로놓인 철
교를 건너면 대왕암에 발을 딛게 된다.

대왕암공원의 자연경관은 수려한 자연경관과 기암괴석과 바다가 함께 있어 아름다운 대왕암 공원은 구름이 좋은 날에는 사진 찍기가, 더더욱 좋다. 망원과 광각렌즈가 둘 다 필요한 곳이기도 하다. 넓은 바다와 구름, 기암괴석, 아름다운 해변을 담을 때는 광각으로 대왕암공원의 입구, 길과 함께 뻗어 있는 벚꽃의 그늘, 주전 해변가에서 일어나는 풍경을 망원으로 담을 수 있다.

봄은 여자의 계절이라고 했던가? 연인과 손을 맞잡고 벚꽃나들이를 해보면 어떨까? 싫어하는 여인은 없을 듯하다. 대왕암공원의 입구에는 벚꽃나무가 있어 꽃피는 봄이면 연인과 손잡고 벚꽃 터널을 걷는 것도 좋은 추억이 된다.

🏠 숙박 정보

일산해수욕장은 관광지로 인근에 많은 모텔이 위치해 있다.

● 주전, 정자해안민박마을
울산 동구 주전동 북구 정자동

● 울산현대호텔
052-251-2233 /울산 동구 전하1동 1~390 283번지

● 울산굿모닝호텔
052-209-9000 /울산 동구 전하1동 312-12

1 대왕암공원 근처에 있는 슬도(슬도에서 바라본 대왕암공원 방향) CPL필터 사용
2 주전 해변가의 풍경(ND400필터 사용 셔터속도 8초)
3 대왕암공원입구의 벚꽃로

대왕암공원에서 가까운 일산해수욕장은 현대중공업과 대왕암공원 사이에 반원 형태로 깊숙이 자리 잡은 해변이다. 대왕암공원의 울기등대 주변을 감싸고 있는 소나무 숲에서 바라보는 경치 또한 일품이다. 울기등대로 산책을 하며 계단을 오르다 보면 나오는 포토존과 각각의 산책로 또한 그 수려함을 자랑한다. 산책로에는 동백과 백목련, 자목련, 벚꽃나무 등이 반겨주어 맑은 공기를 마시며 산책을 즐길 수 있다. 대왕암공원 주변으로는 울산테마식물수목원, 일산해수욕장, 주전 몽돌해안, 슬도해안, 마골산계곡, 봉대산공원, 남목마성 등이 위치해 있다.

축제의 현장

맛이있는 곳

★ 동구해변축제

기간 : 기간 : 2008. 8.8(금) ~ 8.10(일)

장소 : 일산해수욕장, 대왕암공원일원

개요 :

공연행사 : 개막창작극'대왕암', 나눔예술제(오페라, 갈라콘서트), 솔밭가족공연장(손인형극, 마술쇼, 그림자극)

체험행사 : 방어잡기, 바다그물 후리기, 얼음조각 가족경연대회, 대형화채 만들기, 대왕암사생실기대회, 백일장대회

상설행사 : 헤나, 페이스페인팅, 점핑클레이, 캐리커쳐

• 일번지회직매장_자연산, 양식회
(052)201-4040/울산 동구 방어동 997-12

• 대가활복회_복요리
052- 234-3377 /울산광역시 동구 방어동 1090 - 4

• 한마음회관_양식, 중식, 한식
052-236-5116 /울산 동구 전하동 290-16

길 따라 지도 따라

• 인터넷 웹사이트
http://www.donggu.ulsan.kr/kor/donggu_tour/ 울산광역시 동구청

• 문의전화
052-209-3000 울산광역시 동구청 문화관광과 대중 교통정보

버스
울산시외버스터미널 도착-울산롯데백화점앞에서 동구방면 시내버스 탑승-대왕암공원입구에서 하차

자가운전정보
울산 공업탑에서 울산역 방향 - 아산로 - 미포조선 방향 - 대왕암공원 - 공원 입구에서 주차 - 도보 20분 - 대왕암

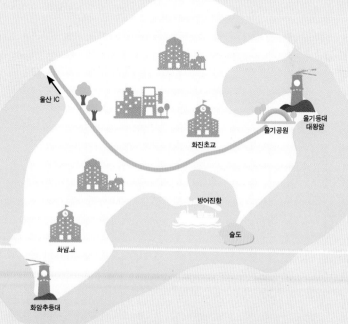

가장 아름다운 거리 숲
담양 메타세쿼이아 길

월별 베스트 추천여행_5월

여행 시기 | 5월 1주~10월 중순 사이

당일코스	연인
1박 2일 코스	MT
주변명소	사진여행
가족여행	계절마다

 당일 코스

전통과 느림의 미학을 표현하는 고장, 담양은 대나무와 메타세쿼이아 길이 제일 먼저 떠오른다. 오월의 신록과 단풍이 드는 가을에 사진 촬영과 여행하기 좋은 시기다. 24번 국도를 들어서서 먼저 메타세쿼이아 길 입구에 들어서면 끝없이 늘어선 가로수길이 눈앞에 펼쳐진다. 주차할 수 있는 공간은 가로수길 초입의 우측 도로변에 있다. 8.5km의 가로수 길을 투어 할 수 있는 자전거를 빌려 타고 싱그러운 나무들의 향기를 코끝으로 스치는 달콤한 봄바람을 느끼며 달려보자.

10~20m의 아름드리 가로수 나무들은 원래 중국이 원산지다. 메타세쿼이아(Metasequoia)는 담양군에서는 1970년대 초반 전국적인 가로수 조성사업 당시 내무부의 시범가로 지정되면서 3~4년짜리 묘목을 심은 것이 지금은 하늘을 덮고 있는 울창한 가로수로 바뀌었다. 2002년 산림청과 생명의 숲 가꾸기 국민운동본부가 '가장 아름다운 거리 숲'으로 선정한 곳이기도 하다. 주변에

담양에서의 당일코스로 여행하기엔 일정이 빠듯하지만 대부분 주변에 명소들이 있어서 자가용 여행 시는 그렇게 큰 부담이 되지는 않는 코스이다. 담양에 도착하면 제일 먼저 사람들이 몰려오는 시간을 피해 아침 일찍 메타세쿼이아 가로수 길에서 두어시간 둘러보고 사진 촬영도 한 후 죽녹원으로 이동한다. 죽녹원 관람 후 바로 앞의 관방제림 나무 그늘아래서 잠시 휴식을 취하는 것도 좋을 듯 싶다. 점심식사 후 대나무박물관과 명옥헌원림, 한국가사문학관, 소쇄원 코스로 마무리하는 것이 당일코스로 알찬 여행이 될 것이다.

관방제림과 죽녹원, 대나무골 테마공원, 소쇄원 등 볼거리가 많아 오월의 가족 및 연인과의 여행지로 손색이 없다.

"담양이란 지역명을 처음 사용하게 된 것은 고려시대에 이르러서였다고 한다. 「본래 백제(百濟) 추자혜군(秋子兮郡)이었는데 신라때 추성군(秋成郡)이라 바꾸었고, 고려 성종 14년(995)에 담주도단련사(潭洲都團鍊使)를 두었다가 후일 지금의 이름으로 고쳐 나주에 복속하게 되었다. 태조 4년(1395)에 국사(國師) 조구(祖丘)의 고향이라 하여 군(郡)으로 승격시켰다. 공정왕(정종) 즉위 1년(1398)에 왕비 김씨의 고향이라 하여 부(府)로 승격시키었다가 태종 13년(1413)에 예(例)에 따라 도호부(都護府)로 삼았다.」 행정구역상으로 본 담양군은 담양읍과 11개 면으로 이루어져 있다." *자료출처 : http://www.damyang.go.kr

신록의 푸름이 한껏 물에 오르는 오월은 일년중 여행하기 가장 좋은 계절이다. 산과 바다도 좋지만 푸른 계절을 한껏 느낄 수 있는 전라북도 담양으로 연인과 함께 두손 맞잡고 행복한 봄여행을 떠나보자.

메타세쿼이아 길　165mm 1/80s F2.8 ISO100

빽빽이 들어선 대나무숲 사이로 지긋이 나이가 드신 노인 한 분이 걸어간다. 쉼 없이 걷다가 문득 멈추어 서서 하늘로 길게 뻗은 대나무를 쳐다본다. 왠지 자신이 살아온 인생을 보는 듯 길게 뻗은 대나무는 하늘과 맞닿아 있다. 소소한 산새들의 지저귐과 함께 죽녹원의 8길을 걸어본다.

2003년 5월에 조성된 울창한 대나무숲인 죽녹원은 총 2.2km의 산책길로 돌계단을 시작으로 운수대통길, 샛길, 사랑이 변치 않는 길, 죽마고우길, 추억의 샛길, 성인산 오름길, 철학자의 길, 선비의 길 등 총 8가지의 길로 나누어 약 1시간 30분의 산책길을 제공한다. 각 길에 담겨진 뜻은 우리의 인생살이에 빗대어 자신을 돌아볼 수 있는 여유를 준다. 하늘높이 뻗은 대나무가 주는 이 이야기는 아름다운 고장, 담양을 그대로 표현하는 듯 하다. 시간과 공간을 초월해 그 옛날 조선시대의 선비가 되어 시를 읊으며, 햇빛을 가려주는 대나무의 잎 사이로 산들거리는 바람을 맞으며 걸어보자.

 숙박 정보

서울에서 서해고속도로나 호남고속도로를 타고 오면 우선 메타세쿼이아길을 들러 인파가 몰리기 전 촬영하고 빠져나와서 대나무박물관과 죽녹원 - 관방제림 - 담양호-송학민속체험 박물관 - 금성산성코스로 하루를 마감하고, 1박 후 추월산 - 가마골생태공원-면앙정 - 송강정 - 소쇄원-한국가사 문학관 - 식영정 - 명옥헌 원림으로 일정을 잡아보는 것이 좋다.

죽녹원

우리나라의 풍경은 대부분 이른 아침 일출과 일몰이 가장 좋다. 특히 비가 갠 후 다음날은 더욱 그렇다. 가로수길 역시 이른 아침에 가야 제대로 된 풍경을 감상할 수 있다. 몇 년 사이에 많이 알려진 곳이라 주말이나 낮에는 사람들이 많다. 때문에 제대로 된 풍경을 감상 할 수 없을 뿐 아니라, 한적한 풍경을 찍기는 거의 불가능하다. 이른 아침에 가서 망원렌즈로 심도를 얕게 해서 찍어보기도 하고, 표준이나 광각렌즈를 이용해 찍어보도록 하자. 이렇게 길게 뻗은 길에서는 심도가 얕은 망원렌즈를 이용해 찍는 것이 길을 아늑하게 표현해 준다. 사계절 모두 다양한 모습을 보여주지만 주로 봄과 여름, 가을 이른 아침에 담는 것이 좋다.

담양의 사진 촬영 명소는 봄, 가을 익히 잘 알려져 있는 메타세쿼이아 가로수길과 죽녹원 대나무 숲 등이 있다. 자미나무 꽃(일명 : 베롱나무, 백일홍나무)이 붉게 필 때면 연못에 반영된 주변 풍경들이 너무나 아름다운 명옥헌림을 명소로 손꼽을 수 있다.

조선시대 지어진 명옥헌(鳴玉軒)은 정자 앞에 연못이 파여 있고 둘레에 적송(赤松) 및 자미나무 등이 심어져 뛰어난 조경으로 알려졌으며, 장계정(藏溪亭)이란 현판이 걸려있다. 또 뒤편에 도장사(道藏祠)라는 사당에 있는데, 도장정(道藏亭)이라고도 부른다.

자미나무의 수령은 100여 년 정도이다. 명옥헌의 동쪽에 자리 잡은 지당(池塘)은 동서 16m, 남북 11m 크기이다. 이 지당은 1979년 여름에 조사 발굴된 것으로 남에서 북으로 흐르는 계류의 물을 끌어 채운 것으로 북과 서쪽에 자미나무가 심어져 있다. 8월~9월초 붉은 꽃이 필때면 연못주변으로 자미나무 꽃을 반영으로 담을 수 있으며 광각으로 전경을 함께 담아보면 좋은 풍경이 될 수 있다. 명옥헌은 담양 시내에서 소쇄원 방면으로 약 18km정도에 있다.

표준 줌이나 망원으로 자미나무의 붉은 꽃과 함께 연못 반영도 함께 담아보자.

명옥헌은 담양읍내에서 국도 15호선을 따라 보촌 삼거리를 지나 지방도 826호선을 따라 고서면 소재지를 지나 1.5km 지점에서 우측으로 1km 지점에 위치해 있다. 생각보다 작고 아담해서 초행길 여행객들은 찾기가 쉽지 않다. 위치로는 전남 담양군 고서면 산덕리 513번지이다.

이곳은 정면 촬영 포인트가 협소하므로 일찍 서두르는 것이 좋다. 또한 해가 머리위에 걸린 시간보다 아침 일찍 해가 떠오르고 30분 전후로 연못의 반영과 주변 풍경들의 색감을 아름답게 담을 수가 있다. 일출 후에는 촬영 포인트에서 역광이 되므로 가급적 이시간대는 피하는 것이 좋다. 연못 뒤쪽으로는 아담한 정자가 있어 여행자들의 쉼터로도 이용되고 있다.

전라남도 화순군 화순읍 세량리에 위치한 세량지는 제2의 주산지라고 불릴 정도로 그 풍경이 몽환적이고도 아름다운 곳이다. 특히 봄이면 아름다운 꽃과 숲 그리고 새벽 물안개 피는 반영은 보는 이로 하여금 감탄을 자아내게 한다. 꽃이 피는 4월이면 전국의 사진가들로 인산인해를 이루기도 한다.

찾아가는 길은 호남고속도로를 타고 동광주 ic에서 제2순환로를 타고 효덕 ic에서 빠져나와 광주 대학교를 거쳐서 칠구제 터널을 지나다보면 약1km 전방의 도로가에 주차를 하고 여기서 제방이 보이는 길을 따라서 약 10분정도 올라가면 된다. 촬영을 하기위해선 우선 적절한 자리를 잡고 저수지 중앙으로 앵글을 잡는 것이 좋다. 렌즈는 표준 줌렌즈가 적당하며 광각으로 저수지 전체를 담는 것도 좋다. 새벽빛을 담으려면 삼각대는 필수이며 흔들림을 방지하기위해선 릴리즈를 사용하는 것이 좋다.

주변 여행지로는 담양 죽녹원과 메타세콰이어길, 순천 일일레저타운과 보성 녹차밭을 연계해서 다녀오면 좋은 1박2일 정도의 좋은 일정이 될 수 있다.

명옥헌

테마여행으로는 죽세공예품 제작 체험, 천연 염색체험, 전통음식체험, 도자기 체험 등 가족과 또는 단체여행객을 위한 각종 체험을 할 수 있다. 주변 명소로는 송강 정철이 성산별곡을 완성한 그림자도 쉬어가는 아름다운 식영정, 송강정과 함께 적송강 유적으로 전라남도기념물 제1호로 일괄 지정된 사림 풍류정신의 선비공간 '환벽당'이 있다. 그리고 학습의 공산인 수남학구당과 창평향교 등이 있고 보물 제 506호 담양읍 5층 석탑이 있다. 그리고 담양호와 순창 강천사, 옥정호 등이 이웃해 있어서 담양여행과 연계해서 둘러봐도 좋다.

 숙박 정보

● 파레스호텔
(061) 381-6363 / 담양군 담양읍 양각리 35-1

● 호텔갤러리
(061) 381-9977 / 담양군 담양읍 삼다리 55

● 황토흙집팬션
(061) 381-5885 / 담양군 대덕면 매산리 8-1

● 가마골 관광농원팬션
(061) 381-9999 / 담양군 용면 용연리 770

● 금성통나무팬션
(061) 381-2376 / 담양군 금성면 원율리 344-3

● 나무늘보
(061) 383-6006 / 담양군 금성면 봉서리 850-2

● 두메산골팬션
(061) 383-3500 / 담양군 용면 월계리 214

● 송학민속체험민박
(061) 383-7179 / 담양군 금성면 대성리 879-4

● 죽향문화체험마을
(061) 380-2690 / 담양군 담양읍 운교리 산 106

● 한옥에서
(061) 383-3832 / 담양군 창평면 삼천리 369-1

Festival & taste 축제와 맛을 찾아

대나무골 담양의 축제는 대나무를 주제로 한 대나무 축제와 담양의 특산물 등을 주제로 한 지역축제가 매년 열리고 있으며, 지역축제로는 벚꽃축제와 포도축제 그리고 음식 축제를 개최한다. 맛깔스럽고 푸짐한 음식만큼이나 넉넉한 고장의 인심을 느껴보자.

축제의 현장

★ 대나무 축제
- **기간** 매년 5월 초 (6일간)
- **장소** 죽녹원, 관방제림 일원
- **주요행사** 군민의 날 기념행사와 전국대나무 공예품 경진대회, 대나무 박람회, 전통문화예술 공연과 각종 체험행사 등

★ 벚꽃축제
- **기간** 매년 4월 첫 주(2일간)

- **장소** 담양군 용면 추월산 광장
- **주요행사** 농특산물 전시판매 및 시식코너 운영, 대나무 신산업 체험 및 전통민속놀이, 추월산 등반대회, 추월산 음악회 등

★ 포도축제
- **기간** 매년 8월경 (3일간)
- **장소** 담양군 고서면 고서중학교 증암천변

- **주요행사** 포도 먹기, 포도품평회, 포도 창작 조형물 만들기, 와인 담그기 체험 등

★ 음식축제
- **기간** 매년 10월 말~11월 초(3일간)
- **장소** 담양군 창평면 창평시장 내
- **주요행사** 전통음식 보존 및 발굴 경연대회, 쌀엿 만들기 체험, 음식품평회, 떡 만들기 시연 등

 맛이있는 곳

● 들꽃그리고향기_대통밥
(061) 382-0991 / 담양군 용면 도림리 511-1

● 국보966옛날두부_두부전골
(061) 381-9662 / 담양군 금성면 석현리 586-1

● 금성산성_한정식
(061) 380-5005 / 담양군 금성면 원율리 392-5

● 담소정_메기메운탕,빠가사리전골
(061) : 382-7022 / 담양군 고서면 분향리 109

● 대숲마을_갈비살
(061) 382-5989 / 담양군 대전면 대치리 870-9

● 들풀산채정식_산채정식
(061) 381-7370 / 담양군 고서면 분향리 151

● 명지원_대통밥
(061) 383-2577 / 담양군 고서면 고읍리 182-1

● 민속식당_한정식
(061) 381-2515 / 담양군 담양읍 객사리 252-1

● 쌍교순두부_두부전골,순두부백반
(061) 381-2201 / 담양군 봉산면 양지리 754-23

● 천왕원_추어탕
(061) 383-5274 / 담양군 수북면 오정리 111-8

● 축협한우식당_한우 생고기
(061) 380-5600 / 담양군 담양읍 백동리 343

● 현대회관_새싹비빔밥
(061) 381-9816 / 담양군 담양읍 남산리 280-7

남도의 맛을 느낄 수 있는 담양에서의 여행 시 꼭 들러봐야 할 맛집들이 담양에는 많다. 담양은 대나무골답게 대나무 요리가 발달되어 있다. 그중에 죽순요리와 대나무통순대, 남도 전통 한정식 등 맛깔스런 음식들이 상다리가 부러지게 한상 차려나온다.

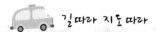

길따라 지도 따라

• 인터넷 웹사이트
http://www.damyang.go.kr/담양군청

• 문의전화
담양군청 문화관광과 (061)-380-3150~4

• 대중 교통정보

자가운전
서울 - 호남고속도로 - 백양사IC - 15번 지방도로 - 바심재 - 담양 읍내
읍내에 진입하는 담양교를 지나 읍내에 들어서 24번 국도와 교차, 좌회전하면 메타세쿼이아 가로수길을 거쳐 대나무골 테마공원 도착한다.
담양읍에 도착하면 담양읍 - 관방제림과 대나무박물관 - 29번 국도 따라 광주방면 - 887번 지방도로 - 식영정, 한국가사문학관, 소쇄원등으로 여행할 수 있다.

버스
서울 담양행 고속버스가 하루에 2회 있으며, 혹은 서울에서 광주까지 와서 광주에서 시외버스를 이용하여 담양터미널 하차. 읍내에서 메타세쿼이아길, 대나무골 테마공원, 금성산성까지는 택시를 이용하는 것이 편리하다(군내버스 배차 간격 약 1시간)

철도
서울에서 광주까지 철도는 서울역과 용산역에서 1일6회~수시 운행한다.

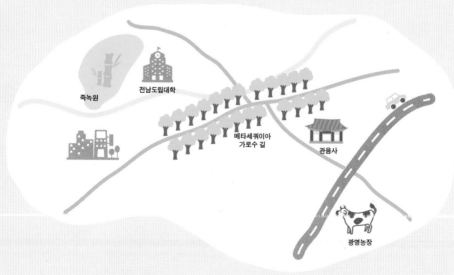

죽녹원 전남도립대학 메타세쿼이아 가로수 길 관음사 광명농장

장류와 장수의 고장

강천산과
순창 고추장 마을

강천산은 순창에서 정읍 방향으로 약 8km 가게 되면 입구에 다다른다. 진입로 좌측에는 넓고 아름다운 맑은 강천호가 있다. 맑은 날의 파란 하늘과 뭉게구름이 비단결같이 잔잔한 호수 위로 비춰질 때면 찾는 이의 마음을 설레이게 한다. 수려하고 아름다운 산세와 울창한 숲, 기암괴석, 그리고 짜릿한 스릴을 느낄 수 있는 절경 등의 볼거리를 갖춘 풍부한 관광자원이 있어 1981년 1월7일 전국에서 최초로 군립자연공원으로 지정을 받게 되었다.

산세가 웅장하거나 그리 높은 편은 아니지만 계곡이 깊어 사시사철 맑은 물이 흐르고 애기단풍나무 숲이 우거져 사계절 많은 사람들이 찾는 곳이기도 하다. 특히 40여 미터의 폭포와 50여 미터의 높이에 걸린 구름다리는 강천산의 명물이다. 강천산이라는 이름은 원래 강천사라는 절 이름에서 유래되었다.

당일 코스

수도권에서 당일코스로 순창일대를 관광하기엔 시간이 부족해서 조금 벅찬 감이 없지 않다. 시간을 절약할 수 있는 여행은 되도록이면 남들이 나서지 않는 이른 시간대에 이동하거나 아예 밤 늦게 이동을 하면 도로도 막히지 않고 이동 시간을 절약할 수 있는 한 가지 방법일 수도 있다. 당일코스로는 순창 민속 고추장마을과 순창객사, 강천산 군립공원, 추령 장승촌, 회문산 코스를 추천한다.

강천산(剛泉山)은 해발 583.7m로 전북 순창군 팔덕면과 전남 담양군의 경계에 속해 있으며 단풍나무가 초입부터 유난히 많아 신록의 오월풍경과 가을단풍이 붉게 물드는데 11월 초순이면 단풍이 절정을 이룬다. 또한 이곳의 단풍들은 애기단풍으로 그 색감과 빛이 아주 좋다. 특히 4월 10일 경이면 이곳의 자연산 산벚꽃이 만개하는데 벚나무는 강천산 입구 강천호 주변을 에워싸고 있으며 등산로마다 어디에서든 볼 수 있다. 강천계곡 약6km구간을 지나 정상에 이르면 전망대가 있다. 이곳에서 산 아래 흰빛 벚꽃물결을 감상할 수 있어서 해마다 봄이면 많은 사람들이 찾는다.

등산로도 가파르지 않고 완만해서 가족 여행지로도 무리가 가지 않는 좋은 곳이라고 할 수 있겠다. 강천산은 단풍나무가 특히 유난히 많은 단풍명산으로 매년 11월 초순께 절정을 이루며 단풍테마산행으로 10~11월이 좋고 봄에는 벚꽃이 만개하는 4월 초순에서 신록이 우거지는 오월중순 사이에 여행하면 좋다.

김장철에 꼭 필요한 재료 중 으뜸을 뽑자면 바로 고추장이다. 고추장 이름 그대로 유명한 곳이 바로 순창고추장이다. 고추장의 본고장인 순창에는 그 마을의 전통을 잊지 않기 위해 민속마을이 계승되고 있다. 순창이 고추장의 본고장이 될 수 있었던 것은 아무래도 기후와 물, 그리고 장인의 정신이 아닐까 싶다.

순창이 고추장으로 유명해진 이유는 고려 말 이성계와 스승인 무학대사가 기거하고 있던 순창군 구림면 만일사를 찾아가는 도중, 어느 농가에 들러 고추장에 점심을 맛있게 먹고 그 맛을 잊지 못하였는데 조선을 창건 후 진상토록 하여 천하일미의 전통식품으로 유명해졌다고 한다.

산간지대 사이에 분지가 형성되어 있는 순창은 동쪽으로 남원, 북으로는 임실, 서로는 정읍, 남으로는 전라남도 장성, 담양, 곡성과 접한다. 고랭지대에 속하는 이곳은 여름에는 서늘하고 겨울에는 눈이 많다. 물이 맑고, 산새가 아름다운 순창이 고추장의 본고장이기에 제격임에는 기후만 보아도 충분하다. 이제 순창의 가지런히 놓인 장독대를 살펴보러 가야하지 않을까?

1박2일 코스

수도권에서 경부고속도로나 서해안 고속도로를 타고 오면 강천산을 오전 중으로 둘러보고 순창에서 이 지방의 유명한 한정식을 상다리 부러지게 한상 받아보자. 그 후 고추장마을에서 각종 장류 체험과 시식 등을 하고, 고추장 마을을 한번 둘러본 다음 순창객사와 추령 장승촌, 회문산 자연휴양림 코스로 하루를 마감한다. 다음날 새벽 인근의 옥정호의 붕어섬 운해를 촬영하고 추령 장승촌과 순창객사, 산림박물관, 순창장을 둘러보는 코스를 추천한다.

숙박 정보

● 하얀파크
(063) 653-7718 / 전북 순창군 복흥면 대방리 212-4

● 산수풍경
(063) 653-8948 / 전북 순창군 동계면 어치리 598-1

● 녹색영농조합법인
(063) 653-7117 / 전북 순창군 구림면 안정리 376

● 회문산자연휴양림
(063) 653-4779 / 전북 순창군 구림면 안정리
(인터넷 예약 : http://www.huyang.go.kr)

순창 고추장마을 전경

순창의 주변 사진촬영 명소로는 옥정호를 추천한다. 거리상으로 순창에서 30여분 거리에 있으며 사시사철 많은 관광객과 사진작가들이 아름다운 경치를 담기위해 찾는 곳이기도 하다. 운해가 있는 최적기는 이른 봄과 가을이 사진 촬영하기에 좋은 시기이며 갈수기때는 호수의 물이 줄어 붕어섬의 모양이 아예 뭍으로 많이 드러나는 경우가 종종 있다.

옥정호는 전라북도 임실군 강진면과 정읍시 산내면(山內面)에 걸쳐 있는 운암저수지, 섬진저수지, 산내저수지라고도 한다. 유역면적 768㎢, 만수면적이 26.5㎢, 하천 길이 212km, 총조수량만도 4억 3천만 톤에 이른다. 일교차가 심할 때면 호수주변에 물안개가 피어 아름다운 풍광을 자아낸다. 27번 국도를 타고 가다가 운암교를 지나서 1km정도 더가 면 운암삼거리가 나오고 거기서 우회전 하면 된다. 운암발전소와 인근에 내장산 국립공원이 있어서 연계해서 한번쯤 들러볼만한 곳이다.

옥정호의 사진 촬영은 국사봉 주차장이 있는데 주차장 위쪽의 나무 계단을 걸어 올라가면 좌측에 변전소 철탑이 나온다. 10여분을 더 올라가면 전망대 포인트가 나오는데 이곳이 최적의 촬영 포인트이며 여기서 많이들 촬영한다. 좀 더 넓은 화각을 원한다면 15분여를 더올라가서 국사봉 정상에서 일출과 주변 운해를 촬영한다.

주로 새벽과 아침 일찍 촬영하는 시간대이므로 손전등은 필히 소지해야 하며 특히 발밑의 암벽과 바위들에 미끄러지지 않도록 조심해야 한다.

순창군 주변의 관광 명소로는 내장산과 회문산 자연휴양림이 있으며 추월산과 지리산 국립공원이 가까이에 있다. 그리고 책을 쌓아놓은 듯한 형상의 채계산과 맑고 깨끗한 섬진강과 적성강 등이 있어 자연 휴양지로도 좋은 곳이 많다. 그리고 1시간여 거리에 숨은 보석처럼 아름다운 순천 일일레저타운이 있어서 여행과 사진 촬영지로 적극 추천한다.

옥정호 📷 1/640S F8.0 ISO200
옥정호 📷 1/500S F8.0 ISO200

일일레저타운 역시 순창 주변의 사진 촬영 명소 중 한 곳이다. 이곳은 개인소유의 농장인데 사계절 내내 무척 아름다운 곳으로 유명하다. 농장 앞 호수 위의 정자와 출렁다리는 주변 풍경들과 어우러져 물안개 피는 이른 아침이면 정말 환상적인 풍경을 연출한다. 호수에 비친 반영은 특히 봄가을이면 더욱 아름답다. 주요 촬영 포인트는 제방 쪽과 출렁다리 입구 쪽에서 보는 풍경이다.

순창에서 곡성, 송광사 방면으로 약 1시간여 거리에 위치하고 있으며, 주소는 전라남도 순천시 송광면 월산리 830번지이다. 지금은 이 집의 큰 아들인 김좌진 씨가 운영하고 있는데, 주인장의 음식솜씨도 좋아 토종닭 백숙과 함께 곁들이는 복분자주는 그 맛이 일품이다.

홈페이지 : http://www.greendeer.co.kr
전화번호 : (061) 755-4545

장류와 장수의 고장 순창에서 열리는 축제로는 10월에 열리는 장류축제는 타 지역에서 열리는 축제와는 차별화되어 순창에서만 보고, 즐기고, 느낄 수 있는 축제의 장을 열고 있다. 장류축제답게 차분하게 시작하는 고추장 담그기와 비빔밥 만들기, 임금님 진상행렬 등 다양한 먹거리와 볼거리를 제공한다. 특히, 봄철 고추장과 함께 비벼먹는 비빔밥은 입맛이 없거나 까다로운 사람에게 행복한 맛을 더해준다.

회문산 일원에서 열리는 회문산 해원제, 추령 장승촌 일대에서 열리는 장승축제 순창민속 예술제, 충절과 효의 정신을 기리는 삼인문화제와 그 외 청소년 한마당 등의 공연이 있다.

순창은 예로부터 수려한 산세와 물 맑고 공기가 좋아 지형적으로도 장수마을이 많은 곳이다. 장수의 첫째 조건은 음식과 자연, 인간의 조화라고 할 수 있다. 이곳은 이 세 가지 조건들을 두루 갖춘 청정 자연 건강지역이라고 할 수 있다. 특히 지역 향토음식으로는 순창 전통고추장과 된장으로 맛을 낸 많은 반찬들과 함께 차려나오는 한정식이 유명하고 다슬기 수제비와 한과, 민물 매운탕 등이 유명하다.

축제의 현장

★ 순창 장류축제
기간 매년 10월 중순경(3일간)
장소 순창 고추장 민속마을 일원
주요행사 각종 체험행사 및 공연, 경연행사 등 50여 행사가 열린다.

★ 추령 장승축제
기간 매년 10월 중순부터 11월 중순까지 (약1개월간)
장소 추령 장승촌 일원
주요행사 장승 만들기, 도자기, 장구, 탈, 팽이, 알 공예 등의 체험행사와 각종 민속공연

★ 순창민속예술제
기간 매년 10월~11월 중
장소 군민 종합복지회관 광장
주요행사 민속 예술 공연대회 및 민속 어울림 한마당 잔치등

★ 삼인문화제
기간 매년 8월 말경
장소 순창군 팔덕면 청계리 군립공원 강천산내 삼인대
주요행사 삼인문화 학술세미나, 재현행사, 제례, 백일장 대회, 국악공연 등

 맛이있는 곳

* 청기와 한정식 (한정식)
(063) 653-5676 / 순창군 순창읍 순화리 100-12

* 남원집 (한정식)
(063) 653-2376 / 순창군 순창읍 순화리 216-2

* 옥천골 한정식 (한정식)
(063) 653-1008 / 순창군 순창읍 남계리 694-1

* 민속집 (한정식)
(063) 653-8880 / 순창군 순창읍 남계리 505-1

* 화탄 매운탕 (민물매운탕)
(063) 652-2956 / 순창군 적성군 운림리 865-5

* 한식부페 (한식부페)
(063) 653-0177 / 순창군 순창읍 백산리 918-7

* 순흥즉석 순두부가든 순두부전문
(063) 652-3636 / 순창군 순창읍 백산리

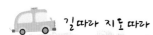 길따라 지도 따라

* 인터넷 웹사이트
http://sunchang.go.kr/순창군청

* 문의전화
순창군청 문화관광과 (063)-650-1364,1464

* 대중 교통정보

자가운전
서울에서 경부고속도로를 타고 천안분기점에서 논산 천안

간 고속도로(논산분기점)에서 호남 고속도로를 이용하면 빠르다. 27번과 30번 국도를 이용하면 순창에 도착하는데 시간은 약 4시간여 소요된다.

버스
순창행 고속버스는 강남 터미널(센트럴시티)에서 출발하며 하루 10회 왕복하며 소요 시간은 약 3시간 40여분이 걸린다.

연인과 함께 걷는

보성 녹차밭

월별 베스트 추천여행_5월

여행 시기 | 4월 4주~5월, 6월

당일코스	연인
1박 2일 코스	MT
주변명소	사진여행
가족여행	계절마다

'카테킨' 성분을 가지고 있는 녹차는 독성을 해소한다. 이 해독작용으로 중국 삼황으로 꼽히는 염제신농이 독에 중독되었을 때 녹차를 먹고 해독했다는 이야기가 있다. 그만큼 녹차는 4,500년이나 되는 인도와 중국에 기원을 두고 있다고 한다. 이 떫은맛이 다양한 독성을 해독하여 지금에 와서는 커피와 아울러 대중적인 차로 손꼽히고 있다. 특히 다이어트와 스트레스로 인한 탈모에도 녹차의 효능을 보고 있다고 한다. 이처럼 다양한 해독과 사랑받는 차로써 인기를 끌고 있는 녹차는 우리나라에 삼국시대 말로 중국의 불교와 함께 들어왔다는 이야기가 있다. 그렇다면 우리가 알고있는 녹차밭, 전남 보성으로 가보자.

전남 보성에 있는 대한다업 ㈜보성다원은 전남 보성군 보성읍 봉산리에 위치한 곳으로 다원을 관광농원으로 개방한 곳이다. 이곳 주위는 일제강점기부터 차를 재배하던 곳으로 역사가 깊은 만큼 규모를 갖춘 다원들이 많

당*일 코스

대원사, 백민미술관, 주암호, 서재필 기념공원(문덕면) → 다원, 해수녹차온천탕(회천면)

1박2*일 코스

대원사, 백민미술관, 주암호, 서재필기념 공원 (문덕면 제암산 → 자연휴양림, 용추폭포(웅치면) → 해수녹차온천탕, 다원, 판소리 서편제현장(회천면) → 미력옹기(미력면)

다. 보성 읍내에서 18번 국도를 타고 율포로 향하다 보면 봇재라는 언덕 양쪽으로 동양다원, 대한다원, 봇재다원 등이 계속 이어지는데 그중 가장 유명한 곳이 대한다원이다.

국도에서 대한다원 이정표를 따라 조금만 들어가면 울창한 삼나무 숲길이 펼쳐진다. 높이가 20m정도는 족히 되어 보이는 삼나무들이 차 한대 지나갈 정도의 폭을 사이에 두고 길 양쪽으로 죽 늘어서 있는 경관은 외국의 어느 명승지와 비교해도 손색이 없을 정도로 아름답다.

드라마 "여름향기"의 배경이 된 곳이기도 한 이곳은 이른 아침에 오면 혼자서, 또는 연인과 함께 조용히 걸으며 명상을 하기엔 더 없이 좋은 장소이다.

봄, 여름, 가을, 겨울 사계절이 모두 아름다운 곳으로, 봄에는 갓 돋아난 녹차잎과 주위에 핀 벚꽃 그리고 간혹 녹차밭 주위를 감싸는 운해가 아름답고 여름이면 온통 녹색의 향연을 볼 수 있으며 가을에는 단풍이 들기 시작하는 주위의 산들과 녹차밭이 잘 어우러지진다. 혹 눈이 오는 겨울에는 눈 덮인 녹차밭의 멋진 패턴을 볼 수 있다.

차밭으로 올라가는 계단을 보면 정자나무가 나오는데 이 부근이 차밭의 한가운데다. 위, 아래, 좌우가 모두 드넓은 산허리를 감고 있는 차밭이다. 다른 곳에서는 이 비슷한 풍경도 찾아보기 힘든 독특하고 아름다운 경치다. 사람만 많지 않다면 한 시간이고 두 시간이고 하릴없이 앉아 있고 싶은 곳이기도 하다. 평일이나 이른 아침에 이곳을 찾는다면 아마 이 멋진 풍경을 느긋하게 즐길 수 있지 않을까 싶다.

정자나무에서 녹차밭을 본 후 오른쪽으로 가다보면 다시 삼나무 길이 있고 계속 가다 보면 차밭 옆으로 정상으로 올라가는 길이 있다.

대한다원을 돌아보는 데는 1~2시간 정도면 충분하다. 차밭의 크기가 적당해 한 바퀴 돌아보며 그 경치를 감상하기에 적당하며, 그다지 힘들게 느껴지지도 않는다. 가벼운 산책과 사색을 즐기며 초록의 녹차밭을 거닐어 보자.

1 정자나무부근에서 본 녹차밭이다. 이런 봄이라 산자락 밑에 아직 벚꽃이 피지 않았지만 산허리를 감싸는 안개와 부드러운 곡선의 녹차 밭은 보는 이로 하여금 마음까지 차분하게 만든다.

2 정상에서 바라본 녹차밭의 전경

이른 아침 삼나무 사이로 내리는 빛을 담을 수 있다면 운이 좋은 사람이다. 하지만 빛이 없다고 실망할 필요는 없다. 굳이 사진이 목적이 아니더라도 아침의 상쾌한 공기만으로도 충분히 여행을 할 가치가 있다. 위로 올라가면서 눈을 맑게 해주는 녹차밭의 멋진 녹색의 패턴과 산에 핀 벚꽃의 아름다움은 우리 마음을 더욱 기쁘게 해준다.

녹차밭 중간쯤에 위치한 쉼터에서 바라본 녹차밭의 패턴은 이른 봄이라 산자락 밑에 벚꽃이 피지 않았지만 산허리를 감싸는 안개와 부드러운 곡선의 녹차밭은 차분함을 준다.

정상에서 바라본 늦은 가을 다원의 전경이다.(ND8필터와 그라데이션 필터사용)
사진과 같은 경우 하늘과 녹차 밭의 노출차가 커서 어느 한쪽을 포기해야 할 때 ND그라데이션 필터
를 사용하여 하늘의 노출을 강제로 줄이면 사진과 같이 모두 살릴 수 있다.

(코킨121번 ND그라데이션 필터)
그라데이션 필터는 반 위 부분에는 색감이 층이 지게 들어가 있고 아래 부분은
아무것도 없는 필터로 하늘에 색감을 넣을 때 많이 사용한다. 이중에서 ND 그
라데이션 필터는 색감이 없어 밝기만 조절하는 필터로써 상부와 하부에 노출차
가 클 때 유용하게 사용할 수 있다.

대한다원을 본 후 오른쪽 18번국도 방향으로 조금만 내려가다 보면 봇재다원을 볼 수 있는 주차장과 전망대가 나온다. 이곳에서는 멀리 영천저수지까지 시선이 들어오며 차밭이 그려놓은 셀 수 없이 많은 선들을 사진에 담을 수 있다. 초록의 능선마다 챙 모자를 쓰고, 그 챙 위로 또 수건을 감싸 얼굴을 칭칭가린 아낙들이 초록의 새순을 뜯는 풍경을 볼 수도 있다. 보성의 차밭들은 대부분 이곳 주변에 몰려 있는데 그 이유가 봇재의 안개 때문이다. 청정해역 득량만에서 불어오는 바닷바람과 바다안개가 보성 녹차를 키워온 것인데 한반도의 부족한 강우량을 연간 150일 넘게 짙게 드리우는 안개로 대신 충족시켜준다고 한다.

봇재다원을 지나 18번 국도로 계속 내려가다 보면 율포해변으로 가는 갈림길이 나오는데 그 반대편 길로(영천저수지쪽) 가다보면 웅치로 가는 간판을 보게 된다. 이곳으로 약 2분 정도 들어가다 보면 대한다원 제2단지가 펼쳐진다. 1다원이 경사진 녹차 밭이라면 2다원은 끝없는 평지와 같은 녹차밭으로 평지를 걸으며 녹차를 감상할 수 있다. 2다원까지 보고나면 가까운 율포해변을 들러도 좋다.

숙박 정보

성수기요금은 보통 50,000원~70,000원 정도며 반드시 미리 예약하는 것이 좋다.

- 보성녹차밭인근숙소안내
- 제암산자연휴양림
  (061-852-4434)
- 웅치관광농원
  (061-852-6300) 일림산인근
- 용추모텔
  (061-853-1313) 제암산인근
- 동원이집
  (061-852-3356)보성읍내
- 종현이네민박집
  (061-852-5946) 율포해수욕장인근
- 봇재다원민박집
  (061-853-1117) 보성녹차밭소재
- 옥섬비치
  (061-853-2240)

전망대에서 바라본 봇재다원의 전경. 저 멀리 영천저수지까지 보이고, 구름 좋은 날은 환상의 풍경을 볼 수 있는 포인트다.

대한다원 제 2단지의 전경

녹차밭과 함께 5월에 열리는 다향제는 차문화 행사를 위해 시작된 국내 최초의 축제다. 동국여지승람과 세종실록지리지 등의 기록에 의하면 보성은 옛부터 차나무가 자생하고 있어 녹차를 만들어왔고, 지금도 문덕면 대원사, 벌교 징광사지 주변 등을 비롯한 군 전역에 야생 차나무가 자라고 있다. 또한 득량면 송곡리는 마을 이름이 다전(茶田)으로도 부르고 있어 옛 기록을 뒷받침하고 있다. 녹차는 해양성기후와 대륙성기후가 맞물리고 사질양토에다 강수량이 많아야 하는데, 보성의 차밭은 1939년 무렵에 이같은 조건을 모두 갖춘 활성산(구 학성산) 자락 일대에 30㏊가 조성된 후 그 면적을 점차 확대해 나왔다.

오랜 역사와 함께 최대의 차 생산지이며 차산업의 발상지라는 자부심 속에서 지난 1985년 5월 12일 "다향제"라는 이름의 차문화 행사를 활성산 기슭의 다원에서 국내 최초로 개최, 차의 풍작을 기원하는 다신제와 차잎따기, 차만들기, 차아가씨 선발 등의 행사를 실시한 이래 1986년 제2회 다향제를 제12회 군민의날 행사와 병합, 다향제로 명명한 후 34회째를 넘기고 있다.

축제의 현장

★ **다향제**
- 시기 : 5월경
- 장소 : 대한다원일원, 체육공원, 일림산

★ **서편제 보성소리축제**
- 시기 : 10월~11월경
- 장소 : 서편제보성소리전수관, 보성실내체육관 특설무대

★ **꼬막축제**
- 시기 : 11월경
- 장소 : 벌교읍, 대포리갯벌일대

빛의 축제
- 시기 : 12월~2월사이
- 위치 : 봇재다원 및 다향각 전망대 일원

벌교는 꼬막으로 유명한 곳이다. 겨울에 토실토실한 참꼬막이 잡히는 곳이 바로 벌교다. 꼬막은 단백질과 필수 아미노산이 골고루 들어 있어 건강식품으로 알려져 있다. 예로부터 벌교에 가면 주먹자랑 하지 말라는 말이 있으나 지역 특산물인 꼬막으로 더 알려져 있다. 벌교에 간다면 지역특산물인 꼬막을 꼭 맛보고 오자. 특히 꼬막정식으로 알려진 음식점들에 가면 한상 잘 차려진 꼬막요리를 맛 볼 수 있다.

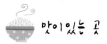

맛이있는 곳

• 새보성식당
(061-853-1725) 보성군 보성읍 보성리 855-22번지

• 중앙식당_백반과 한정식
(061-852-2692) 보성군 보성읍 보성리│857-1번지

• 보성녹차떡갈비_떡갈비집
(061-853-0300) 보성군 보성읍 우산

리27-1

• 행낭횟집_전어 회무침
(061-852-8072) 보성군 회천면 율포리 434번지

• 제일회관_벌교 꼬막정식
(061-857-1672)보성군 벌교읍 벌교리 625-33

• 국일식당_벌교 꼬막정식

(061-857-0588)보성군 벌교읍 벌교리 624

• 갯벌식당_벌교 꼬막정식
(061-858-3322)보성군 벌교읍 벌교리 625-35

• 원조벌교꼬막식당_벌교 꼬막정식
(061-857-7675)보성군 벌교읍 회정리 653-7

길따라 지도 따라

• 인터넷 웹사이트
http://www.dhdawon.com/ 대한다원홈페이지

• 문의전화
061)852-2593

• 대중교통정보

버스
(보성터미널 061-852-2777)
서울/보성 2회 5시간 30분
광주/보성 30분 간격, 1시간 20분 소요
순천/보성 10분간격 1시간 소요

열차
(보성역 061-852-7788)
서울/보성 1회 5시간 30분 소요
광주/보성 10회 1시간 10분 소요
순천/보성 10회 50분 소요

• 자가운전정보

동광주IC - 화순29번국도 - 보성읍 - 18번국도 - 율포해수욕장방법 7km정도 진행

• 대한다원 입장료 안내

성인 1,600원, 장애우 및 청소년 65세 이상 어른 1,000원

성인 30명 이상일 때 단체요금 1,000원, 미취학 아동, 보성군민은 무료입니다.

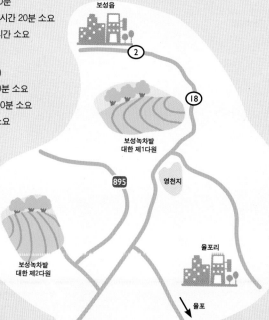

주왕산 신비의 호수

청송 주산지

월별 베스트 추천여행_5월

여행 시기 | 5월, 9월~10월

당일코스	연인
1박 2일 코스	MT
주변명소	**사진여행**
가족여행	계절마다

이른 새벽 호수에서 피어나는 물안개는 환상적이다 못해 몽환적이기까지 하다. 새벽잠을 설치며 달려와야 어렵사리 보는 호수의 물안개는 언제와도 신비롭기만 하다.

경북 청송군 부동면 소재지인 이전리에서 약 3km 지점에 있는 이 저수지는 조선 숙종 때인 1720년에 쌓기 시작하여 경종 때인 1721년 완공되었다. 길이 100m, 넓이 50m, 수심은 7.8m로 그다지 큰 저수지는 아니지만 지금까지 아무리 가뭄이 들어도 물이 말라 바닥이 드러난 적이 없다고 한다. 이런 까닭에 저수지 아래의 이전리 마을에서는 해마다 호수 주변을 정리하고 동제도 지낸다고 한다. 그리고 특히 이곳에서 빼놓을 수 없는 것은 저수지 속에 자생하는 약 150년생 능수버들과 왕버들 20여수다. 이 나무들은 밑둥의 반은 물에 담그고 나머지 반은 물 위로 나와 있어 보는 이로 하여금 신비감을 느끼게 한다. 또한 새벽녘에 산중 호수에서 피어오르는 물안개는 정말 환상을 자아내게 한다.

당일 코스

수도권에서 당일 출발하여 주산지를 보고 온다는 것은 무리다. 단지 풍경과 느낌만을 보러간다면 상관이 없지만 특히 사진을 찍고 싶거나 제대로 된 정치를 맛보고 싶다면 1박 2일 코스나 이른 새벽에 출발하여 물안개가 피는 새벽에 보는 것이 좋다. 당일 코스로는 사실 쉽지가 않은 거리다.

왕버들나무와 물안개가 어우러진 봄의 주산지
단풍과 물안개가 어우러진 가을의 주산지

김기덕 감독의 "봄, 여름, 가을, 겨울 그리고 봄"이라는 영화가 촬영되어 현실 세계가 아닌 듯한 아름다운 '주산지'로서 각광 받고 있다. 촬영세트로 쓰였던 물 위에 뜬 절이 연못과 썩 잘 어울렸지만 촬영 직후 철거되었는데 식수로 쓰는 물이 오염될 것을 우려한 주민들이 군청에 강력하게 철거를 요청했다.

주산지의 아름다움을 볼 수 있는 계절은 봄과 가을이 제격이다.

4월에서 5월 무렵 새순이 돋을 때 가장 아름답고 단풍이 절정인 10월과 11월의 가을 또한 환상이다. 여름에는 농업용수로 쓰느라 물을 모두 빼버려 볼품이 별로 없고 겨울엔 연못이 얼어붙어 나무가 물에 비치는 풍경을 보지 못한다. 요즘은 새벽마다 전국에서 모여든 사진가들로 장사진을 이루는데 주말엔 주차장도 비좁고 삼각대를 놓을 자리조차 없을 만큼 붐비기 때문에 주산지의 풍경을 여유 있게 보고 싶으면 평일을 권한다.

청송의 주산지는 태고의 원시성이 느껴지는 조용하고 아늑한 저수지다. 주산지는 그리 큰 저수지는 아니지만 수령이 백년도 넘은 버드나무들이 줄지어 잠겨 있다.

뿌리와 아랫줄기가 물에 잠긴 채 수면 위로 솟아 있는 버드나무들의 풍경은 보는 이로 하여금 탄성을 자아내게 만든다. 주산지는 주차장에서 저수지의 한 쪽으로 산책로를 만들어 놓았는데 이 산책로를 따라 저수지의 풍경을 감상할 수 있다. 산책로 중간 중간에 벤치가 있어서 잠시 쉬어가면서 감상할 수도 있으며 이 산책로 마지막 코스인 전망대에서 보는 주산지의 풍경이 가장 아름답다.

봄의 주산지는 태고의 원시성이 느껴지듯 조용하고 신비한 저수지의 느낌을 준다. 뿌리와 아랫줄기가 물에 잠긴 채 수면 위로 솟아있는 버드나무들의 풍경은 세속을 떠나 있는 듯한 착각에 빠지기도 한다.

 1박2일 코스

주산지의 1박 2일 코스는 주산지-주왕산-청송민속박물관-달기약수터 코스가 적당하다. 조금 부지런을 떤다면 양반의 고장 안동의 반나절 투어도 가능하다. 하회탈박물관, 병산서원의 경우 이동거리가 가깝고 서안동 IC에서도 그리 멀지 않기 때문이다.

가을의 주산지

주변으로는 백련암 사찰, 주왕산국립공원, 주방계곡, 자하성, 대전사 사찰, 청송 얼음골 계곡, 청송장(4, 9일)을 볼 수 있다. 주왕산을 들러 톨게이트를 빠져나가기 전에 안동시에 들러보자. 안동시 도산면 토계리에 있는 도산서원은 이황(李滉)의 학덕을 추모하기 위해 문인(門人)과 유림(儒林)이 세운 곳이다. 원래는 이황이 도산서당을 짓고 유생을 가르치며 학덕을 쌓은 곳으로 인재를 길러낸 곳이기도 하다.

안동댐 주변에는 안동 민속촌과 안동 민속박물관, 이육사시비, 드라마 태조 왕건 촬영장, 안동호 등이 몰려 있어 하루 만에 보기에는 버겁다. 안동댐 보조댐 부근에서 강 건너편을 바라보면 언덕배기에 초가집이 드문드문 있다. 이곳은 안동댐을 조성하면서 수몰된 지역의 가옥 몇 채를 옮겨와 야외박물관으로 만든 민속 경관지이다. 야외박물관입구에는 두 개의 장승이 반긴다.

 숙박 정보

주왕산 주변에는 숙박시설이 없기 때문에 주왕산입구의 숙박시설을 이용해야 한다.

● 주왕산온천관광호텔
(054)874-7000~6 / 경북 청송군 청송읍 월막리 69-2

● 송고고택
(054)873-0234~5 / 경북 청송군 파천면 덕천1리 176번지

● 청송 상의마을 민박
(054)874-2114 / 경북 청송군 부동면 상의리

● 송월펜션
(02)2057-1561 / 경북 청송군 부남면 대전리 809

청송에는 주왕산과 유명한 청송 사과가 생각난다. 매년 주왕산에서 열리는 축제는 겨울철 빙벽등반대회와 봄에 열리는 수달래축제가 있다. 이 수달래축제는 매년 4월 말에서 5월초에 주왕산과 주방천 일원에서 개최되는 행사다. 주왕산 전설에 의하면, 주왕이 후주천황의 꿈을 이루지 못하고 주왕굴에서 마장군의 화살에 맞아 숨을 거둘 때 흘린 피가 주방천을 붉게 물들이며 흘렀는데, 그 이듬해 보지 못한 꽃이 주방천 물가에 흐드러지게 꽃망울을 터뜨렸다고 한다. 그 꽃이 주왕의 넋이라고 전하고 있는데 이 전설에 따라 주왕의 넋을 기리고 청송군의 안녕을 기원하기 위한 제례 행사를 지낸다. 주왕산의 4대 명물 중 하나로 진달래와 유사한 외형을 하고 있는 수달래 축제를 즐기며 주왕의 넋을 되새겨 보자.

축제의 현장

★ 청송주왕산 전국 빙벽등반대회
- 기간 : 2008.01.26 ~ 2008.01.27
- 장소 : 경상북도 청송군 부동면 내룡리 얼음골

★ 주왕산 수달래축제
- 기간 : 2008.04.26 ~ 2008.04.27
- 장소 : 경상북도 청송군 국립공원 일대

★ 청송사과축제
- 기간 : 2008.10.24 ~ 2008.10.26
- 장소 : 경상북도 청송군 사과공원 일대

주산지 근처의 경우 워낙 시골이라 그럴듯한 맛집은 없어 보인다. 하지만 조금 이동해서 움직인다면 청송 달기약수로 끓인 백숙을 맛볼 수 있다. 청송은 달기 약수를 넣어 만든 '달기 약수 백숙'이 유명하다. 약수터 근처에 있는 식당에서는 대부분 비슷한 메뉴를 선보이고 있다. 추천하고 싶은 곳은 경남식당(054-873-4859)으로 '토종닭 불백'을 맛보기를 권한다. 닭고기를 다져서 고추장 양념에 잘 버무려 숯불에 석쇠로 구워내는 닭불고기가 나온다. 그 다음 커다란 토종닭다리 백숙과 노란색과 갈색이 섞인 듯한 국물인 인상적인 닭죽이 함께 나온다. 양도 푸짐해서 2명이 먹으면 좀 많고, 3명 정도면 적당하다. 가격은 3만원선.

맛이있는 곳

우마촌식당

054-873-9827/경북 청송군 부동면 항리 206

자연 방목된 흑염소의 통요리와 불고기, 수육, 주왕산 기슭의 산채와 토종닭 등 한국적 토속 요리를 마음껏 즐길 수 있다. 톡 쏘는 청송 특유의 김치를 곁들여 제공한다.

송이가든

054-874-0066 / 경북 청송군 부동면 하의리 751

송이가든은 청송군 부동면 하의리 국립공원 주왕산 진입도로변에 위치하고 있으며 청송을 찾는 관광객이라면 누구나가 한번쯤은 들러 약수로 끓인 백숙과 가을송이의 향긋한 맛을 즐기고 가는 곳이다.

사시사철 영양과 향기가 그대로 살아 있는 가을송이와 녹두, 5년근 인삼과 황기, 찹쌀, 대추, 밤 등을 원료로 사용하여 만든청정한 산자락에 방사한 토종닭을 사용한 닭백숙은 맛과 영양이 뛰어나다.

주왕산가든

054-874-4991~2,0088 / 경북 청송군 부동면 하의리 119-1

길따라 지도따라

인터넷 웹사이트

http://korean.visitkorea.or.kr/kor/ 한국관광공사

문의전화

청송군청 문화관광과(054)-870-6239 청송군부동면사무소(054)870-8201

주소/문의

경북 청송군 부동면 이전리

대중교통정보

버스

운행버스 : 주왕산행

배차간격 : 30분

버스 소요시간 : 20분

하차정류장 : 주왕산정류소

주왕산정류소에서 이전행 환승 이전리하차(10분소요)

문의 : 청송시외버스터미널 : (054)873-2036

자기운전정보

청송에서 포항 쪽으로 가는 31번 국도를 타고 가다가 청운리에서 이전 방면 914번 지방도를 탄다. 상이전에서 주산지와 절골계곡으로 가는 갈림길이 나온다.

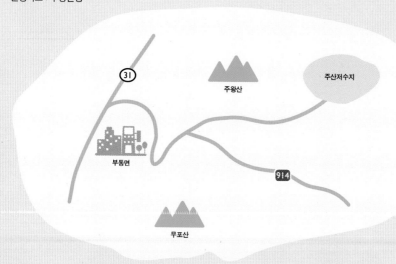

뱃사공의 노랫소리 따라 흐르는

창녕 우포

월별 베스트 추천여행_5월

여행 시기 | 4월 2주~5월

당일코스	연인
1박 2일 코스	MT
주변명소	사진여행
가족여행	계절마다

봄의 싱그러움과 상쾌함, 자욱한 안개, 그리고 농촌의 정취를 제대로 느끼고 싶다면 창녕 우포로 가보자. 새벽 우포는 대부분 안개가 자욱하다. 늦가의 미루나무는 바람이 불때마다 찰랑찰랑한 나뭇잎을 흔들어 댄다. 늪을 따라 난 작은 길에는 온갖 날것들의 싱싱한 소리로 넘쳐난다. 풀숲에서 흘러나오는 이름 모를 온갖 풀벌레 소리에 귀가 따갑다. 늪을 뒤덮은 안개가 스멀스멀 건너편 산자락을 넘을 때쯤 구름 너머로 반짝 해가 뜬다. 물옥잠, 개구리밥, 창포, 마름, 자라풀 등 온갖 수생식물로 뒤덮인 우포늪이 그 시원한 모습을 이제 막 햇살에 드러낸다.

예부터 창녕은 '메기가 하품만 해도 물이 넘친다'는 고을로 불려왔다. 이 고을에 우포늪을 비롯해 여러 늪지가 자리해 있고 장마나 집중호우가 나면 낙동강 하류가 지천을 통해 저지대인 이곳으로 흘러들기 때문이다. 이렇게 저지대로 흘러든 물은 밖으로 나가지 못해 늪을 형성했고 이것이 오늘날 볼 수 있는 우포늪이 된 것이다.

당일 코스

2코스

부곡온천 → 영산호국공원(만년교) → 옥천관룡사 → 창녕박물관 → 교동고분군 → 만옥정공원(진흥왕척경비) → 창녕석빙고 → 술정리 동삼층석탑 → 하병수 가옥 → 우포늪

2코스

창녕박물관 → 교동고분군 → 만옥정공원(진흥왕척경비) → 술정리 동삼층석탑 → 자하곡매표소 → 화왕산(정상, 배바위, 연지) → "허준"촬영세트장 → 옥천계곡 → 영산호국공원 → 우포늪

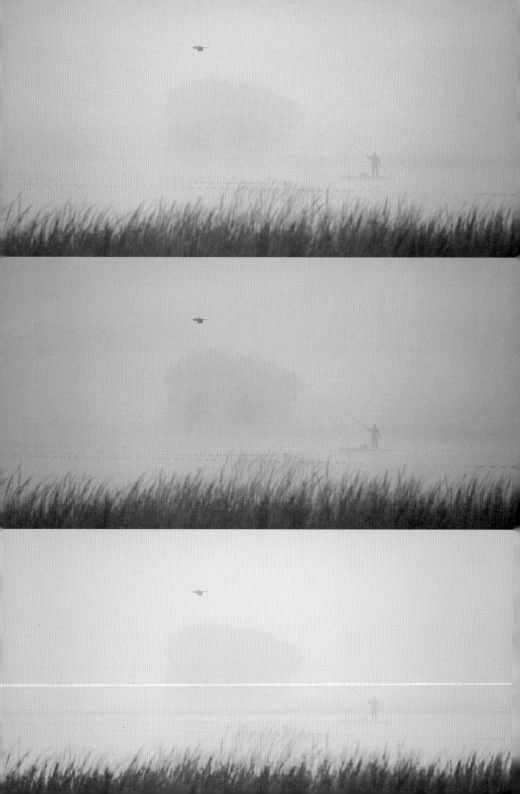

우포늪은 알려져 있듯 나라에서 가장 큰 습지로 전체 면적이 70만평에 이르며, 창녕군 유어면과 이방면, 대합면 등 3개면, 14개 마을에 걸쳐 있는 원시의 늪이다. 흔히 우리가 말하는 우포늪은 사실 우포, 목포, 사지포, 쪽지벌 등 네 개의 늪으로 이루어져 있다.

그 중 우포는 유어면 대대리와 세진리에 걸쳐 있고 목포는 이방면 안리, 쪽지벌은 이방면 옥천리, 사지포는 대합면 주매리에 걸쳐 있다. 우포를 중심으로 쪽지벌과 목포, 사지포가 시계방향으로 자리해 있는 것이다. 우포와 목포, 우포와 사지포 사이에는 현재 침수방지용 제방을 쌓아 놓았으며 쪽지벌은 목포에 잇닿아 있다. 우포의 본래 이름은 소벌이다. 지형상 소의 목에 해당한다는 우항산을 끼고 있어 붙은 이름이다. 목포는 나무벌이라 불렀으며 과거 이곳에 소나무가 많았다고 한다. 사지포는 모래가 많은 벌이라 하여 모래벌이라 불렀으며 쪽지벌은 다른 세 늪에 비해 크기가 작다고 붙은 이름이다. 이 이름들을 일제강점기 때 한자로 바꾸면서 지금과 같은 지명이 생겨난 것이다.

1박2일 코스

1코스

부곡온천 → 영산 연지 → 영산 호국공원(만년교) → 함박산 약수터 → 창녕박물관 → 교동고분군 → 만옥정공원(진흥왕척경비) → 화왕산(정상, 배바위, 연지) → "허준"촬영세트장 → 옥천계곡 → 부곡온천 (숙박) → 창녕박물관 → 창녕석빙고 → 창녕향교 → 술정리 동삼층석탑 → 하병수 가옥 → 탑금당치성문기비 → 물계서원 → 창녕성씨고가 → 우포늪 → 박진전쟁기념관

2코스

창녕박물관 → 교동고분군 → 만옥정공원 (진흥왕척경비) → 창녕석빙고 → 술정리 동삼층석탑 → 하병수 가옥 → 탑금당치성문기비 → 화왕산(정상, 배바위, 연지) → "허준"촬영세트장 → 관룡산 → 용선대 → 관룡사 → 부곡온천(숙박) → 영산연지 → 영산호국공원 (만년교) → 함박산 약수터 → 영산향교 → 박진전쟁기념관 → 우포늪 → 물계서원 → 창녕성씨고가

우포늪은 워낙에 넓은 지역이라 지도를 보고 가거나 네비게이션을 이용하더라도 정확한 사전 정보 없이는 좋은 포인트에서 사진을 찍을 수가 없다. 우포늪 가는 길이나 모든 것에 대해서는 우포늪 사이버생태공원〈http://www.upo.or.kr〉에 가면 아주 상세히 설명이 되어 있기 때문에 한 번씩 확인하고 찾아가는 게 좋다.

이른 새벽 우포를 찾으면 밤새 내린 이슬로 온몸이 물방울로 맺혀 있는 곤충들을 쉽게 볼 수 있다. 마크로 렌즈로 담아도 되고 따로 마크로 렌즈가 없다면 표준렌즈에서 매크로 영역의 렌즈를 사용해도 된다.

피어오르는 물안개를 사진 속에 제대로 표현하고자 하면 셔터 속도를 가능한 짧게 하고 조리개도 가능하면 조이는 것이 좋다. 셔터속도가 길면 물안개가 흘러 흐리게 나오고 아웃 포커스가 되어 흐려진다. 물안개는 선명하게 나와야 현장감이 있다.

1 2

창녕고분군 '제2의 경주'라고 불리는 창녕은 신석기에서 근세에 이르는 다양한 시대의 문화재가 분포하고 있다. 특히 비화가야의 수도였던 만큼 가야시대 무덤 형태를 한 고분이 1만기나 남아 있다. 그 중 교동과 송현동 고분군이 볼 만하다.

석빙고 공기의 대류현상을 이용해 얼음을 천천히 녹게 한 시설물. 송현동에 있다. 겨울철 저장해 놓은 얼음이 7~8월 한여름까지 녹지 않았다고 한다. 공기를 식히는 역할을 담당한 원통형의 '홍예'등 건축물 자체가 아름답다. 미리 군청에 연락하면 내부를 둘러볼 수 있다.

관룡사와 용선대, 화왕산군립공원에 자리한 관룡사는 신라시대 고찰. 관룡사에서 20분 남짓 떨어진 용선대도 잊지 말고 찾아볼 것.

산토끼 노래비 동요의 대명사 '산토끼'는 1930년 이방면 이방초등학교에 근무하던 이일래 선생이 작사·작곡했다. 이방초등학교 교정에 산토끼 노래비가 있다.

 숙박 정보

● 소나무풍경
(창녕군 화왕산 입구에 위치한 전원 주택형 펜션)
055-536-3889 경상남도 창녕군 계성면 사리 325

● 부곡하와이
(온천리조트, 파도풀, 실내외 온천 및 수영장, 놀이시설, 동물원, 식물원, 숙박시설)
055-536-6331 경상남도 창녕군 부곡면 거문리 195-7

● 온누리 청소년 수련원
(경상남도 창녕군 고암면 위치, 시설 및 프로그램, 현장학습지 이용안내)
055-533-1781 경상남도 창녕군 고암면 계상리 131-2

● 송이마을
(창녕군 계성면 사리 소재, 펜션)
055-521-2038/경상남도 창녕군 계성면 사리 505-1

● 우포민박
055-532-9052 /경상남도 창녕군 이방면 안리 1420-1

대대포구 제방에서 이곡부락 쪽으로 해서 찍은 이 사진으로 도시에서는 이제 거의 사라져 가는 풍경을 눈에 쉽게 찾을 수 있다. 처음 보는 이에게는 이국적인 모습일 수도 있으나 과거의 모습이 아직 고스란히 남아있다.

청도는 경상북도의 최남단으로 경상남도 밀양시를 비롯한 7개 시군에 접하며, 군청은 경상북도 청도군 화양읍 범곡리 133번지에 위치해 있으며 인구 약 45000여명의 작은 소도시다.

경부선 철도와 대구—부산간고속도로, 국도 20호, 25호선이 통과하는 교통의 요충지이며 대부분 농업과 과수재배 최적지로 특히 이곳에서 나는 감은 풍부한 일조량과 천혜의 자연풍광으로 달고 맛이 있어서 유명하다. 해마다 3월말~4월초순경 열리는 소싸움 대회는 이 고장의 대표적인 축제로서 다양한 볼거리와 먹거리 장터가 열리고 박진감 넘치는 소 싸움 대회를 관람할 수 있다.

청도는 운문사와 와인터널, 테마랜드와 선암서원 등이 있어 당일 관광코스로도 둘러볼만 하지만 때 묻지 않은 순박함이 남아있는 시골마을의 정취가 남아있는 곳들이 많다.

특히 청도군 이서면은 도심 속에서 느끼지 못한 농촌마을의 아름다운 모습들을 간직하고 있다. 걸어서 마을을 구경하다보면 어느새 아득한 과거로의 여행을 하는듯한 착각에 빠져들게 하는 매력이 있는 곳으로 사진촬영 여행으로도 손색이 없다. 그 골목어귀에선 아직도 개구쟁이 아이들의 재잘거리는 소리가 들리는듯하다.

청도 소싸움대회와 이서마을

Festival & taste 축제와 맛을 찾아

축제의 현장

★ 화왕산갈대제
- **기간** 9월 말에서 10월 초
- **장소** 화왕산 정상(757m) 화왕산성 내(조씨 득성비 하단부)
- **개요** 고장의 발전과 국태민안을 기원하고 우순풍조를 위하며 남북통일을 기원하는 전국 유일의 산상축제인 화왕산갈대제는 매년 10월초 185,124.8㎡ (56,000여평)의 억새융단이 깔린 화왕산 정상에서 산신제, 통일기원횃불행진 등 다양한 이벤트 행사가 성대하게 개최된다.

★ 억새태우기
- **기간** 정월 대보름(3년주기)
- **장소** 화왕산 정상
- **개요** 화왕산억새태우기 행사는 정월대보름 화왕산 정상에서 상원제 및 달집살기, 억새태우기 등을 통하여 국태민안과 남북통일을 염원하고 가정마다 액을 물리치고 화목을 기원하기 위해 개최하고 있으며, 화왕산은 옛부터 불의 뫼라고 하여 이곳에서 불이 나야만 풍년이 깃들고 평안하다는 전설에 따라 1995년 부터 개최한 이 행사에는 전국 각지에서 수많은 관광객이 찾고 있다.
- **문의** 창녕군 문화관광과(☎055)530-2521~2524), 배바우산악회(☎ 055-533-2998)

★ 부곡온천축제
- **기간** 2008년 10월 28 ~ 11. 4 (8일간)
- **장소** 부곡온천관광특구 일원
- **개요** 1973년 온천을 최초로 발견하여 개발을 시작하게 되었으며, 국민관광지로 지정된 후 지속적인 개발과 투자로 '97년에는 관광특구로 지정되어 관광객유치 및 21세기 국제온천휴양도시로 발전시키기 위한 방안의 일환으로 '94년부터 부곡온천제를 개최하여 온천을 찾는 관광객에게 다양한 볼거리를 제공하고 창녕관광의 이미지를 제공한다.
- **문의** 창녕군 도시산림과 (☎ 055)530-2002~4), 부곡관광협의회(☎ 055)536~6277)

★ 3.1민속문화제
- **기간** 매년 3월1일 전후
- **장소** 영산면 일원 (주행사장 : 무형문화재 놀이마당)
취지 : 도내 최초 3·1독립운동 발상지인 영산지방의 항일 애국선열들의 호국충절과 자유수호의 높은 민족혼을 후손에게 널리 고취시키고, 고장의 대표적인 전통 민속놀이인 중요 무형문화재 제25호 영산쇠머리대기와 제26호 영산줄다리기 등의 시연을 통하여 우리문화의 우수성을 대내외에 알리는 한편, 전통문화계승 및 민족 문화창달에 기여하며 군민화합 대축제로 승화시키기 위하여 1961년부터 매년 개최하고 있다.
- **행사내용**
  - ·민속행사 : 쇠머리대기 , 줄다리기 등 14종
  - ·문화예술행사 : 시조경창대회 등 9종
  - ·체육행사 : 짚공차기 등 3종
- **문의** 삼일민속문화향상회 (☎ 055-536-0031) , 창녕군청 문화관광과 (☎055-530-2235~7)

★ 낙동강 유채축제
- **기간** 매년 4월말
- **장소** 남지읍 남지유채단지 및 남지체육공원 일원
개요
창녕군 남지읍 낙동강변 광활한 둔치에 유채단지를 조성하여 남지체육공원에서 우리고장의 안녕과 번영을 비는 낙동강용왕대제를 시작으로 공연행사, 전통행사(낙동강용왕대제), 문화행사, 체육행사 등 다양한 이벤트 행사와 함께 제3회 낙동강 유채축제가 개최된다.
- **내용** 축하공연, 야간 유채꽃 구경, 세계무술시범공연, 휘호대회, 인형극, 문오장 굿, 청소년 유채소재 사생대회 등
- **문의** 창녕군청 문화관광과 관광담당(055-530-2521~3), 낙동강유채축제 추진위원회(055-526-1331)

맛이있는 곳

- **계성월빙뽕나무영양탕**

055-521-3519 / 경남 창녕군 계성면 계성리
608-3

- **우포민박집(붕어찜)**

055-532-6202 / 경남 창녕군 이방면 안리
1420-1번지

- **진짜순대집**

(055-536-4388) /경남 창녕군 도천면 일리
532

- **고향보리밥집**

(055-521-2516)

- **전통민속쌈밥**

(055-521-3279)

- **장군식당**

(055-521-1805)

- **남지일신옥**

(055-526-2030)

 길따라 지도따라

- **인터넷 웹사이트**

http://www.upo.or.kr/01info/05_01.asp /우포늪 사이버생태공원

- **문의전화**

(055)530-2691

- **대중교통**

버스

고속버스를 이용해 창녕시외버스터미널에서 하차 후 영신버스터미널로
이동(걸어서 3분 거리) 유어 또는 적교방면 버스 승차(40분 간격) 회룡에
서 하차

세진리 주차장까지 걸어서 30분
영신버스터미널~세진주차장 방면 운행 (하루 3번, 25분 소요, 운행시간/
07:00,13:30,18:00)

자가운전정보

대구와 마산을 잇는 중부내륙고속도로를 이용해 창녕 IC통과
교차로에서 우회전,이정표를 따라 약 5.8km
회룡마을에서 우회전, 우포늪 세진주차장까지 약2km

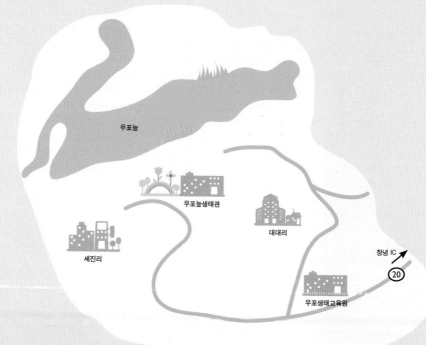

아름다운 도로와 한려수도의 중심

천혜의 비경 남해

예로부터 남해는 산천이 수려하고 아름다워 신선이 살고 있다는 뜻을 가진 섬으로 한반도 남쪽 끝 한려수도의 중심에 있다. 제주도 다음으로 봄이 빨리 온다는 남해는 이른 봄이면 온통 노란 유채꽃과 형형색색의 꽃들로 섬 구석구석을 아름다운 채색으로 수를 놓는다.

신선들이 노닐다간 천혜의 비경 속에 자연을 거스르지 않는 순박하고 억척스런 사람들이 살아가는 그곳 자연과 인간이 빚은 보물섬 속으로 봄날의 여행을 떠나보자. 남해를 가려면 다양한 방법이 있지만, 당일로 가는 것보단 2일이나 3일간 여유롭게 둘러보는 것도 좋다. 아름다운 창선대교를 지나 휴가지로도 손꼽히는 상주해수욕장과 한려해상수도를 한 눈에 볼 수 있는 이성계(太祖 李成桂)가 머물고 간 금산의 보리암, 그리고 멸치잡이 어선을 볼 수 있는 미조항 등 곳곳에 아름다운 곳들이 숨어있다.

당일 코스

사천 IC를 빠져나와 3번 국도로 가다보면 창선대교 가기 전에 실안카페가 있으나 실안카페는 해가 지문 후 들르는 것이 좋으므로 먼저 다초지로 향해 두모마을, 보리암, 미조항, 창선대교 순으로 올라오면서 마지막으로 실안카페를 들르는 코스가 좋다. 시간이 된다면 보리암과 가까운 근교에 상주해수욕장을 둘러보는 것도 좋다.

다초지 - 두모마을 - 보리암(상주해수욕장) 미조항 - 창선대교 - 실안카페

이런 남해를 하루 만에 즐기다 온다는 것은 너무나도 아쉬운 이야기다. 그래서 남해를 맛보기 전에 먼저 아름다운 섬진강 유역을 따라 드라이브를 즐기며 곳곳에 볼거리와 먹거리를 즐기며 남해에 도착해보자. 우선 순천방면에서 섬진강 유역을 따라 하동으로 이동하다보면 있을 것 다 있고, 없을 것 없다는 화개장터가 나온다. 화개장터에서 잠시 들러 주전부리로 입맛을 돋운 후 고즈넉한 쌍계루에 들러 오월의 시원한 계곡소리와 함께 발을 담가 볼 수도 있다. 쌍계루가는 길은 푸른 햇살에 더욱 아름답다. 조용한 염불소리를 뒤로하고, 다시 아름다운 섬진강 길을 따라 가다 보면 악양에 있는 최참판댁(드라마 "土地" 촬영장)에 들를 수 있다. 옛 정취를 담아본 후, 넓은 평야의 평사리 마을을 한 눈에 볼 수 있다. 악양의 평사리 마을을 눈에 담고, 남해대교를 넘어 비로소 남해에 다다르면 곳곳에서 우리의 발길을 기다리고 있다.

경남 남해읍 이동면에 위치한 다초지는 원래는 장평저수지라 불렸는데 다초지로 더 많이 알려져 있다. 크지는 않지만 조그마한 저수지로 건너편 저수지 제방 쪽의 벚꽃이 만개할 무렵 저수지 안쪽에 심어놓은 형형색색의 알록달록한 튤립과 유채꽃이 함께 어우러져 봄의 정취를 만끽할 수 있는 곳으로 여행자들과 사진가들의 발길이 끊이지 않는 곳이다. 찾아가는 길은 남해읍에서 미조, 삼동면 방향으로 19번 국도를 타고 약 5km 정도 가다보면 대로변 좌측에 있다. 주변에 창선대교와 미조항으로 연계해서 여행하는 것도 좋다.

남해 다초지

창선대교는 남해도와 창선도를 잇는 다리로 일반국도 3호선이 연결된다. 본래 1980년 6월 5일 준공된 창선교가 있었으나 1992년 7월 30일 붕괴되어 그 자리에 다시 세웠다. 길이 483m, 너비 14.5m이다. 다리 위에서 바라보는 일몰은 남해12경에 들 정도로 장관을 이룬다. 봄이면 다리 끝 언덕위에 유채꽃이 만발해서 많은 관광객과 전국의 사진가들이 즐겨 찾는 명소이기도 하다.

창선대교(삼천포대교)는 경상남도 사천시와 남해군을 연결하는 5개의 교량으로 삼천포대교, 초양대교, 녹도대교, 창선대교, 단항교를 일컫는 이름으로 사천시 삼천포와 남해군 창선도사이를 이어주는 교량이다. 창선, 삼천포대교는 예전부터 여수 돌산대교와 함께 아름답기로 유명한 다리로 사진가들에게 많은 사랑을 받아왔다. 봄이면 노란 유채꽃과 어우러진 풍경이 단연 압권이며 계절에 관계없이 일몰풍경과 다리아래서 보는 야경 또한 멋지다.

1박2일 코스

출처 남해군청
http://tour.namhae.go.kr/
A코스
남해대교와 충렬사(거북선) →
남해스포츠파크 → 남면해안 →
가천다랭이마을 → 금산과 보리
암 → 상주은모래Beach → 나비
생태공원 → 해오름예술촌 → 물
건방조어부림 → 원예예술촌 →
창선교와 원시어업죽방렴 → 창
선·삼천포대교
B코스
창선·삼천포대교 → 창선교와
원시어업죽방렴 → 원예예술촌
→ 물건방조어부림 → 독일마을
→ 송정 솔바람 해변 → 용문사
→ 가천다랭이마을 → 국제탈공
연예술촌 → 보물섬마늘나라 →
관음포이충무공전몰유허 → 충
렬사(거북선) → 남해대교
2박 3일 코스
남해대교와 충렬사(거북선) → 관
음포이충무공전몰유허 → 남해
스포츠파크 → 화방사 → 가천다
랭이마을 → 금산과보리암 → 상
주은모래Beach → 미조상록수
림 → 물미해안도로 → 해오름예
술촌 → 물건방조어부림 → 원예
예술촌 → 나비생태공원 → 원시
어업죽방렴 → 창선·삼천포대교

창선대교

미조항은 경상남도 남해군 미조면에 있는 아담한 항구로 남항과 북항으로 이루어져 있으며 항구주변엔 횟집들이 늘어서 있고 멸치회 및 갈치회 등 먹을거리가 많다. 특히 멸치가 많이 잡히는 4~5월이면 항구는 문전성시를 이룬다. 이때는 싱싱한 멸치회와 멸치조림을 맛볼 수 있다. 남항에는 활어 위판장과 건어물 위판장이 들어서 있어서 상경길에 한번씩 들러 볼만하다.

남해 여행을 하다가 생생한 삶의 현장을 담아보고 싶다면 미조항으로 발길을 돌려보자. 미조항은 비릿한 항구 풍경도 좋지만 어부들의 지친 삶의 일상을 카메라에 담는 것도 좋은 촬영 소재가 될 수 있다. 해마다 4~5월이면 멸치잡이 배들로 문전성시를 이루는데 항구에 배들이 하나둘씩 들어오면 그물에 잡은 멸치들을 터는 모습을 발견한다. 이때는 배위에 어부들의 장단맞춤이 노랫소리와 함께 장관을 이룬다. 사진

촬영을 위해서는 사전에 미리 현지 선장님께 연락을 해서 배가 들어오는 시간과 멸치잡이 상황을 확인한 뒤 출발해야 한다.

미조항 풍성호 : 011-584-6227 / 미조항 성진호 : 010-4756-5885

멸치털이 장면을 담기위해서는 작은 낚싯배나 보트를 이용해서 정박해있는 배 가까이 접근해서 촬영을 해야 하는데 촬영을 위한 작은 배는 항시 대기해있다.(1인당 1~2만 원정도)

렌즈는 망원(200mm이상)이 필요하며 촬영 중 배가 흔들리므로 충분한 셔터 속도를 확보해야 한다. 특히 작업 중인 어부들에게 불쾌감을 주지 않도록 각별히 신경을 써야하고 주의를 해야 한다.

두모마을은 경남 남해군 상주면 양아리에 위치하고 있으며 가천 다랭이 마을과 함께 대표적인 다랭이논 형태를 하고 있다. 봄이면 다랭이 밭이 온통 노란 유채꽃으로 물들어 아름다운 풍경을 연출한다. 두모마을은 옛날 도사(道士)가 길을 지나다가 두모(豆毛)라고 부르면 부귀할 것이라 하였다 하여 '두모'라고 불렀다고 하는 전설이 있다. 두모마을은 금산자락을 따라 산세가 수려하고 마을의 형태가 콩의 생태모양으로 생겼다. 그리고 마을 앞에서 서포 김만중 선생이 유배를 와서 생을 마감한 노도가 보인다.

봄이면 두모마을은 마을 초입에서부터 온통 노랗게 핀 유채꽃 밭이 펼쳐져 있어 지나는 여행객들의 시선을 잡고 탄성을 자아내게 한다.

남해 일주 해안도로를 따라 가다보면 다도해의 아름다운 풍광과 남쪽의 파란하늘과 쪽빛바다가 드라이브 코스로도 최고라 할 수 있다.

그 밖에 여행지로는 남해 금산 보리암과 전망이 환상적인 독일마을. 그리고 상주 해수욕장은 긴 모래사장이 형성되어있고 또한 부드러워서 은빛모래해수욕장으로도 부른다. 또한 사천 실안 해안도로에 위치한 실안선상 카페(씨멘스 수상휴게실)은 바닷가 선상에 위치해 있어서 일몰시 긴 작조와 황금빛 바다물결을 함께 담을 수 있는 곳이다. 야경 또한 멋진 곳이라서 사진가들이 많이 찾는 명소가 되었다.

남해 두모마을

숙박 정보

• 남해비치텔
경남 남해군 설천면 노량리 433 (055)863-5505
마이크로 리조트 경남 남해군 설천면 문항리 6번지
055-862-6096

• 블루 앤 화이트
경남 남해군 서면 서상리 1112-2 (070)4244-2174

• 씨엔드림팬션
경남 남해군 서면 서상리 1112-1 (055)863-5701~2
젠하우스 경남 남해군 서면 작정리 135 055-862-5115

• Zen stay
경남 남해군 서면 작정리 135 (055)862-5115

• 가천테마펜션
경남 남해군 남면 홍현리 1010-1 (055)863-2080
구름아래바다 경남 남해군 남면 홍현리 431-2번지 055-
863-5200

• 남해 멜로디펜션
경남 남해군 남면 당항리 48번지 두곡해수욕장 010-
7697-1616

• 남해 블루마레 펜션
경상남도 남해군 남면 선구리66번지 (055)863-9003
남해 아크로 펜션 경남 남해군 남면 선구리 1164-11번지
055-862-0138

• 금포펜션
남해군 상주면 상주리(금포마을)213-21 010-2430-
3019

• 상주하얀펜션
경남 남해군 상주면 상주리 1353 (055)862-5897
소량민박 경남 남해군 상주면 양아리 640 (055)862-
6387

• 남송가족관광호텔
경남 남해군 삼동면 물건리 5-1번지 (055)867-4710~2

• 힐튼남해골프&스파리조트
경남 남해군 남면 덕월리 산35-5 (055)860-0100

• 스포츠파크가족호텔
경남 남해군 서면 서상리 1182-9 (055)862-8811

축제의 현장

★ 마늘축제
▶ 기간 : 5월 말경(4일간)
▶ 장소 : 남해군 이동면 마늘나라일원
슬 로 건 : 「천하절경 보물섬 천하으뜸 남해마늘」
▶ 프로그램 : 공식·공연·대회·전시·체험·시식행사 등 80여종
▶ 주 최 : 남해군/보물섬마늘축제추진위원회

★ 충무공노량해전승첩제
▶ 일시 : 10월 초순경(3일간)

▶ 장소 : 남해대교 일원(노량광장)

★ 화전문화제
불꽃놀이,화전가요제 등의 전야제 행사로 시작을 알리는 군민의 날 및 화전문화제, 10월 말경 전야제를 시작으로 남해 고유의 민속놀이와 예술행사, 체육대회 등 다채로운 프로그램으로 군민들이 화합을 다지고 전진을 다짐한다.
▶ 장소 : 남해읍 남해군 공설운동장 주 무대로 남해읍 일대에서 개최

★ 멸치축제
▶ 기간 : 2011. 5. 14 ~ 5. 15(2일간)
▶ 장소 : 남해군 미조면 남항일원
▶ 프로그램 : 공식·공연·대회·전시·체험·시식행사 등 20여종
▶ 주최 : 보물섬미조멸치축제추진위원회

그밖에 체험마을축제, 해맞이, 달맞이 축제와 예술공연 등이 있다.

맛이있는 곳

● 생선횟집_모듬회
경남 남해군 설천면 노량리 355-14
(055)862-2627

● 동광장어_장어
경남 남해군 남해읍 남변리 274
(055)864-2995

● 해사랑 전복마을_전복죽, 전복회, 해물
경남 남해군 미조면 미조리 234
(055)867-7571

● 남해군수협회센터_모듬회
경남 남해군 창선면 대벽리
(055)867-7302

● 남해별곡_한식
경남 남해군 서면 서상리 1640-1 경남
남해군 서면 서상리 1640-1

 길따라 지도 따라

● 인터넷 웹 사이트
http://tour.namhae.go.kr/03guide/06_01.asp

● 문의전화
관광안내 콜센터 1588-3415

● 대중 교통정보
서울 - 대전 - 남해방면
경부고속도로 - 중부고속도로 - 남해

강릉-대구-남해방면
영동고속도로 - 중앙고속도로
- 구마고속도로-중부내륙고속도로
- 남해고속도로-남해

광주 - 남해방면
호남고속도로 - 남해고속도로 - 남해

부산 - 남해방면
남해고속도로 - 남해

수양버들 간들간들
물안개 피는
두물머리(兩水里)의 아침

당일코스	연인
1박 2일 코스	MT
주변명소	사진여행
가족여행	계절마다

당일 코스

수도권에서 비교적 가깝고 접근 성이 좋아 당일 나들이 코스로도 좋다.
양평군의 주변 관광지를 연계해 서 하루코스를 잡아보면, 아침 일 찍 서둘러 물안개 피는 두물머리 를 들러보고 바로 인근에 있는 세 미원에서 수생식물과 꽃들의 향 기에 취해본다. 신라선덕여왕 때 창건한 용문사와 용문산 휴양지 코스를 양평여행의 당일 일정으 로 추천한다.

두물머리 - 세미원 - 수진원 - 용 문사 - 용문산관광지

사진촬영을 위해 장소를 찾다가 매번 가는 곳이 양평이었다. 수도권에서 촬영지가 가장 많은 곳이기도 하고, 또한 관광객들이 가장 많은 곳이기도 하다. 약 10여 년 전 남양주종합촬영소(97년11월 준공)가 생긴 후 촬영을 마치고 북한강로를 따라 돌아오는 길, 우연히 들어선 넓은 길을 따라 집 사이 골목으로 들어가자 강바람이 불어오는 곳을 발견했다. 이제 막 피기 시작한 수양버들이 간들 간들거리며 반겨주는 듯 했다. 수양버들의 홀씨가 바람에 날아다니며 코를 간질여 재채기를 만든다. 아늑해 보이는 강과 함께 보이는 큰 느티나무 하나가 왠지 범상해 보였다.

사유지인 이곳은 관리가 되어 나름 깔끔하고 정돈되어 있는 흙길과 함께 강도 정리되어 있는 느낌이다. 물론 이미 전부터 유명했을지 몰라도 처음 찾는 사람들에게는 조용한 이곳의 느낌이 허전한 마음을 달래주었다. 간들거리는 바람을 느끼며 강을 바라보면 왠지 시원한 바람이 스트레스를 날려주었다. 그날 이후로 매

년 아니 매 철마다 찾아와 사진을 촬영하게 되었다. 혼자 좋은 장소 알게 되었다고 좋아했는데 몇 해 전부터는 늘 인산인해다.

남한강 최상류의 물길이 있는 강원도 정선과 단양, 그리고 물길의 종착지인 서울 뚝섬과 마포나루를 이어주던 마지막 정착지로 번성했던 이곳 나루터가 언제부터인가 아름다운 촬영지로 바뀌었다. 수령이 400년이나 된 느티나무와 이른 아침에 피어오르는 물안개와 일출, 강가의 늘어진 수양버들, 나루터를 대표하듯 떠있는 나룻배 등은 이미 유명한 촬영지의 소품들이다. 특히 이른 아침 피어오르는 물안개와 함께 물위에 떠 있는 나룻배를 촬영하기 위해 많은 이들이 오가고 있다. 하지만 나룻배는 수리와 관리를 위해 뭍으로 옮겨져 있을 때가 많아 꼭 사진에 담고 싶다면 사전에 확인하고 가는 것이 좋다.

두물머리

두물머리는 북한강과 남한강의 두 물이 합쳐지는 곳이라는 의미이며 한자로는 양수리(兩水里)를 쓰는데, 이곳은 양수리에서도 나루터를 중심으로 한 장소를 가리킨다. 양수리 근처 주변에 아름다운 꽃들이 많은 세미원이 있고, 두물머리를 한눈에 굽어볼 수 있는 운길산 수종사가 있다. 또한 바탕골 예술관과 서평도예촌, 자연경관이 수려한 용문산 관광지 등이 있어서 주말 가족이나 연인들끼리의 데이트 코스로도 좋다.

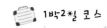
1박2일 코스

1박2일 코스로는 양평군의 유명 관광지와 인접한 춘천의 남이섬을 연계해서 일정을 잡는 것도 좋을 것 같다. 우선 양평군의 두물머리와 세미원, 바탕골 예술관과 수평도예촌, 용문사, 용문사관광지 코스로 하루를 잡고 이튿날 드라이브 코스 청평호반을 지나 가평의 남이섬으로 이동해서 초록이 물드는 6월의 신록을 느껴보는 것도 좋다.

두물머리 - 세미원 - 바탕골예술관 - 수평도예촌 - 용문사 - 용문산관광지(1박) - 남이섬

주변 명소 名所

양평 두물머리 주변의 촬영 명소로는 수종사에서 바라보는 일출 풍경과 세미원의 아름다운 수련들, 천주교 공동묘지인 소화묘원에서 바라보는 아침풍경이 있다. 세 곳 모두 연중 내내 많은 사진작가들이 찾는 곳이다.

소화묘원은 남양주시 능내리 산12번지 (재)천주교 서울대교구이며 팔당역 앞에서 다산유적지, 팔당댐 방면으로 우회전 후, 약 4km쯤 가다 고가도로 아래에서 다산로 천주교 묘지입구에서 좌회전하면 입구에 넓은 주차장이 나오는데, 이곳에서 차로 가파른 산길을 약 120m정도 오르면 정상에 5~6대 주차를 할 수 있는 공간이 나온다. 이곳에 주차를 하고 묘지아래쪽으로 내려가면 탁 트인 시야가 보이는 곳이 바로 촬영 포인트이다. 새벽 야경과 물안개 낀 일출풍경이 장관이다. 렌즈는 200mm 망원과 표준 줌렌즈면 적당한 화각을 이루며 연중 봄, 가을이 촬영적기다.

소화묘원에서 바라본 두물머리 풍경

양평의 주변 명소로는 각종 희귀 민물고기 70여종을 만날 수 있는 민물고기 생태학습관과 아담한 시골 장터의 향수를 느낄 수 있는 용문 5일장, 500여개의 장류 항아리가 있는 수진원, 조선말기의 성리학자 이항로 생가, 생태마을 명달리 아름마을, 동호리 생태 건강마을, 가평의 아침고요수목원과 청평 자연휴양림, 청평 호수 및 남이섬 등이 주변에 있어서 함께 연계해서 돌아봐도 좋다.

남이섬은 강원도 춘천시 남산면(南山面) 방하리(芳荷里)에 있는 섬으로 총 면적이 약 24만평에 이른다. 남이장군의 묘소가 있는 곳이라서 남이섬이라 불리는데 청평댐 건설로 인해 지금은 완전한 섬을 이루고 있다. 남이섬은 메타세쿼이아 나무숲으로 유명하고 드라마 겨울연가 촬영지로 더욱더 알려지게 되었다. 섬 구석구석 돌아보면 아름다운 숲길과 별장, 방갈로 등이 있어서 주말이면 많은 연인들과 가족단위의 사람들이 많이 찾는다.

 숙박 정보

● 배로농원
(031) 772-6866 / 양평군 양서면 양수1리 361번지

● 물댄동산
(031) 773-2657 / 양평군 용문면 중원리 90번지

● 들꽃이야기
(031) 773-3196 / 양평군 용문면 화전리 974-3번지

● 그린토피아
(031) 774-4929 / 양평군 양서면 양수리 359번지

● 먼동 팬션
016-708-5598 / 양평군 용문면 덕촌리 91-4번지

● 계곡소나무 팬션
(031) 774-9810 / 양평군 서종면 노문리 543번지

● 쌍둥이 민박
(031) 771-9782 / 양평군 용문면 덕촌1리 67번지

두물머리와 세미원, 양서문화체육공원 일대에서 열리는 세계야외공연 축제는 넓게 펼쳐진 자연 속에서 펼쳐지는 아름다운 공연에는 해외와 국내를 어우르는 각종 공연과 참여, 체험프로그램인 미술, 공연, 친환경 유기농 체험 등을 할 수 있으며, 세미원과 애벌레 생태학교, 한강물환경생태관 등 다양한 두물머리 생태여행을 할 수 있다. 그 밖의 고로쇠축제, 산수유축제와 개군한우축제, 은행나무축제, 양서 메뚜기축제 등이 열리고 이봉주 마라톤대회, 맑은물사랑 예술제, 친환경 농축산물 한마당장터, 전통5일장 등의 다채로운 행사가 연중 열리고 있다.

축제의 현장

★ 고로쇠축제
ㄱ 기간 : 매년 3월
ㄱ 장소 : 양평군 단월면 석산리 물레올(다목적 광장 및 소리산 일원)
ㄱ 주요행사 : 산신제 및 고로쇠 시음행사, 등반대회 및 전통 민속놀이 재현 및 경연대회, 노래자랑 등 각종 체험 행사

★ 양평산수유, 개군한우축제
ㄱ 기간 : 매년 4월
ㄱ 장소 : 양평군 개군면 내리, 주읍리 일원
ㄱ 주요행사 : 사물놀이 및 연예인 공연, 불꽃놀이 및 시낭송 등의 체험 행사와 각종 이벤트

★ 은행나무축제
ㄱ 기간 : 매년 10월
ㄱ 장소 : 용문산 관광지 및 강상 체육공원 일원
ㄱ 주요행사 : 은행나무 안녕기원제 및 전통 민속놀이 공연, 문화예술 공연과 체험 등의 행사 공연이 있다.

★ 두물머리 세계야외 공연축제
ㄱ 기간 : 매년 8월 중순경
ㄱ 장소 : 두물머리, 세미원, 양서문화 체육공원
ㄱ 주요행사 : 두물머리 풍류한마당과 각종 기획공연, 유기농 체험과 미술체험 다도체험 등의 각종 체험행사가 열린다.

★ 양서 메뚜기축제
ㄱ 기간 : 매년 10월
ㄱ 장소 : 양평군 양서면 일원
ㄱ 주요행사 : 메뚜기 잡기 및 손 탈곡, 인절미 만들기 등 각종 체험행사와 사진전, 전통 놀이마당 등의 공연이 진행된다.

양평군은 용문산을 중심으로 크고 작은 대체로 험준한 산지를 이룬 곳이다. 대표적인 특산물로 산더덕과 각종 버섯, 허브관련 제품 및 각종 전통장류 등 친환경 건강식품이 많이 생산된다. 음식 또한 산과 강이 잘 어우러진 다양한 요리가 발달하고 개발되어 있다.

맛이있는 곳

- **송림식당**_산채백반
(031) 773-4165 / 양평군 용문면 신점
1리 520-11

- **소리마을**_간장게장, 황태구이
(031) 773-6563 / 양평군 세종면 수입
리 643-1

- **민예원**_한정식
(031) 773-6373 / 양평군 단월면 부안
리 40번지

- **마당** (곤드레밥, 대나무통밥)
(031) 775-0311 / 양평군 용문면 덕촌
리 112-6

- **강나들**_민물장어, 민물매운탕
(031) 773-7993 / 양평군 양서면 북포
리 157-6

- **두물머리 순두부**_유기농쌈밥, 순두부
(031) 774-6022 / 양평군 양서면 용담
리 582-1

- **두향**_청국장 및 각종 손두부 요리
(031) 773-6343 / 양평군 서종면 수입
리 724-4

- **예마당**_호박통밥, 아욱된장수제비
(031) 774-0307 / 양평군 양서면 대심
리 145-3

- **한마당식당**_청국장, 산채 더덕정식
(031) 773-5678 / 양평군 용문면 신점
리 369-64

길따라 지도따라

- **인터넷 웹사이트**
http://www.yp21.net/양평군청

- **문의전화**
양평군청 문화관광과 (031)-770-2471

- **대중 교통정보**

자가운전
서울에서 강변북로나 88고속도로를 이용하여 양평 쪽으로
가다가 6번 국도로 갈아타고 양수대교 건너서 양수 사거리
에서 우회전하면 두물머리 마을로 들어선다. 두물머리로 들
어가는 길은 마땅한 이정표가 되어있지 않은데, 마
을에서 계속 직진하다가 막다른 골목길
10m 전 한성상회 못 미쳐서 죄회
전해서 들어가면 된다.

버스
동서울 터미널과, 성남터미널, 상봉동 시외버스 터미널에서
양평행 버스가 수시로 출발하며 양평까지 50여분 소요된
다. 또한 시내버스도 출발하는데 동서울 터미널과 상봉동
터미널에서 양수리 방면의 시내버스가 운행되고 있다.

- 상봉터미널: 05-435-2129
- 동서울터미널: 02-446-8000

기차
청량리에서 양평행 기차(무궁화호)가 매시간 운행되고 있다.

운길산역
양수교
양수역
양수초교
애벌레생태학교
세미원
양수대교
남한강
두물머리나룻터

미각을 자극하는 항구

변산반도의
곰소항과 염전

월별 베스트 추천여행_6월

여행 시기 | 4월 말~6월 중순 사이

당일코스	연인
1박 2일 코스	MT
주변명소	사진여행
가족여행	계절마다

전라북도 부안 하면 제일 먼저 각종 생선과 곰삭은 젓갈 냄새가 미각을 자극하는 곰소항과 곰소염전 그리고 내소사와 채석강을 예로 든다. 곰소에서 세 개의 무인도가 있었다. 이 세 섬에 각각 곰이 살았다 해서 웅도라 했다는 구전이 있어서인지 한때는 웅연도라 했다. 이는 섬 앞쪽으로 깊은 연못이 있다 하여 붙여진 이름으로 곰과 못이 얽혀서 살아온 설화가 전설로 내려온 지역이다. 곰소는 일제강점기에 일본이 변산의 소나무를 반출시키기 위해, 그리고 내륙의 곡물을 가져가기 위해 섬들을 내륙으로 연결하여 도로를 개설하고 곰소항에 배를 띄워 변산에 있는 좋은 소나무를 모두 잘라 가버렸다. 지금도 변산에 가보면 석포리 입압에서 질마재 – 구룡골 – 회양골 – 매골 – 수라무돌로 이러지는 일제시대 때 난 도로의 흔적을 볼 수 있다. 그 내륙을 염전으로 개발 소금을 생산하였는데 처음은 토염, 옹기염, 타일염으로 변모하여 국내 최고의 품질을 가진 소금을 곰소염전에서 생산하고 있다.

당일 코스

변산반도 부안의 명소들을 다 돌아보기에 당일로는 모자랄 정도로 좋은 곳이 너무나 많다. 대표적인 부안의 관광 코스를 둘러본다면 우선 곰소항과 곰소염전을 먼저 추천한다. 내소사와 격포 채석강을 본 후 영상테마파크, 새만금방조제, 솔섬 일몰 등을 당일 코스로 잡는 것이 좋을 것 같다.

줄포IC - 곰소항 - 곰소염전 - 내소사 - 격포, 채석강 - 영상테마파크 - 새만금방조제 - 솔섬 일몰 풍경.

그것은 오염되지 않은 바닷물과 갯벌위로 밀물이 들어오면서 갯벌위의 각종 미네랄을 안고 바닷물이 입수되어 그 물로 소금을 만들기 때문이며 질 좋은 소금이 있기에 질 좋은 젓갈을 생산하게 되어 곰소가 젓갈 소금, 그리고 건어물로 유명한 것이 아닐까 생각한다.

곰소항은 줄포항과 칠산바다 그리고 서해바다를 연결해 주는 항이다. 전북에서는 군산항 다음 가는 항구로 서해연안의 수산물의 총집산지이다. 곰소에는 염전이 함께 자리하고 있다. 1946년도에 염전 허가를 받아 소금을 구워내기 시작했다. 염전 총면적은 897㎢로 연간 13만 가마가 생산되어 남한 일대의 소금 공급지로 번성하기도 했다.

곰소항 풍경

근간에 노동력의 격감으로 인하여 염전의 면적이 줄어들고 있으나 천일염의 기호도는 매우 높아 해마다 소금 생산량을 늘려야 하는 형편이지만 그 수요를 따라가지 못하고 있다.

곰소의 젓갈은 전국적으로 유명하여 김장철이 되면 서울 등지에서 집단으로 젓갈 구입 관광차가 밀려오고 있으며 소금 맛이 좋기 때문에 젓갈 맛도 좋다고 한다.

곰소에는 소금, 바닷고기, 건어물, 횟감을 싼값에 살수 있어 관광객이 해마다 불어나고 있다. 곰소항에서 약 1.5km 가면 곰소 염전마을이 있다. 오전의 청명한 빛의 염전 반영 사진도 좋지만 염전에 비치는 붉은 햇살의 반영이 있는 오후 일몰 풍경도 아름다운 곳이다. 또한 염부들의 작업 모습과 풍경을 광각렌즈로 함께 담으면 더없이 멋진 사진 작품을 얻을 수 있는 곳이기도 하다.

곰소염전에 가면 진정한 삶의 땀방울들을 볼 수 있고 삶의 진솔한 이야기들을 들을 수가 있어서 좋다. 초록빛이 짙어가는 계절에 변산반도 부안으로 함께 여행을 떠나보자.

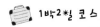

1박2일 코스

변산반도 부안은 해안도로를 일주하다보면 아름다운 그 풍경에 흠뻑 취하게 된다. 1박2일 코스로는 불멸의 이순신 촬영지인 석불산 영상랜드와 부안댐, 갯벌을 막아 만든 끝없이 이어지는 새만금 방조제길, 수성할머니를 바다의 수호신으로 모시고 제사 지내는 곳 수성당과 적벽강, 그리고 마치 책을 썰어 놓은 듯 한 해변 바위들의 겹겹이 세월을 느끼게 하는 채석강, 격포항과 영상테마파크, 그리고 위도와 내소사, 곰소항, 자연생태공원 등을 1박2일 관광 코스로 추천한다.

석불산 영상랜드 - 부안댐 - 새만금방조제 - 수성당 - 적벽강 - 채석강 - 격포항 - 영상테마파크 (1박)
위도 - 내소사 - 곰소항 - 자연생태공원

곰소염전 1/180s f8.0 iso100

곰소항 24mm 1/250s F8 ISO100

부안의 사진 촬영 명소로는 솔섬 일몰을 가장 먼저 추천한다. 솔섬은 30번 국도를 타고 상록 해수욕장 방향으로 가다보면 좌측에 전라북도 학생해양 수련원이 보인다. 솔섬은 바로 수련원 앞쪽의 조그마한 섬인데 썰물 때면 섬으로 길이 연결된다. 일몰 때면 섬 위의 해송과 멋진 조화를 이루는 곳이기도 하다.

소나무 뒤쪽으로 해가 지는 방향을 이동해 가면서 먼저 자리를 잡고 삼각대를 펼친다. 촬영하는 사람들이 많은 포인트가 일반적으로 그날의 명당자리라고 할 수 있다. 맑은 날은 강한 역광이 비치므로 조리개를 F8이상 조이고 태양 주변부에 스폿 측광으로 노출값을 맞춘다. 좀 더 붉은 노을색감을 원한다면 캘빈값 8000K~10000K 정도로 하면 붉은 노을색감을 표현할 수 있다. 렌즈는 광각이나, 표준, 망원정도가 필요하다.

광각렌즈로는 섬과 자갈밭 등의 전경을 담고, 표준 줌 렌즈로는 섬으로 건너는 사람들과 주변 풍경을 함께 담을 수 있다. 또한 망원렌즈(200mm이상)은 해가 질 때 솔섬의 소나무에 걸린 태양을 함께 담으면 멋진 풍경이 된다.

숙박 정보

산면 격포리 690

안군 변산면 도청리 622-3

• 바다풍경 (063) 581-7300 / 부안군 변산면 격포리 674-30

• 휘목미술관펜션 (063) 584-0006 / 부안군 진서면 운호리 77-1

• 휘목아트타운 (063) 584-0006 / 부안군 진서면 운호리 77-1

• 노블 (063) 582-8875 / 부안군 변산면 도청리 614-3

• 바닷가의추억 (063) 581-9440 / 부안군 변산면 격포리 656-2

• 소울메이트 (063) 583-6016 / 부안군 변산면 도청리 54

• 첼로 (063) 584-1584 / 부안군 변

• 팬션메이플 010-7553-3830 / 부

내소사 역시 부안의 명소 중 한 곳이다. 특히 입구의 진나무 숲길은 사진 촬영을 하기에도, 쉬엄쉬엄 즐겁게 걷기에도 안성맞춤이다. 왼쪽의 계곡에는 물이 흐르고, 그다지 어렵지 않게 귀여운 다람쥐도 만나볼 수 있다.

채석강에서 바라보는 일몰 또한 빼놓을 수 없다. 채석강 해식 동굴 안에서 지는 해를 역광으로 촬영하면 멋진 사진을 얻을 수 있다. 해넘이 채화대에서 바라보는 시원한 풍경과 붉게 물든 바다는 감탄사가 절로 날 정도로 멋지니 놓치지 말자.

해수욕장으로는 만리포, 대천 해수욕장과 함께 서해안의 3대 해수욕장으로 꼽히는 변산 해수욕장이 있고, 중국의 적벽강처럼 아름답다는 적벽강, 직소폭포와 봉래구곡, 변산 8경의 하나인 낙조대 역시 부안의 명소 중 한 곳이다.

축제의 현장

봄이 무르익을 무렵 열리는 지역축제는 부안읍 애창 공원에서 열리는 애창문화제와 부안 우동리에서 열리는 유채꽃 우리밀축제를 즐길 수 있다. 느즈막히 열리는 봄 축제 중 주산면에서 열리는 주산 유채축제는 농장견학 및 만들기 체험, 유채밭 사생대회, 유채밭 영화, 각종 공연 등을 관람할 수 있어 여행 중이라면 짧게나마 즐길 수 있는 축제이다.

가을에는 어딜 가나 단풍놀이가 한창이다. 특히 부안에 가면 내소사의 단풍은 굳이 설명이 필요 없을 만큼 훌륭한 곳이다. 내소사, 채석강, 솔섬, 적벽강 등 다양한 볼거리가 있는 곳에 가을에 열리는 지역축제를 빼놓을 순 없다. 특히나 10월에 열리는 얼마 되지 않은 지역문화 축제인 곰소젓갈축제는 김장철과 더불어 지역 활성에 큰 도움이 되고 있다.

부안은 지리적으로 산과 바다 그리고 드넓은 서해의 갯벌이 공존해있어서 다양한 육·해·공 음식이 발달해 왔으며 특히 다양한 바다음식 재료들, 특히 조개류가 많이 나고 젓갈로도 유명하다. 바지락 죽과 백합죽은 고소하고 담백한 그 맛이 일품이다. 싱싱하고 풍부한 해산물과 짭조름하고 감칠맛 나는 각종 절임 음식들은 입맛을 돋우게 한다.

★ 매창 문화제
- 기간 : 매년 4월 말 경
- 장소 : 부안읍 매창 공원 일원
- 주요행사 : 매창 추모제와 세미나, 시화 미술 작품 전시회와 백일장 및 사생대회, 각종 공연 및 국악 한마당 잔치 등이 열린다.

★ 위도 띠 뱃놀이
- 기간 : 매년 정월 초 사흗날
- 장소 : 위도면 대리 일원
- 주요행사 : 풍랑을 달래고 풍어를 비는 토속 신앙으로서 배를 띄우는 전통 민속놀이

★ 곰소 젓갈축제
- 기간 : 매년 10월중(5일간)
- 장소 : 부안군 진서면 다용도 부지 일원
- 주요행사 : 젓갈판매장 운영 및 각종 공연 등이 펼쳐진다.

★ 부안유동리 유채꽃 우리밀축제
- 기간 : 4월말일경 (2일간)
- 장소 : 우동리 일원
- 주요행사 : 전통음식 만들기 및 유채꽃, 밀밭걷기체험, 우리밀 수확체험 및 상설매장운영 등

★ 주산 유채축제
- 기간 : 4월말 (2일간)
- 장소 : 주산면 주산사랑 미곡 처리장 및 주산사랑 친환경 단지
- 주요행사 : 농장견학 및 만들기 체험, 유채밭 사생대회, 유채밭 영화 관람 및 각종공연 등

맛이있는 곳

- 변산온천산장_바지락죽 전문
(063) 584-4874 / 부안군 변산면 대항리109-2

- 계화회관_백합죽
(063) 584-3075 / 부안군 행안면 신기리 211-2

- 풍차백합바지락큰집_바지락죽전문
(063) 583-3883 / 부안군 하서면 백련리 1003-3

- 당산마루_한정식
(063) 581-1626 / 부안군 부안읍 서외리 117

- 칠산꽃게장_꽃게장
(063) 581-3470 / 부안군 진서면 진서리 1232

- 해촌_육류
(063) 583-5830 / 부안군 부안읍 서외리 8-9

- 이어도횟집_생선회
(063) 582-4444 / 부안군 변산면 격포리 788-3

길따라 지도따라

- 인터넷 웹사이트
http://www.buan.go.kr/부안군청

- 문의전화
부안군청 문화관광과 (063)-580-4395

- 대중 교통정보

자가운전
서울에서 서해안 고속도로를 타고 줄포IC에서 빠져 나와 30번 국도를 타면 곰소항에 도착한다. 또한 부안 IC로 빠져 나와 30번 국도를 타고 해안도로를 일주 하는 것도 좋다. 호남속도로는 정읍 IC로 나오면 줄포면으로 30번 국도로 이어진다.
30번 국도는 기암괴석과 어울린 서해와 갯벌, 해넘이 등을 볼 수 있는 관광코스로도 좋다.

버스
서울 강남고속버스 터미널에서 매일 50분 간격으로, 동서울 터미널에서 하루 5회 부안행 버스가 수시로 운행된다.

젊음과 낭만의 해변도시
대천 해수욕장과 머드축제

월별 베스트 추천여행_7월

여행 시기 | 7월 2주~8월 중순 사이

당일코스	연인
1박 2일 코스	MT
주변명소	사진여행
가족여행	계절마다

 당일 코스

해변 휴양도시로 유명한 보령시는 사계절 푸른 바다와 함께 산과 계곡 그리고 바다를 향해 열린 땅. 서해의 명산 오서산과 단풍이 아름다운 성주산, 아미산을 등에 지고 바다를 바라보는 보령은 천혜의 관광자원이 풍부한 중부권의 명소이다. 아직은 대천으로 많이 알려져 있지만 1986년 대천시와 보령군으로 분리되었다가 1995년 보령시로 통합되어 발전하였다. 이름만 들어도 낭만이 물결치는 대천해수욕장, 매달 두 차례씩 모세의 기적이 일어나는 무창포 해수욕장, 낭만적인 휴양지로 탈바꿈할 죽도 관광지, 크고 작은 78개의 섬, 고대의 사찰 성주사지, 오천성, 석탄박물관, 남포읍성 명승지와 역사유물이 절묘한 조화를 이루고 있는 역사와 관광의 여행지이다.

해마다 7월 2주~3주 사이에 대천해수욕장에서 머드축제가 열리는데 개막 첫 주부터 많은 외국인 관광객들이 참여해서 이제는 세계 속의 축제로 자리매김하고 있다.

수도권에서 약 2시간여의 거리에 있어서 당일코스의 여행으로도 보령의 여러 곳을 둘러볼 수가 있다. 우선 바다 쪽으로는 하루 두 번 물길이 열리는 모세의 기적 현상으로 유명한 무창포 해수욕장과 사계절 푸른 물결과 고운 백사장을 자랑하는 대천 해수욕장, 싱싱한 활어와 바닷가 항구의 정취를 느낄 수 있는 대천항, 그리고 성주사지와 자연휴양림, 석탄박물관, 개화예술공원 코스를 추천한다.

무창포 해수욕장-대천해수욕장-대천항-성주사지와 자연휴양림-석탄박물관-개화예술공원

찌는 듯한 도시의 아스팔트 열기를 뒤로하고 푸른 파도
가 넘실대는 서해바다 대천 해수욕장으로 가족과 함께
연인과 함께 떠나보자.

대천 해수욕장은 젊은 연인들에게는 추억 만들기의 장
소로서, 또 가족 단위의 휴식처로서, 해양 스포츠의 메
카로서 제반요건을 충분히 갖추고 있다. 이런 이유로 한
해에 1천만 명에 육박하는 외지인의 발길이 끊이지 않으
며, 서해안 최고의 휴양지이자 국제적 관광명소로 자리

매김을 하고 있다. 규모면에서 백사장의 길이가 3.5km, 폭100m에 달하며 모래가 곱고 부드럽다. 백사장 남쪽에 기암괴석이 잘 발달되어 있어 비경을 연출하고 있으며, 수온 역시 적당하여 기분 좋은 해수욕을 즐길 수 있다. 해수욕장 요건으로 빼놓을 수 없는 경사도는 완만하고 바다 밑이 일정하며, 백사장은 이물질이 섞여 있지 않은 청결함을 지니고 있다. 얕은 수심과 함께 파도가 거칠지 않아 아이에서 노인에 이르기까지 가족 동반의 해수욕을 즐기기엔 천혜의 장소임에 분명하다.

백사장 너머의 솔숲은 울창하고 아늑하다. 폭염에 지치면 솔숲 그늘에 앉아 바다의 정취를 깊이 즐길 만하여 야영장으로서도 나무랄 데 없는 곳이다. 30년대 외국인 휴양지로서 자리 잡아 개발의 역사가 깊은 만큼 휴양객들의 편의 시설도 잘 마련되어 있고 먹거리, 볼거리, 즐길 거리는 물론, 숙박시설 역시 손색이 없다.

백사장의 길이가 대형인 만큼 구역도 시민탑 광장, 여인의 광장, 분수 광장 이렇게 3구역으로 나뉘어져 있고 한여름에는 각 광장마다 다양한 행사로 관광객에게 또 다른 즐길거리를 제공하여 주고 있다.

1박2일 코스

대천해수욕장앞 바다의 작은 섬들은 많지만 그중에서도 외연도와 원산도, 삽시도 등이 유명하다. 1박2일 코스로는 내륙과 바다, 섬을 둘러보는 일정으로 잡아 보는 것도 좋다. 무창포해수욕장과 보령호, 개화예술공원과 석탄박물관, 성주산휴양림과 성주사지 그리고 대천해수욕장(1박)후 유람선을 타고 외연도를 들렀다 대천항으로 돌아오는 코스를 추천한다.

무창포 해수욕장-보령호-개화예술공원-석탄박물관-성주산 자연휴양림과 성주사지-냉풍욕장-대천해수욕장(1박)-외연도-대천항.

대천 해수욕장

대천 해수욕장 머드축제는 매년 7월 중순경부터 약 9일 동안 열리는데 해마다 내·외국인 관광객들로 인산인해를 이룬다. 이때는 각종 공연과 행사, 그리고 머드체험 등을 할 수 있으며 이국적인 모습들을 카메라에 담을 수 있어 전국에서 많은 사진작가들이 몰려든다.

머드축제 기간에는 사진 촬영대회와 전시 등을 하며 적극적으로 축제에 참여해 하나가 되는 외국인 관광객들을 리얼하게 촬영할 수 있어서 좋은 소재가 될 수 있다.

하지만 이 시기는 한낮의 온도가 30도를 오르내리고 햇볕이 따가워 촬영하기가 쉽지 않다. 피부보호용 선크림과 햇빛가리개용 모자, 수건, 생수 등은 꼭 챙겨가자. 그리고 가까이에서 촬영하다보면 카메라나 의상은 완전히 진흙으로 뒤범벅이 되기 일쑤이므로, 사전에 장비를 보호할 수 있는 카메라와 렌즈 보호용 비닐커버를 준비해 가는 것도 좋다.

축제행사장의 인물사진의 경우 피사체가 카메라를 의식하지 않는 자연스런 모습을 담는 것이 좋은데 이때는 200mm 망원을 사용하고, 축제장 광란의 열기를 담을 땐 광각렌즈를 사용해서 그들의 무리 속으로 들어가 시원스런 화각으로 축제의 역동적인 장면을 담으면 좋다. 광각렌즈와 망원렌즈를 이용해서 머드축제의 다양한 모습을 담아볼 수 있다.

머드축제의 가장 좋은 촬영일은 개막식 후 2~3일이 가장 좋은 시기이다. 이때는 주한외국인뿐만 아니라 내·외국인 관광객들이 가장 많이 찾는 날이라서 그들의 자유분방한 모습과 축제의 열기를 함께 담을 수 있어서 좋다. 그리고 보령시 남곡동 해안도로 갯벌체험장의 극기훈련 모습도 멋진 촬영 소재를 제공한다. 갯벌에 직접 들어가서 그들과 함께 즐기며 갯벌 극기 체험 모습을 담는 것이 좋다.

대천해수욕장 주변 보령의 명소로는 모세의 기적으로 유명한 무창포 해수욕장과 냉풍욕장과 성주산 활공장, 억새풀로 유명한 오서산 그리고 아름다운 섬 삽시도와 원산도와 외연도를 들 수 있다.

특히 성주산 패러글라이딩 활공장은 연중 많은 동호인들이 패러글라이딩을 하는 곳으로 이곳에 서면 보령 시가지와 대천 해수욕장 등의 풍경이 시원하게 펼쳐진다. 아찔하면서도 스릴을 즐기는 패러글라이더들의 모습이 때론 부럽기도 하고, 때론 타보고 싶은 간절한 욕망이 끓는다.

성주산 활공장

🏨 숙박 정보

숙박업소는 주로 대천해수욕장
인근에 많이 산재해 있다.

● 웅상의 보리굴조트
(041) 931-1111 / 충남 보령시 신
흑동 945-9

● 랜드쇼
(041) 934-0707 / 충남 보령시
신흑동 2014

● 대천리조텔펜도
(041) 933-1311 / 충남 보령시
신흑동 1819

● 보라비치호텔
(041) 931-0773 / 충남 보령시
신흑동 2162

● 낙원비치텔
(041) 932-5523 / 충남 보령시
신흑동 1828

● 엄마와숙박소
(041) 935-9942 / 충남 보령시
오천면 삽시도리 156-29

여름에 시작되는 대천해수욕장의 머드축제는 국내인만의 축제가 아닌 세계인의 축제를 보는 듯 하다. 수많은 내·외국인들이 진흙과 한데 어우러져 즐길 수 있는 축제가 되었다. 사실 이 머드축제는 외국인들이 없었더라면 실패할지도 모르는 축제였으나 미군들이 초청되어 웃옷을 벗어던지며 즐기는 모습이 젊은이들에게 퍼져나가자 너나할 것 없이 뛰쳐나가 즐기게 되었다. 순간 잠잠하던 곳이 어느새 시끌벅적, 누구의 눈치를 볼 것도 없이 세계의 젊은이들이 모여드는 곳이 되었다. 이 축제에서 볼만한 것은 뭐니 뭐니 해도 외국인들의 즐기는 모습이 아닐까 한다. 사진을 담으려다 카메라가 진흙에 묻어 곤혹을 치르는 몇몇의 사진가도 볼 수가 있다. 보령머드축제를 즐기려면 낯가림을 버리고, 흠뻑 진흙에 담굴 수 있는 반바지 하나쯤은 챙겨가자.

가을이 오면 천수만에서 잡아들이는 무창포의 특산품인 대하와 전어를 알리기 위한 행사가 시작되며, 성주산 단풍축제로 이어져 먹거리와 볼거리를 제공한다.

★ 보령머드축제
- 기간 매년 7월2주부터(약9일간)
- 장소 대천해수욕장일원
- 주요행사 머드페스티벌 및 각종 머드체험행사 및 공연 등

★ 무창포 대하전어축제
- 기간 매년 9월 중순~10월 초
- 장소 무창포 항,포구 물량장 일원
- 주요행사 주민노래자랑 및 무창포가요제, 대하 및 전어잡기 체험, 그 외 연예인공연 등

★ 성주산 단풍축제
- 기간 10월 말~11월 초(2일간)
- 장소 석탄박물관 주차장 특설무대
- 주요행사 농악놀이, 사물놀이, 단풍나무심기 및 전통놀이체험

★ 보령천북 굴축제
- 기간 매년 12월 초~중순경
- 장소 천북면 장은리 굴단지 일원
- 주요행사 다양한 천북 굴요리 시식회 및 굴요리 시연, 연예인 공연 등 각종 행사

★ 해넘이 축제
- 기간 매년 12월 말
- 장소 대천해수욕장 시민탑 광장일원
- 주요행사 사물놀이 및 품바 공연, 불꽃놀이 및 불행진 등

보령은 시가지를 중심으로 뒤쪽으로는 차령산맥의 지맥인 성주산이 자리 잡고 있으며 앞쪽으로는 해안선을 따라 길게 늘어서 있는 대천해수욕장이 위치하고 있다. 바다가 인접해있어서 사계절 싱싱한 해산물을 얻을 수 있고 내륙의 비옥한 토질은 이 고장의 풍요로운 농산물을 생산할 수 있게 한다. 보령의 유명한 먹거리로는 키조개와 주꾸미, 까나리액젓과 간재미요리, 보령산 돌김 그리고 천북굴구이, 꽃게탕과 사현포도 등이 유명하다. 해산물로는 시내나 해수욕장 부근보다 인근의 대천항을 이용하면 싸고 싱싱한 해물을 맛볼 수가 있다.

 맛이있는 곳

● 대천항 회타운_각종 활어회
(041) 933-9312 / 충남 보령시 신흑동 950-32

● 영광식당_해물탕, 꽃게탕
(041) 934-0727 / 충남 보령시 신흑동 1977

● 하도 회식당_아나고통구이, 해물탕
(041) 931-6001 / 충남 보령시 신흑동 924-44

● 먹보네 조개구이_조개구이, 해물칼국수
(041) 932-5542 / 충남 보령시 신흑동 2018

● 다포횟집_각종 활어회
(041) 931-3111 / 충남 보령시 신흑동 1921-1

● 대천관광농원_한식
(041) 934-8542 / 충남 보령시 신흑동 683-1

● 청해회수산_각종 활어회
(041) 932-4017 / 충남 보령시 오천면 소성리 691-46

 길떠나 지도 따라

● 인터넷 웹사이트
http://www.boryeong.chungnam.kr/보령시청

● 문의전화
보령시청 문화관광과 (041)-930-3520

● 대중 교통정보

▶ 자가운전
경부고속도로-천안IC-온양-홍성-광천-보령-대천해수욕장

서해안고속도로-대천IC-대천해수욕장

▶ 버스
강남고속버스 터미널에서 1시간 간격으로 하루 18회 운행하며 그밖에도 서울 남부터미널이나 동서울 터미널에서 광천, 홍성 등을 경유하는 버스가 수시로 출발함.

▶ 기차
서울에서 대천행 무궁화호와 새마을호가 하루 16회 운행

여름을 위한 휴양지

영흥도
소사나무 군락과 목섬

월별 베스트 추천여행_7월
여행 시기 | 7월 2주~8월 중순 사이

당일코스	연인
1박 2일 코스	MT
주변명소	사진여행
가족여행	계절마다

흥도는 섬 아닌 섬이다. 대부도와 선재도를 지나 총길이 1.25km의 영흥대교를 지나는 순간 영흥도로의 여행이 시작된다. 선재도와 영흥도 주변 바다는 작은 섬들이 마치 공기돌처럼 올망졸망 흩어져 있다. 2001년에 선재도와 영흥도를 있는 연륙교가 건설되기 전에는 선재도나 영흥도는 섬이었다. 그러나 지금은 수도권에서 한 시간 남짓의 거리에 있어서 주말이면 많은 사람들이 찾는 명소가 되었다.

영흥도는 섬전체가 상수리나무 군락과 십리포 해수욕장, 장경리 해수욕장 등의 해변에는 노송이 우거져 있고 주변의 해안선 풍광이 아름다워 7~8월 피서철이면 사람들로 붐빈다. 특히 십리포 해수욕장의 소사나무군락은 사진 촬영 명소로도 알려져 있다.

영흥도의 십리포 해수욕장 뒤편으로는 국내에서 유일한 소사나무 군락이 병풍처럼 둘러 있다. 해변을 따라 소사나무 350여 그루가 400m 정도 나란히 줄을 지어 자라는데 130여년전, 해변 뒤 논밭을 보호하기 위해 방풍

당일 코스

수도권에서 비교적 가까워 당일 코스 여행으로도 여유 있게 다녀올 수 있는 곳이 바로 이곳이다. 여름 피서지로도 좋고 주변 바다풍경과 함께 지역의 특산물을 맛보는 여행으로도 좋을 것 같다. 시화방조제 - 대부도 - 선재도 목섬 - 통일사 - 국사봉 - 십리포해수욕장 - 장경리해수욕장(도자기펜션) 코스를 추천한다.

림으로 조성했다고 전해지지만 기원은 분명치 않다. 소사나무는 분재로 쓸 만큼 구불구불하고 울퉁불퉁하게 자라는 것이 특징이다. 군락지 모습은 인상적이지만 크고 작은 나무들의 군락이 왠지 음산해 보이기도 한다. 2002년 보호철책을 둘렀기 때문에 안으로 들어갈 수는 없지만 해수욕장으로 통하는 통로에서는 사진촬영과 관람을 할 수 있다. 97년 인천광역시 보호수로 지정하여 보호되고 있다.

가는 길은 제2경인고속도로~서창분기점~영동고속도로~월곶IC~시화공단 쪽으로 좌회전~오이도 방향~시화방조제~선재대교~영흥대교~십리포. 시화방조제부터 영흥대교까지는 바다를 끼고 달리는 드라이브 코스가 좋다. 영흥대교는 7가지 색깔로 변하는 야경이 아름답다.

1 십리포 해수욕장 소사나무군락
2 영흥대교

목섬 또는 향도라 불리는 이 섬은, 물이 빠지면 길이 열리는 작은 섬으로 영흥도로 가는 선재도 초입에 있다. 썰물때면 물이 빠져 섬으로 걸어 들어갈 수 있는데, 파도로 인해 주변의 모래와 흙이 만들어 낸 자연적인 현상으로 썰물때면 많은 관광객들이 찾는 곳이다.

🧳 1박2일 코스

단체여행보다는 피서철 복잡하
고 시끄러운 곳보다 가족이나 연
인들끼리의 오붓한 시간을 보낼
수 있는 소박하고 여유로운 여행
지로도 안성맞춤이다.
대부도 - 선재도 - 영흥도-진두,
장경리, 십리포 해수욕장, 용담리
전적비, 임세제사당, 통일사, 낚시
(갯바위, 배낚시, 선착장, 대교)
둘째날 : 해수욕 및 갯벌체험 등

선재도 목석 풍경

영흥도 주변의 명소로는 영흥대교와 선재도의 드무리와 목섬, 그리고 측섬과 대부사의 쌍계사, 누에섬 전망대와 구봉 약수터, 시화호와 송전 철탑풍경과 우음도 등이 있다.

시화호 송전 철탑은 대부도에서 301번 국도를 타고 가다보면 시화호 방조제 길을 건너기전에 우측에 대부도 공원에서 구 선착장 방향으로 우회전하면 철탑이 보인다. 공원에 주차를 하고 도보로 5분정도 방조제 길을 따라가면 송전탑이 정면으로 보이는 곳이 포인트다.

시화호 송전탑 풍경

우음도는 섬 생김새가 소^[牛]를 닮아서, 혹은 육지에서 소울음 소리가 들린다고 해서 이런 이름이 붙었다. 영화 촬영과 뮤직비디오 촬영지로 알려지면서 사진 촬영 명소로도 각광을 받는 곳 중 한 곳이다. 승용차로 갈 경우, 서울에서 서해안 고속도로를 타다가 비봉IC에서 송산방향 322번 지방도를 타고 송산면 사강리에서 고정리로 향하는 305번 지방도를 타면 된다. KBS 송신소를 지나서, 〈공룡알 화석지〉 푯말을 따라가면 바다를 간척해서 만든 끝없이 광활한 초지를 만난다. 이곳은 공룡알 화석지로도 알려져있으며 전시관과 학습장이 있다.

 숙박 정보

• 화가의 마을
(032) 882-3006 / 인천광역시 옹진군 영흥면 내6리 1542-18

• 하와이 비치
(032) 886-9300 / 인천광역시 옹진군 영흥면 내리 1327-16

• 낙조 펜션
(032) 886-2013 / 인천광역시 옹진군 영흥면 내6리 1626

• 산내들펜션
(032) 885-0477 / 인천광역시 옹진군 영흥면 내리 1565-7

• 측도펜션
(032) 882-0100 / 인천광역시 옹진군 영흥면 선재리 659

• 섬 펜션
(032) 888-0787 / 인천광역시 옹진군 영흥면 선재리 682

• 바닷가 바람언덕
(032) 887-9322 / 인천광역시 옹진군 영흥면 선재리 740-8

Festival & taste 축제와 맛을 찾아

영흥도지역의 축제는 대부분 2일간 정도로 길지는 않다. 주변의 관광차 간다면 옹진군청, 영흥면자치단체 홈페이지에 들러서 확인하고 가는 것이 좋다. 영흥면에서는 고유의 특색 있는 축제 개최로 지역문화공간을 마련하고, 적극적인 관광객 유치를 통한 영흥도 장경리, 십리포 물빛(해변)축제를 2006년도부터 개최하는 행사가 있다. 이 축제에는 갯벌체험과 수박빨리먹기 대회, 빙산정복, 즉석 퀴즈대회, 노래자랑 및 축하공연 등이 있다. 여름에 하루씩 열리는 이 축제는 영흥도에서 유명한 장경리, 십리포 해수욕장에서 열리므로 피서철에 볼 수 있는 볼거리이기도 하다.

영흥도 주변의 섬들은 바다와 접해 있어서 예로부터 풍부하고 싱싱한 수산물이 많이 나서 음식도 바다 음식이 주로 발달해왔다. 자연산 활어와 각종 해산물, 조개류들 그리고 왕새우와 전어, 낙지와 간장게장 등 맛깔스런 바다음식이 수도권 여행객들의 발길을 사로잡는다.

★ 국사봉 해맞이축제
- **기간** 매년 1월 1일
- **장소** 영흥도 국사봉
- **주요행사** 해맞이 행사, 풍물놀이 및 각종 부대행사.

★ 영흥풍어제
- **기간** 매년 3월 초(2일간)
- **장소** 영흥수협공판장 앞
- **주요행사** 신청울림, 당산맞이, 세경돌기, 상산맞이, 배고사 및 바지락 종풍어 기원제 부대 행사 및 주민노래자랑, 특산물 장터운영.

★ 영흥도(십리포, 장경리) 물빛축제
- **기간** 매년 7월말~8월초(2일간)
- **장소** 장경리 해수욕장, 십리포 해수욕장 일원
- **주요행사** 연예인 공연 및 관광객 노래자랑, 갯벌체험 및 각종 체험행사 및 공연.

★ 영흥포도축제
- **기간** 매년 9월 중순경(2일간)
- **장소** 영흥도 진두물량장 특설무대
- **주요행사** 주요 행사로는 영흥특산품전시 및 시식, 영흥 특산품 직거래 판매로 한 전시. 공연 및 체험 등 다채로운 행사를 진행.

★ 수산물축제
- **기간** 9월 중순경(2일간)
- **장소** 영흥도 진두물량장
- **주요행사** 연예인공연 및 시민 노래자랑. 맨손 고기잡기등 각종 체험행사.

맛이있는 곳

* 선창조개구이_자연산 활어회, 조개구이
(032) 886-3084 / 인천광역시 옹진군
내리

* 갯벌&바다_바지락칼국수
(032) 885-9944 / 인천광역시 옹진군
영흥면 외리 6-4

* 그린식당_자연산 활어회

(032) 881-3334 / 인천광역시 옹진군
영흥면 내리 1679-1

* 하늘가든_활어회, 쭈꾸미
(032) 886-3916 / 인천광역시 옹진군
영흥면 내3리 196

* 옹진횟집_각종 활어회
(032) 886-3084 /인천광역시 옹진군

영흥면 내리 8-9

* 십리포황토가든_오리황토구이, 옻닭
(032) 883-1131 / 인천광역시 영흥면
내2리 858-2

* 초원_횡성한우전문점
(032) 889-7775 /인천광역시 옹진군
영흥면 선재리 642-6

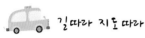

길따라 지도따라

* 인터넷 웹사이트
http://www.ongjin.go.kr/옹진군청

* 문의전화
옹진군청 문화관광과 (032) 899-2212~2214

* 대중 교통정보

자가운전
승용차를 이용할 경우 서울, 인천, 부천 등의 수도권 출발
시 제2경인고속도로→서창IC→영동고속도로→월곶IC→좌
회전(직진)→시화방조제 입구→시화방조제→대부도→영흥/
선재방면→선재대교→선재도→영흥도

버스
지하철 4호선 오이도행을 타고-오이도역 2번출 구로 나와
횡단보도를 건너서 영흥도(진두)가 종점인 790번 버
스나 태화상운 버스를 타면 된다.(약 40분소요)
영흥도 버스터미널에서 십리포행 마을버스나
장경리행 마을버스로 갈아타면 된다.(15분)

십리포

영흥도   청호마을

영흥중

내7리

영흥대교

일몰과 일출, 낙조의 어우러짐

태안반도로 떠나는 여행

당일코스	연인
1박 2일 코스	MT
주변명소	사진여행
가족여행	계절마다

여름 도시속의 찌는 더위를 뒤로하고 8월은 태안반도 서해안의 드넓은 해안의 풍경 속으로 지친 몸과 마음을 내던져보자. 서해안의 해안 중에서 태안반도는 수식어가 필요 없을 정도로 해안 곳곳이 절경이다. 들쭉날쭉한 해안은 1천 3백리에 이름 하나하나 정겨운 해수욕장들이 즐비하고 손때 묻지 않은 소나무 숲과 해수욕장 주변의 기암괴석이 어우러져 서해안 특유의 풍경이 펼쳐져 있다. 동해안에 비해 얕은 수심과 드넓은 백사장 울창한 송림은 가족단위 여행객들이 즐기기에 좋은 곳이다. 2007년 12월초에 발생한 원유 유출 사고로 해안과 백사장이 피해를 입기도 했지만, 연인원 120여만 명의 자원봉사자가 복구에 참여해 이제는 예전의 본래의 모습을 찾아 다시 또 많은 관광객들의 발길이 이어지고 있다.

태안반도의 많은 해수욕장 중에서도 신두리 해수욕장은 모래가 곱고 백사장 길이가 약 3.5km로 해수욕장

당일 코스

〈북부권〉
태안-마애삼존불 - 이원만대포구 - 신두리해안사구 - 옥파이종일생가 - 구례포, 학암포 낙조관광
〈중서부권〉
태안읍 - 마애삼존불 - 만리포 - 천리포수목원 - 안흥성 - 안흥유람선관광
〈남부권〉
태안읍 - 몽산포 해수욕장 - 백사장항 - 해안관광도로 - 꽃지해안공원 - 자연휴양림 - 영목항

파도의 흔적들 📷 18mm 1/40s F9 ISO200

북쪽의 해안은 모래 사구로 2001년 11월30일 천연기념물 제 431호로 지정되었다. 신두리 해수욕장은 태안반도 북서쪽의 태안군 원북면 신두리에 자리 잡고 있으며 주변엔 기암괴석과 해송이 절경을 이루는 구름포 해수욕장이 가까이에 있다.

신두리 해수욕장 북쪽은 개발제한구역으로 생태계가 잘 보존되어 있어 년중 학술단체와 사진가들의 발길이 끊이지 않고 있다.

반면 남쪽 해안가는 이국적인 펜션들이 줄지어 있으며 썰물 때의 곱고도 드넓은 백사장과 수평선으로 넘어가는 일몰풍경은 가히 장관을 이룬다.

 1박2일 코스

〈중북부권〉
태안 - 마애삼존불 - 옥파이종일 생가 - 신두리해안사구 - 천리포수목원 - 만리포(숙박가능) - 태안읍(숙박가능) - 안흥항(숙박가능) - 유람선관광 - 신진대교 - 안흥성 - 연포해수욕장

〈남부권〉
태안 - 몽대포구 - 몽산포 해수욕장 - 백합시험장 - 백사장항(웨스턴레저타운) - 해안관광도로 - 꽃지안공원(숙박·안면지역) - 자연휴양림 - 오션캐슬(해수탕) - 고남패총박물관 - 영목항

밀물과 썰물의 간조차가 심한 서해바다 태안의 해넘이
와 갯벌의 풍경은 4계절 내내 아름답다. 대표적인 일몰
장소로 안면도 꽃지를 손꼽지만, 이곳 태안반도 북쪽에
위치한 학암포와 신두리 해변의 일몰도 그에 못지않은
풍경을 볼 수가 있다.

이 밖에도 붉고 푸른빛의 파도리, 어은돌 해넘이와 안
목섬을 배경으로 하는 몽대 포구의 해넘이도 가히 환상
적이며 안흥항 유람선상의 해넘이도 색다른 느낌을 전
해준다.

또한 바닷가 백사장이나 갯벌은 썰물 때면 파도가 지
나간 물결 자국을 형성해서 멋진 풍경을 연출하기도 한
다. 일몰 촬영은 해지기 전후로 30분여가 가장 촬영하
기 좋은 적기로 사전에 촬영을 위한 카메라 세팅과 구도
를 잡아놓아야 한다.

일몰, 일출 촬영은 그날의 일기 상태에 따라 조리개 값
8~13정도 유지해서 많이 찍는다. 노출보정 : +1~2 스
탑 측광은 스폿(spot)으로 하고 삼각대를 필히 설치하
고 RAW로 촬영한다.

먼저 원하는 구도를 잡고 스폿측광으로 태양 주변 노출
중간값의 지점에서 노출측정 한 후 대략 태양을 기준으
로 45도 정도 위치에서 측광하는게 경험상 제일 정확
하다고 할 수 있다.

테스트 촬영 후 촬영 결과물을 확인 확인해보고 다시
태양광 주변으로 옮겨 가면서 스폿측광으로 촬영한다.

 당일 코스

*단체 여행을 위한 코스
북부권
태안읍 - 마애삼존불 - 이원만대포
구 - 신두리해안사구 - 옥파이종일
생가 - 구례포,학암포 낙조관광

중서부권
태안읍 - 마애삼존불 - 만리포 -
천리포수목원 - 안흥성 - 안흥유
람선 관광

남부권
태안읍 - 몽산포해수욕장 - 백사
장항 - 해안관광도로 - 꽃지해안
공원 - 자연휴양림 - 영목항

 1박2일 코스

*단체 여행을 위한 코스
중북부권
태안읍 - 마애삼존불 - 옥파이종
일생가 - 신두리해안사구 - 학암
포 - 천리포수목원 - 만리포

남부권
태안읍 - 몽대포구 - 몽산포해수
욕장 - 백합시험장 - 백사장항(웨
스턴레저타운) - 해안관광도로-
꽃지해안공원 - 자연휴양림 - 오
션캐슬(해수탕 스파) - 고남패총
박물관 - 영목항

촬영 결과물에 붉은 색감을 더할 때는 보정으로 색온도를 올려주면 효과를 더 줄 수 있다.

실제 일출시에는 짧은 시간에 노출조건이 급격히 변하므로 신속한 측광 및 촬영이 중요하다. 필름 카메라의 경우 반스탑씩 브라케팅을 사용해서 촬영을 하면 되지만, 디지털은 촬영 결과물을 바로 확인이 가능하므로 태양의 주위 및 물의 반사면을 잘 측광하면 아주 멋진 작품을 얻을 수 있을 것이다.

학암포 일몰풍경 🎛 70mm 1/180s F11 ISO200

백화산과 태안 마애삼존불, 학암포, 신두리 해수욕장, 신진도, 몽대포구. 천리포 수목원, 장길산과 서동요 촬영지, 오키드 식물원, 청산수목원, 백화산성, 안흥항, 파도리, 의항, 백화산 등이 주변 명소로 꼽고 있다.

서해안의 꽃게 어장으로 알려진 신진도항은 신선한 해산물을 싸게 구입할 수 있는 곳이다. 때를 가리지 않는 낚시꾼들의 어장으로도 유명하다. 바다와 함께 항구도 보고 신선한 해산물을 먹고 올 수도 있다. 2008년부터 처음으로 개최된 신진도꽃게축제는 기름유출 사고로 침체된 지역경제에 활기를 불어넣고 태안산 수산물의 안전성을 자랑하기 위해 마련되었다. 10월 초에서 말경 사이 꽃게철에 따라 3일간 다양한 시식회와 행사가 진행된다.

숙박 정보

• 들꽃펜션
(041) 672-5531 / 남면 신장리 353-11(몽산포)

• 나리와꽃창포
(041) 675-2890 / 남면 양잠리747-2(청포대해수욕장)

• 하늘과바다사이
(041) 674-6666 / 원북면 신두리(신두리해수욕장)

• 예원콘도
(041) 675-4904 / 근흥면 신진도리 526-19(신진도)

• 솔뫼마을
(041) 674-9061 / 남면 몽산리 827(몽산포해수욕장)

• 한신콘도
(041) 672-3913 / 근흥면 도황리 1526-33(연포해수욕장)

• 해송펜션
(041) 675-8706 / 이원면 내리 501(꾸지나무골 해수욕장)

• 하늘과땅사이
(041) 674-2776 / 원북면 황촌리 787 (구례포해수욕장)

• 백합펜션
(041) 674-6950 / 남면 양잠리 1235-3 (청포대 해수욕장)

• 만리포파크
(041) 672-9018 / 소원면 의항리 979-2 (만리포 해수욕장)

신진도항

Festival & taste 축제와 맛을 찾아

태안은 크고 작은 축제가 연중 많이 열린다. 그중에서도 백사장 대하축제와 쭈꾸미 축제, 오징어 축제 등 바닷가 특성에 맞는 축제들이 많이 열리고 2002년에 이어 2009년 안면도 꽃박람회와 연꽃축제, 안면도 예술축제 및 황도붕기풍어제 등이 열렸다.

 축제의 현장

★ 안면도 예술축제
▶ 기간 매년 7월말~8월초
▶ 장소 태안군 고남면, 안면읍 해수욕장 일원
▶ 주요행사 현대무용, 연극, 미술, 마임, 타악기 등의 예술 공연과 행사.

★ 대하축제
▶ 기간 매년 10월 중(5일간)
▶ 장소 태안군 창기리 백사장항 일원
▶ 주요행사 대하따기, 대하까기, 대하먹기, 대하경매, 대하요정선발,

축하공연, 노래자랑, 풍어제, 민요경창, 사물놀이 등.

★ 황도붕기풍어제
▶ 기간 매년 음력 초이틀 ~ 초사흘(2일간)
▶ 장소 안면읍 황도리
▶ 주요행사 피고사, 세경굿, 당오르기뱃기경주, 본굿, 지숙경쟁, 뱃고사, 강변용신굿, 파제등.

★ 연꽃축제
▶ 기간 매년 7월 중순~8월 중,하순경

★ 장소 태안군 남면 신장리 청산수목원 일원
▶ 주요행사 연꽃 비누만들기, 연잎차 시음, 사진전시 및 미술전시회, 시낭송회 등.

★ 몽산포 모래축제
▶ 기간 매년 7월 말경
▶ 장소 몽산포 해수욕장 일원
▶ 주요행사 모래조각 만들기 및 각종 체험행사 등.

태안은 바다가 지척에 있어 사계절 먹거리가 풍성하고 생강과 마늘의 주산지로도 잘 알려져 있다. 봄이면 통통하게 살이 오른 바지락과 실치회 그리고 알이 꽉 찬 주꾸미와 간재미 무침에 갑오징어와 꽃게가 제철이다. 여름 피서철에는 바닷가를 찾는 사람들이 즐겨먹는 조개구이와 붕장어 통구이가 일품이고 그밖에 오징어, 우럭, 놀래미 등 풍부한 수산물이 태안을 찾는 사람들의 입맛을 돋우기도 한다. 가을엔 뭐니 뭐니 해도 꽃게와 대하, 전어가 많이 나며 이때는 풍성한 축제가 열리기도 한다. 그리고 굴물회와 개불 등이 겨울철 입맛을 돋우는 해산물로 강정 식품으로도 유명하다.

맛이있는 곳

- 원북박속 낙지탕_박속 낙지탕
(041) 672-5017 / 원북면 반계리321

- 등대식관_아구탕, 복탕
(041) 674-4085 / 태안읍 동문3리

- 신진도 맛동산_영양굴밥. 간재미
(041) 675-1910 / 근흥면 신진도리
522-7

- 정가네박속 낙지탕_밀국낙지탕, 해물
손칼국수
(041) 675-8001 / 태안읍 평천1리

- 굴사랑_굴밥, 굴정식, 굴삼겹살
(041) 675-9945 / 태안읍 동문5리

- 화림관광농원_한우등심, 갈비, 삼겹살,
토종닭

(041) 674-3534 / 태안읍 상옥리1060

- 저녁노을_실치회, 해물해장국, 바지락칼
국수
011-388-0992 / 남면 신온리 2-19

- 별이네 수산_각종 활어 및 조개구이
011-1749-8282 / 소원면 의항리 978-
90

길따라 지도따라

- 인터넷 웹사이트
http://www.taean.go.kr/태안군청

- 문의전화
태안군청 문화관광과 (041)-670-2270

- 대중 교통정보

▷ 자가운전
서울-경부고속도로-안성IC-청북IC-서해고속도로-서산IC-
태안

서울-서해고속도로-서서울IC-서평택-당진-서산IC-태안

▷ 버스
서울 남부터미널 출발 → 서산, 태안행
강남 고속버스터미널 (호남선) 출발→ 태안행

▷ 철도
용산역-장항선 홍성역

하늘과 바람이 맞닿는 곳

비응도와
새만금 간척지

월별 베스트 추천여행_8월

여행 시기 | 연중

당일코스	연인
1박 2일 코스	MT
주변명소	사진여행
가족여행	계절마다

1993년 이후 군산임해단지에서 군장국가 산업단지로 연결되는 방파제의 축조와 함께 확장, 연육(連陸)되어 산업단지의 일부로 편입된 비응도는 새만금의 시작점이다. 어항에 있는 배들 사이로 잘 정비된 해안길과 바다를 지나치다 보면 그냥 지나치지 못할 것 같다. 군산국가산업단지의 서남단, 연육되기 이전의 비응도가 있었던 지점에서 남쪽으로 새만금 제4방조제가 뻗어 있고, 고군산군도 야미도~신시도 사이의 제3방조제와 연결된다. 이곳의 새만금 방조제는 총 길이가 기존의 세계최장 길이라고 하는 네덜란드의 자위더르 방조제(32.5km) 보다 500m가 더긴 33km의 길이로 세계에서 가장 긴 방조제라고 할 수 있다.

새만금은 전체 면적 401㎢ 가운데 현행 행정구역상 전체 간척지 면적은 71.1%가 군산시, 15.7%가 부안군, 13.2%가 김제시 관할이 될 예정이다. 이 때문에 자치단체간에 관할구역 지정을 놓고 한때 논란이 일기도

당일 코스

수도권에서 출발할 경우 약3시간 30분정도의 거리에 있어서 당일코스로는 아침 일찍부터 서둘러 나서야 한다. 군산에서 가볼 곳은 월명공원(수시탑), 은파유원지(물빛다리), 금강 하구둑(철새조망대) 채만식문학관, 군산내항(횟집단지), 비응도 새만금 지역(풍력발전소)등 관광하기 좋은 곳이 많이 있다. 또한 군산은 앞바다 고군산군도 주변에 크고 작은 섬들이 많아 여름철 휴양지 및 피서지로도 각광을 받는다.

했었다.

비응도는 원래 매가 나는 형상을 한 섬이라 해서 이름 지어진 곳으로 서해안 시대의 어업전진기지로서 다기능 복합어항이며 해양관광과 각종 편의시설들이 갖춰지고 서해의 일몰을 감상할 수 있는 전망대가 있다. 현재는 방조제가 완공되어 주민 대부분이 이주하고 없다. 방조제로 조성된 갯벌은 그 안에 땅 28,300ha, 호수 11,800ha를 만들 계획이다. 비응도는 현재 바닷가 방파제 쪽 해안도로가에 10여기의 풍력발전기가 설치되어 있는데 높이 45m 날개직경은 48m의 웅장한 모습을 하고 있다. 2010년 까지 750kw급 풍력발전기 50기를 갖춘 대단위 풍력단지가 들어서면 2만6000여 가구가 쓸 수 있는 전기를 공급할 수 있다고 한다.

비응도

주변은 곧게 뻗은 산업도로와 끝이 보이지 않는 방조제 길이 있으며 시원한 서해 바닷바람이 불어오는 방조제 위에서 바라보는 풍경이 아름다워 주말이면 많은 사람들이 찾는 명소 중 하나가 되었다. 서해고속도로 군산IC에서 빠져나와 21번국도 군산 산업단지 방면으로 가다보면 멀리서도 풍력발전기들이 보인다. 사진 촬영은 방조제 위쪽과 왼쪽 군부대가 있는 언덕에서 보면 풍력발전소 전경이 눈에 들어온다. 방조제 뒤편 바다 쪽은 바다낚시 포인트로도 각광 받고 있다.

비응도 📷 26mm 1/250s F8 ISO200

군산의 사진 촬영 명소로는 고군산 군도의 작은 섬들, 특히 선유도와 새만금 방조제 등이 있지만, 사진가나 여행가들이 제일로 꼽는 곳은 다름 아닌 군산 경암동 철길마을이다. 지금은 기차가 다니지 않지만 불과 몇 해 전만 해도 하루 2차례 군산 화물역으로 기차가 운행되었다. 철길은 경암사거리에서 시작해 군산경찰서와 구암 초등학교를 지나 원스톱 주유소에서 끝나는데 총연장은 2.5km이다. 이 철길의 이름은 페이퍼코리아 선 이라고 하고, 1944년 4월 4일 개통됐다. 군산시 조촌동에 소재한 신문용지 제조업체 페이퍼코리아 사의 생산품과 원료를 실어 나르기 위해 만들었다고 하는데 주변 풍경이 70년대 생활을 연상케 하는 곳이라서 주말이면 카메라를 어깨에 맨 사람들이 많이 찾는다.

철길을 따라 늘어선 집에는 실제로 사람들이 살고 있다. 벽에는 빨래가 걸려 있고 문 밖에는 녹슨 살림살이와 빈 화분이 놓여 있다. 철길마을은 70년대 갈 곳이 없는 사람들이 철길 옆으로 모여들면서 자연스럽게 마을이 이루어졌다. 근래에 이곳은 사진 촬영 하러오는 사람들이 많다보니 주민들과의 마찰도 잦아지고 있다. 그도 그럴 것이 무작정 들이대는 카메라와 적잖이 오고가는 사람들이 많아 빚어지는 마찰이 아닐까 한다. 실제로 한적한 경우에 가면 그렇게 얼굴을 붉히거나 하는 일 없이 기분 좋게 웃어주며 던지는 한마디에 웃음과 정겨움이 담겨있다. 카메라 셔터를 누르기 전에 지역주민을 먼저

 1박2일 코스

1박2일은 여름철 휴가코스로도 적합하다. 군산항에서 유람선을 타고 고군산군도의 섬들을 돌아보고 선유도에서 해수욕과 섬 전체를 돌아보는 자전거 하이킹을 한 다음 갯벌체험과 함께 섬에서의 하루도 좋은 추억이 된다. 다음날 새만금 방조제와 비응도, 월명공원, 은파유원지, 그리고 해망동 기찻길코스와 해망굴 등도 좋은 추억이 될 것이다.
(선유도행 배는 군산항에서 하루 두 차례 아침08:40분과 오후 12시대에 있으며 뱃삯은 1인당 1,200원이고 시간은 1시간 30분 걸린다.)

경암동 철길

생각하는 배려가 필요한 것이 아닐까 싶다.

경암동 철길은 서해안고속도로 동군산 나들목을 나와 26번 국도를 탄 다음, 군산 고속버스 터미널과 군산 경찰서를 지나면 이마트가 나오는데 바로 길 건너 맞은편이 철길 마을이다. 간혹 차를 기찻길 주변에 주차하는 이들도 있으나 되도록이면 이마트나 기타 주차장에 주차를 하고 2.5km의 구간을 걸으며 주변 촬영을 함께 하는 것이 좋다. 언젠가 이곳도 재개발되어 추억의 한 페이지로 남게 될는지도 모르는 경암동 철길, 개발도 좋지만 그대로 보존하는 것도 하나의 재산이 아닐까. 언제가도 정겹게 기다려주는 철길이 남아있으면 한다.

이외에도 진포대첩의 역사적 현장이었던 내항의 육해공 퇴역 군장비를 전시한 진포 해양테마공원, 해망동의 수산물 종합센터, 탁류의 작가 채만식 문학관, 금강 철새조망대 등이 있고 서천의 춘장대 해수욕장과 마량포구가 30~40분 거리에 있다.

서천 마량포구

🏨 숙박 정보

• 군산리버힐관광호텔
(063) 453-0005 / 군산시 성산면 성덕리 428-4

• 가야파크모텔
(063) 451-3003 / 군산시 나운동 850-8

• 폭 스
(063) 443-4077 / 군산시 경장동 504-7

• 스텔스파크장
(063) 452-2662 / 군산시 소룡동 1557-11

• 고래섬 팬션
(063) 465-2770 / 군산시 옥도면 선유도리3구 50

• 고향민박
(063) 465-7206 / 군산시 옥도면 선유도리3구 113

연중 언제 찾아가도 반겨주는 군산은 3,4,5월에 1주일간의 긴 축제들이 달마다 있으며, 진포예술제는 15일간이나 열린다.

군산 새만금 축제는 봄철 축제·행사를 통합하여 축제 분위기를 집중시키고 개별 축제의 연계로 다양한 볼거리를 제공한다. 특히 9일 동안 열리는 이 축제는 월명종합경기장 일원에서 사회복지 정책 및 사회복지기관, 단체, 시설 복지프로그램을 홍보하고 시민들의 학습동기를 부여하기 위한 평생학습 프로그램 홍보, 작품전시, 경진대회 등도 열린다. 특히 마지막 날에 열리는 새만금국제마라톤대회는 많은 인파가 참여해 비응항 광장에서 출발, 야미도, 신시도, 배수갑문을 지나 방조제 중간지점을 반환해 돌아오게 된다. 다양한 퍼레이드와 공연무대, 불꽃행사 등은 봄의 아름다운 여운으로 남는다.

축제의 현장

★ 군산 수산물축제
➤ 기간 3월 말 (1주일간)
➤ 장소 해망동 수산물종합센터
➤ 주요행사 풍물놀이 등의 각종 공연 및 행사, 수산물판매 및 시식회 등.

★ 군산 새만금축제
➤ 기간 4월 초 (9일간)
➤ 장소 월명종합운동장, 은파시민공원, 월명공원 등
➤ 주요행사 각종 문화예술행사(국악, 무용, 백일장, 사생, 사진, 동요경연),시민위안공원(연예인초청공원),

꽃아가씨 선발대회, 벚꽃가요제 등

★ 군산 꽁당보리 축제
➤ 기간 5월 초(1주일간)
➤ 장소 군산 문창초교 일원 보리밭
➤ 주요행사 각종 체험마당, 놀이마당, 장터마당 및 먹거리 판매 및 시식회

★ 군산 진포예술제
➤ 기간 10월 초(15일간)
➤ 장소 군산시민회관, 은파공원일원
➤ 주요행사 국악한마당, 시화전, 사진공모전, 미술작품전시, 연극·무

용공연, 음악회, 시민위안 연예인 초청공연 등.

★ 군산 세계철새 축제
➤ 기간 11월 하순
➤ 장소 금강철새 조망대 및 금강호 일원
➤ 주요행사 철새탐조투어 및 영상물 시청, 전시관, 자연생태체험, 체험학습 프로그램 등.

예로부터 맛의 고장으로 알려진 군산은 지리적으로 바다에 인접해 있어 주변의 서해 바다에서 나는 각종 해산물들이 많이 나는 곳이다. 향토 음식으로는 꽃게장과 아귀찜, 생선탕 등 바다 음식들이 주재료로 많다. 군산의 추천할만한 횟집은 일반적으로 관광객들이 많이 가는 해망동 횟집타운 외에도 수성동, 지곡동, 명산동 등 횟집타운이 있다. 그 중에서도 수송동쪽 횟집들을 추천한다.

 맛이있는 곳

● 갯벌회집
(063) 465-5308 / 군산시 수송동
758-47

● 궁전꽃게장
(063) 468-1717 / 군산시 옥산면 당북
리 23

● 군산회집
(063) 442-1114 / 군산시 금동 1-76

● 미락도회집
(063) 462-9679 / 군산시 나운2동 379

● 군산복집
(063) 446-0118 / 군산시 월명동 17-531

● 바다매운탕
(063) 445-5040 /군산시 해망동
1011-21

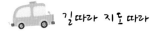 길따라 지도 따라

● 인터넷 웹사이트
인터넷 웹 사이트
http://hope.gunsan.go.kr/군산시청

● 문의전화
군산시청 문화관광과 (063)-450-4554

● 대중 교통정보

▶ 자가운전
서울에서 서해고속도로 군산IC를 빠져나와 군산항, 군산 산업단지 방향으로 21번 도로를 타고 가면 새만금 방조제 옆

비응도가 보인다. 멀리서 봐도 풍력발전기들이 한눈에 보이므로 찾아가기 쉽다. 경부고속도로는 천안-논산간 고속도로를 타고 연무IC에서 27번 도로를 타면 군산에 도착한다. 마찬가지로 산업단지 방향으로 직진하면 새만금 방조제와 비응도에 도착한다.

▶ 버스
서울 고속버스 터미널에서 군산행 버스를 이용하고 군산 시외버스 터미널에서 비응항 시내버스를 이용한다. 참고사이트 : http://www.gunsanbus.co.kr

구와우 마을의 해바라기 축제

태백
고원생태식물원

여행 시기 | 8월 1주~9월 중순 사이

당일코스	연인
1박 2일 코스	MT
주변명소	사진여행
가족여행	계절마다

울에 찾아갔던 태백은 그야말로 한 폭의 수묵화 그 자체였다. 타 지역에 비해 유난히 눈이 많이 오는 곳이라 그런지 산을 바라보고 드라이브를 하고 있으면 수묵화 위를 둥둥 떠다니는 느낌이 든다. 하지만 이곳에 사는 사람에게 눈이 많이 오는 태백은 지긋지긋해 보일 수도 있다. 하늘에서 내린 눈으로 맞아주던 태백을 눈에 새기며 한 여름에 달려간 태백은 이번에는 땅에서 맞아주었다.

한곳만 보고 자라는 해바라기를 보기 위해서 간 곳은 고원생태식물원이다. 단지 해바라기를 보기 위해서 간 것만은 아니다. 이곳에 있는 해바라기는 드문드문 띄엄띄엄 있는 그런 해바라기가 아니다. 수없이 날 바라보고 있는 해바라기들이 반갑다며 미소를 짓는 듯 하다. 자연과 예술의 만남, 고원도시 태백의 맑고 시원한 바람과 함께 펼쳐진 노란색 해바라기의 바다는 아름답다 못해 환상적이기까지 하다. 축제가 열리는 태백시 황연동

당일 코스

태백을 당일코스로 승용차를 이용하면 운전시간이 부담스럽다. 기차여행이나 해바라기 축제기간 여행사 등에서 실시하는 관광을 이용하는 것이 좋다.
매봉산풍력발전단지 - 용연동굴 - 황지연못 - 태백고원생태식물원 - 태백고생대자연사박물관

구와우 마을은 입구에서부터 꽃 천지다. 연분홍, 진분홍, 하얀 코스모스가 관람객의 눈을 붙잡더니 양귀비의 화려함에 이끌려 어느새 발길은 해바라기 밭으로 들어선다. 드넓은 해바라기 밭 사이에는 연인들, 가족들, 답사팀들이 줄을 잇는다. 사진이 잘 나올 것 같은 장소에서는 여전히 카메라가 쉴 새가 없다. 삼각대에 우산을 받치고 찍는 전문 사진가뿐만 아니라 관광객의 휴대폰 카메라도 계속 찰칵댄다.

한여름부터 여름의 끝까지 피고 7, 8월의 탄생화이기도 한 해바라기는 태백에서 최절정이다. 축제장에 300여 종의 야생화와 함께 피어 있는 해바라기는 보는 이로 하여금 자연색의 경이로움에 절로 찬사를 보내게 만든다. 초록의 줄기와 꽃대, 노란색의 해바라기가 일제히 한 곳을 향해 고개를 돌린 모습, 눈에 거슬리던 양산과 우산들이 어느새 노란 원색의 단조로움을 뛰어넘는다.

안타깝게도 이곳은 당일 수도권에서 가려면 새벽에 출발하여 늦은 밤에 도착하게 되므로 당일코스로는 추천하지 않는다. 단순히 해바라기만 보고 올 요량으로 간다면 한 번 더 생각해보는 것이 좋다. 길이 많이 좋아졌다고는 하나 아직 태백 가는 길

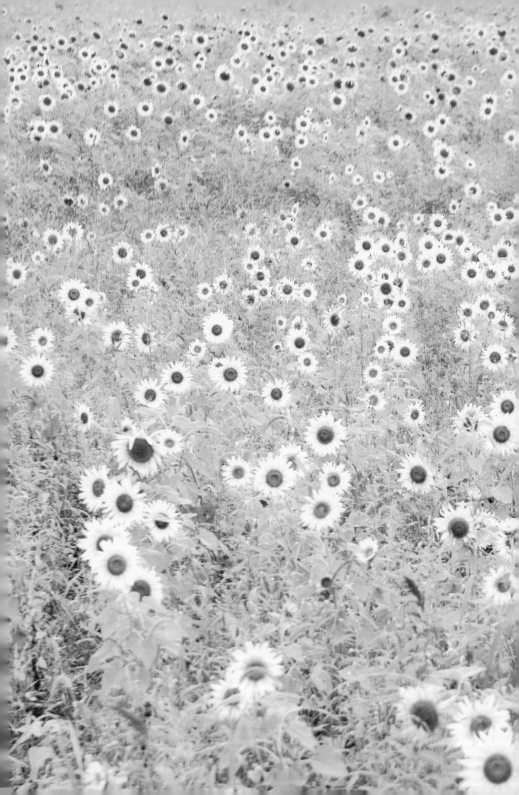

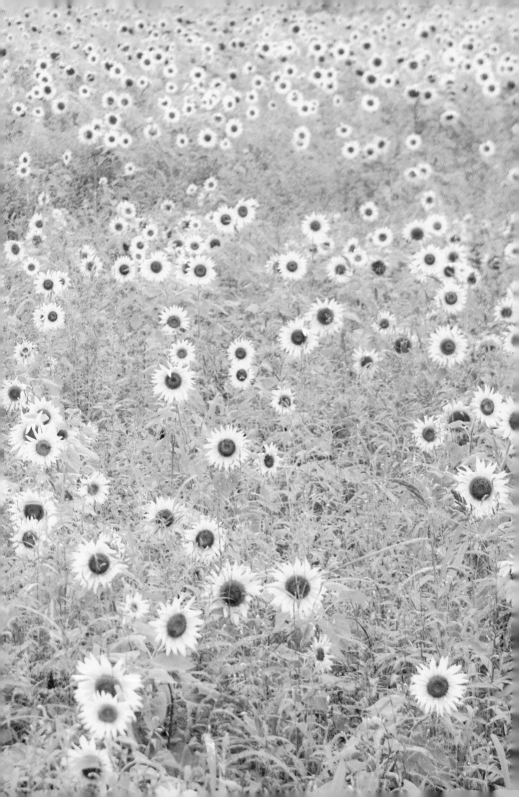

은 그리 넉넉하진 못하다. 왕복 운전만 해도 8시간은
잡아야 한다. 주로 여름휴가를 이용하여 동해 쪽으로
피서를 가게 된다면 들렀다가거나 여유 있는 시간에 가
는 것이 좋다.
태백을 여행하고 싶다면 되도록 1박 2일의 일정은 잡는
것이 좋다. 단순히 사진촬영을 간다하더라도 말이다. 하
루 만에 보고 오기에는 너무나도 아쉽다. 태백의 밤풍
경은 별천지로 이루어져 말할 수 없이 아름답다. 별이
금방이라도 쏟아져 내릴 것만 같기 때문이다. 천혜의 볼
거리와 먹을거리를 간직한 태백, 자연의 아름다움이 때
묻지 않은 태백이 좋다.

산책길은 대체로 해바라기 군락지로부터 시작해 자연생
태숲길, 코스모스 밭을 걸쳐 망루(여기까지 30분 정도)
에 이르면 이곳에서 그 아래를 한눈에 조망할 수 있다.
다시 산으로 더 올라가면 초지대가 나오고 사이사이에
조각 작품이 전시되어 있다. 조금 더 가면 원두막이 있
는데, 날씨가 좋은날에는 동해도 볼 수 있다. 여기서 내
려오는 길에 약초와 야생화를 실컷 볼 수 있으며 또한
식물원의 입구 오른쪽 산으로는 얼레지, 노루귀, 괭이눈
바람꽃 등이 군락을 이뤄 피는데, 우리나라에서는 최대
규모라고 해도 과언이 아닐 정도다.
가을이 지나 겨울이 오면 해바라기 밭을 갈아 유채를 심
어 봄에는 유채꽃 축제도 계획하고 있다고 한다.

1박 2일 코스

첫째 날
황지연못 - 태백고원생태식물원
- 태백고생대자연사박물관 - 태
백석탄박물관 - 숙박
둘째 날
검룡소 - 매봉산 풍력발전단지 -
용연동굴

태백시에서 멀지 않는 곳에 위치한 매봉산은 고랭지 배추밭과 함께 풍력발전기를 볼 수가 있다. 해발 1,330m에 위치한 매봉산은 천의봉으로도 부르는데, 남한강과 낙동강의 근원이 되는 산이다. 태백산맥과 소백산맥의 분기점을 이루는 이곳은 하늘봉우리라는 뜻을 가지고 있다. 차량통제⁰⁶:⁰⁰~²⁰:⁰⁰ 시간이 생겨서 사진촬영을 위해 가려면 보통 새벽녘에 가는 것이 좋다. 고랭지배추 출하작업과 농작물 보호로 인한 통제시간이 있기 때문인데, 그만큼 가는 사람도 많아진 듯 하다.

태백산 도립공원, 용연동굴, 매봉산 풍력단지, 한강발원지(검룡소), 대덕산 야생화군락지, 낙동강발원지(황지연못), 금대봉 야생화군락지, 고원자연휴양림 등이 돌아볼 만한 곳이다.

 숙박 정보

- 태백산 민박촌
033-553-7440 / 강원 태백시 소도동 311-1번지(태백산도립공원 내)

- 스카이호텔
033-552-9912,3 / 강원 태백시 소도동 24-10

- 예쁜민박
033-553-333, 033-554-4428/ 강원 태백시 소도동 311-2번지

- 태백 고원 자연휴양림
033-582-7440 / 강원 태백시 철암동 산90-1

Festival & taste 축제와 맛을 찾아

민족의 영산으로 우리 민족의 염원의 장소였던 태백산 천제단은 하늘에 제사를 올리는 곳으로 선조들의 염원이 서려있는 곳인데, 매년 1월 1일, 모든 이들의 소망을 기원하는 해맞이축제를 한다. 해변에서 바라보는 일출이 아닌, 산을 오르는 등산객의 힘든 여정을 담은 산정 행사라는 점에서 타 지역과 차별성을 두고 있다. 또한 태백산 도립공원, 황지연못 등에서는 겨울이 가기 전에 시작하는 태백산 눈축제가 열린다. 가을에는 구와우마을에서 열리는 해바라기와 야생화가 한데 어우러진 국내 최대의 웰빙축제를 볼 수 있다.

축제의 현장

★ 태백산 해맞이축제
▶ 일시 : 2008. 12. 31(수) ~ 2009. 1. 1(목)
▶ 장소 : 해넘이-황지연못, 해맞이-당골광장

★ 태백산 눈축제
▶ 일시 : 2009.1.30 - 2.8
▶ 장소 : 태백산 도립공원, 황지연못, 오투리조트

★ 태백해바라기축제
▶ 일시 : 2008.8.1 - 9.15
▶ 장소 : 강원 태백시 태백 구와우마을(태백 고원자생식물원)

사진출처 tour.taebaek.go.kr

247

아직까지 자연 그대로 살아 쉬는 청정지역의 태백은 이색적인 풍경과 아름다운 수묵화같은 모습을 간직하고, 아름다운 야생화와 어우러진 마을이기도 하다. 그만큼 깨끗한 모습의 자연만큼이나 먹을거리가 입맛을 돋운다. 태백의 대표 음식으로는 가장 먼저 한우와 닭갈비가 있다. 특히 한우는 해발 700m 이상의 고지대에서 태백산 약초를 먹고 자라 육질이 뛰어나다. 한우가격이야 높지만 태백까지 와서 태백한우를 먹지 않고 가는 것은 매우 아쉬운 일이다. 별미로 먹는 닭갈비는 전골처럼 끓여 느끼하지 않고 담백한 것이 특징이다. 자연그대로 나물음식은 빼 놓을 수 없다. 어디나 그렇듯 산에서 자란 산나물은 자연이 주는 최고의 보양식이다.

 맛이있는 곳

● 초막칼국수
(033)553-7388/ 강원도 태백시 태백 운전면허시험장에서 500미터

● 허생원먹거리
(033)553-5788/강원도 태백시 삼수동

● 한서방칼국수
(033)554-3300/강원도 태백시 통리

● 김서방 닭갈비
(033)553-6378/강원도 태백시 중앙로

● 태성실비식당식육점
(033)552-5287 553-5289/강원도 태백시 상장동(강원관광대입구)

● 승소닭갈비
(033)553-0708/강원도 태백시 삼수동 25-53

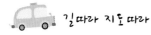 길따라 지도따라

• 인터넷 웹사이트

http://www.sunflowerfestival.co.kr/ 해바라기 축제 홈페
이지

• 문의전화

(033)553-9707
태백시 화전사거리에서 백두대간로(35번 국도)를 따라
3km정도 가다가 굴아우 1길로 빠져 계속 구와우마을이 나
온다.

• 대중교통 정보

▸ 버스

태백시내-태백역-터미널에서 택시로 7분 거리

▸ 자가운전

내비게이션으로 찾아갈 경우(주소 : 강원도 태백시 황지동
280번지)

영덕 풍력발전단지

동해에서 불어오는 바람

월별 베스트 추천여행_8월

여행 시기 | 4월 ~ 9월

당일코스	연인
1박 2일 코스	MT
주변명소	사진여행
가족여행	계절마다

여행을 사랑하는 사람에게 빠질 수 없는 곳이 바로 영덕이다. 영덕은 유명한 대게와 과실, 해상 공원과 풍력발전단지 등 뛰어난 경관과 맛이 있다. 그 경관과 맛에 한 번 빠지면 향수로 남아 찾아갈 수밖에 없는 곳이 된다. 사실 여행하기 좋은 계절이 언제라고 말하기 무색할 정도로 그 계절마다 새로운 모습을 보여주는 영덕이다. 추운 겨울 아침, 새해가 밝아오면 해를 맞이할 수 있고, 풍족한 살이 있는 대게와 아름다운 복사꽃이 반기는 봄을 만끽할 수 있게 해준다. 또 여름이면 뜨거운 햇살아래 바닷바람과 함께 해수욕을 즐길 수 있으며, 초록의 아름다움으로 덮인 풍력발전단지를 감상하고, 바다와 함께 쭉 뻗은 해상도로를 달릴 수 있다. 가을이 오면 높고 푸른 하늘의 구름과 하늘보다 짙은 바다에서 밀려오는 바람을 맞으며 영덕의 아름다움을 감상할 수 있다.

여름에 가면 가장 볼만한 곳이 바로 영덕이 자랑하는 친환경적 자연의 에너지를 만드는 풍력발전단지이다. 영

당일 코스

익산포항고속도로를 타고 대련IC를 빠져나와 울진, 영덕 방면으로 28번 국도(약 1시간 35km가량)를 타고 가다보면 해상도로가 나오고 삼사해상공원이 나온다. 삼사해상공원을 둘러보고 강구항을 지나 해맞이공원에 도착하면 풍력발전단지를 한눈에 볼 수가 있다.

당일코스 : 삼사해상공원 - 강구항 - 해맞이공원 - 풍력발전단지 - 고래불,대진해수욕장

덕의 풍력발전단지에는 해상에서 불어오는 바람을 모아 2만 가구에 이르는 영덕군민들이 혜택을 보고 있다. 아름다운 해안과 언덕에 들어선 풍력발전기가 영덕의 아름다움을 한 몸으로 표현해주고 있다. 자연과 인간의 친환경적인 기술이 이루어낸 감탄사가 바로 풍력발전단지다. 동해의 많은 해수욕장과 이국적인 해안도로가 있는 영덕이야 말로 여름휴가와 여행지로서 최고의 선택이 아닐까 한다.

해안을 끼고 있어 사계절 내내 바람을 맞는 이곳은 영덕의 유명 관광지인 해맞이공원에서 위쪽으로 조금만 올라가면 만날 수 있다. 우리나라에서 몇 안 되는 풍력발전소 중 하나인 영덕풍력발전소는 삼양목장의 발전기와 매봉산의 풍력발전기처럼 높은 산에 위치한게 아니고 해안을 끼고 있어 사뭇 다른 경치를 자랑한다. 한 여름에 여행 중이라면 신재생에너지 전시관 좌측으로 보이는 나무계단을 따라 바람정원에 올라서면 시원한 바람을 만날 수 있다. 아니 만난다기 보다 바람을 맞는다라는 표현이 더 적당할 듯 싶다.

출처 : 영덕 시진은 모두 영덕군청에서 제공

80m 높이의 타워에 직경 82m에 이르는 거대한 날개를 자랑하는 24기의 풍력발전기는 멀리서는 바다와 잘 어우러지는 예쁜 바람개비처럼 보이지만 가까이가면 엄청난 크기에 입을 벌리고 만다. 총 발전량은 연간 9만 6,680MWh로 약 2만 가구가 사용할 수 있는 전력인데 이는 영덕군민 전체가 1년간 사용할 수 있는 양이라고 한다. 석유나 핵에너지에 의해 의존하고 사는 우리들은 언제나 바닥날 자원 앞에서 자연이 주는 자원을 사용하지 않을 수 없다. 친환경적인 바람의 에너지를 가지고 벗 삼아 살고 있는 영덕은 자연이 주는 혜택을 그대로 받는 곳이다. 이국적인 정취를 좋아하는 여행객이라면 놓칠 수 없는 곳이 바로 영덕이다.

1박2일 코스

옥계계곡 - 삼사해상공원 - 강구항 - 동해안달맞이야간등산로 - 해맞이공원 - 대게원조마을 - 괴시리전통마을 - 고래불, 대진해수욕장 - 장육사 - 신돌석장군유적지

풍력발전단지를 가기 위해서는 해맞이공원을 지나 차를 타고 언덕을 조금 올라가야 하는데, 이 해맞이공원은 지역을 찾는 관광객들에게 해맞이 장소를 제공하고자 개발되었다. 주차장과 파고라·벤치 등의 편의시설이 들어서 있으며, 부채꽃과 패랭이꽃 등 야생화 2만 3000여 포기와 향토 수종 900여 그루가 심어져 있다. 또한 공원 지역에 캠핑장과 캠핑카, 숙박을 할 수 있는 캡슐하우스 등이 있어 캠퍼들에게도 인기가 있다. 해돋이를 관람할 수 있는 곳까지 설치된 1,500여 개의 나무계단이 유명하다. 나무계단 중간에도 동해를 바라볼 수 있는 전망대가 두 곳 시설되어 있다. 바다 쪽에는 등대도 서 있어 함께 관람할 수 있다. 강구에서 918번 지방도로로 20분 정도 떨어진 곳에 위치한다.

숙박 정보

● 동해비치관광호텔
남정면 남호리 66-5번지 054-734-5400 http://www.e-beachhotel.com

● 오션뷰호텔
강구면 삼사리 134-18번지 054-732-0700

● 동해해상관광호텔
강구면 삼사리 255번지 054-733-4466 http://www.dhh-shotel.co.kr

● 칠보산자연휴양림
병곡면 영리 (054)732-1607 http://www.huyang.go.kr

● 씨아일랜드펜션
강구면 삼사리 629-2 054-732-0099

● 씨밀레펜션
남정면 구계리 398-4번지 054-734-7979 http://www.ssimille.co.kr

● 하저펜션
강구면 하저리 803 054-734-6654 http://hajeo.com

영덕 강구면의 강구항을 출발하여 축산항을 거쳐 고래불 해수욕장에 이르는 약 50km의 길로, 도보 여행을 즐기는 이들에게 바다와 함께 어우러져 걸을 수 있는 행복한 해안길이 있다. 바로 영덕의 블루로드이다. 동해의 풍광과 해수욕장, 풍력단지, 대게마을, 축산항, 괴시리마을, 목은 이색 유적지 등 풍부한 볼거리와 먹거리가 여행의 참맛을 즐기게 해준다. 연인과 함께 해변을 따라 두 손 맞잡고 백사장을 밟으며 트래킹하는 즐거움은 잊지 못할 추억을 만들어 준다.

영덕읍내에서 약 7km정도 남쪽에 있는 영덕 최대의 항구인 강구항은 청송의 주왕산자락에서 시작해 굽이굽이 내려온 오십천이 바다로 들어가는 곳이다. 이런 지리적인 특성으로 강구항은 바다의 항구이면서도 오십천의 끝자락에 자리하고 있다. 오십천을 건너는 강구대교의 양쪽으로 접안시설이 만들어져 다른 항구와는 다르게 독특한 분위기를 자아내기도 한다. 이런 특성으로 이곳 강구항은 영화나 드라마의 촬영지로 많이 이용되고 있는데 대표적인 드라마가 "그대 그리고 나"이다. 최불암, 차인표, 박상원 등 인기배우들이 출연했던 이 드라마의 배경이 이곳 강구항이다. 또한 이곳 강구항은 유명한 영덕대게의 집산지로도 유명하다. 예전처럼 많이 잡히지는 않지만 영덕대게는 미식가들의 입맛을 당기는 음식이다. 강구항 주변에는 영덕대게를 파는 집이 많은데 영덕대게 요리를 그래도 좀 더 싸게 먹을 수 있는 강구대교 부근의 풍물거리다.

강구대교야경 1
강구항일출 2
영덕읍메타세콰이어가로수길 3

영덕군 병곡면에 위치한 고래불해수욕장은 병곡리를 비롯한 6개 해안 마을에 걸쳐 있는 8km의 명사 20리 백사장이다. 대진해수욕장과 함께 영덕의 2대 해수욕장으로 손꼽힌다. 깨끗한 동해의 바다와 함께 여름이면 해수욕을 즐기는 인파가 마냥 즐거워 보인다. 송천천을 경계로 대진해수욕장과 마주보고 있으며, 병풍처럼 둘러쳐진 송림을 끼고 있어 주변 풍광 또한 매우 아름답다. 굵고 몸에 붙지 않는 금빛 모래에서 찜질을 하면 심장 및 순환기계통 질환에 효과가 있다고 전해 내려와 젊은 학생들뿐만 아니라 노인들도 많이 찾는 편이다.

'고래불'이란 이름은 이곳에서 유년시절을 보낸 고려 말 대학자 목은 이색 선생이 해변 앞 바다의 고래가 물을 뿜고 있는 모습을 보고 붙인 이름이라고 하는데, 불은 '뻘'의 옛말이라고 전해지는데 편의시설이 대진해수욕장에 비해 잘 되어 있는 편이고, 교통편도 편리하다. 영덕군에서 직접 운영해 바가지요금이 없다는 것은 관광객에게 최고의 혜택이 아닌가 싶다.

 길따라 지도따라

● 찾아 가는 길 - 자가운전

고래불해수욕장은 포항에서 7번 국도를 따라 울진 방면으로 71km 지점, 영덕에서 7번 국도를 따라 울진 방면으로 24km 지점, 울진에서 7번 국도를 따라 포항방면으로 53km 지점에 있다. 영덕에서 울진으로 가는 7번 국도에서 병곡면 이정표를 따라 달리다 고래불해수욕장 이정표가 나오면 면소재지 방향으로 우회전해 150m 정도를 더 달리면 되는데, 도로와 연결된 입구에 주차장이 있어 편리하다.

● 찾아 가는 길 - 대중교통

포항 시외버스터미널에서 15분 간격으로 직행버스가 있고, 영덕 시외버스터미널에서 20분 간격으로 직행버스가 다닌다. 울진 방향으로 가는 버스는 대부분 고래불해수욕장이 있는 병곡면을 경유하는데, 병곡면에서 내려 150m 정도를 걸어 내려가면 된다.

강구에서 고래불해수욕장까지의 해안도로는 경치가 가히 절경으로 연
인과의 드라이브 코스로 적당하며, 해안도로를 따라 어느 곳이든 낚
싯대를 드리우면 우럭, 학공치 등이 심심찮게 낚인다. 여름철 대학생
들의 MT장소나 학생들 수련장소로 권할 만한 이곳은 대진해수욕장
에 비해 편의시설도 잘 되어 있는 편이다.

복사꽃마을은 영덕군 지품면 삼화리에 자리 잡은 작은 마을의 애칭이다. 마을애칭에서 알 수 있듯이 이곳은 복숭아과수원이 참 많은 곳이다. 그러나 이 일대가 처음부터 복숭아로 유명한 것은 아니었다. 1959년 9월 한반도에 막대한 피해를 준 태풍 사라호로 인해 마을을 흐르던 강인 오십천이 범람하여 영덕의 전답도 폐허로 변했고, 이후 토양이 바뀌어 그 토질에서 잘 자라는 복숭아, 배, 사과 등 과수농사가 많아지게 되었다. 막대한 피해도 있었지만 전화위복이 된 것은 아닐까. 삼화리처럼 지대가 높은 곳에서 자라는 복숭아는 일조량을 많이 받아 색깔도 좋고 맛도 좋을뿐더러 오십천이 바라보이는 뛰어난 풍경 탓에 관광객도 많이 찾아오게 되었다.

Festival & taste 축제와 맛을 찾아

강구항 주변은 '영덕대게'의 산지로 이름이 나 있는데, 최근에는 50여톤의 어획으로 수요에 비해 공급이 절대적으로 부족한 형편이다. 껍질이 얇고 살이 많으며 맛이 담백하고 향이 독특한 영덕대게는 수증기로 쪄내며 조미료나 소금은 일체 사용하지 않는다.

영덕읍의 영덕장이 4·9일, 강구면 강구장이 3·8일, 남정면의 남정장이 신안면 지품장이 2·7일, 영해면 영해장이 지품면 원전장이 5·10일, 달산면 옥산장이 1·6일에 각각 열렸다. 특히 영해·영덕·강구 등의 시장은 아주 활발하다. 그 중에서도 영해시장은 상설시장까지 갖추어 동해안·경상남도·경상북도·강원도 3개도 지역의 상인들이 운집해 성시를 이루고 있다.

주로 거래되는 품목으로는 고추·마늘·해산물·소 등이며, 영덕시장은 해산물과 소, 강구시장에서는 해산물의 도소매가 활발히 이루어지고 있다. 2006년 현재 영덕의 일반시장과 영덕·강구·영해의 3개의 5일장이 열리고 있다. 특히 영덕장의 특산물은 복숭아이며, 영해장은 영덕군 북부지역 4개면 상권의 중심지이고 안동, 영양, 청송 내륙지역에 농·수산물을 공급하는 유서 깊은 5일장이다.

축제의 현장

★ 해맞이축제

희망의 종소리 - 밝아오는 온누리"란 주제로 매년 12월 마지막 날부터 새해 첫날까지 전야행사, 자정축원, 해맞이행사, 부대행사 등 다양한 볼거리와 참여로 지난 한해를 마무리하고 희망찬 새해를 맞이하는 자리를 마련하고 있다.

- 기간 : 매년 12.31 ~ 익년 1. 1
- 장소 : 삼사해상공원(강구면 삼사리 소재)
- 구성 : 전야행사, 자정축원, 해맞이행사, 부대행사
- 주최 : 경상북도·영덕군
- 주관 : 영덕관광진흥협의회
- 참여인원 : 100,000명 정도
- 주관방송사 : TBC 대구방송(송년음악회)
- 전야행사 : 대게 길놀이(풍물패), 7080 통기타공연, 밸리댄스 공연, 송년음악회(TBC 방송국 주관), 월월이청청(민속놀이 공연), 포크 & 락 공연

★ 자정축원

새해 카운트다운, 제야의 종 타종(경북대종 33회), 새해 찬가(성악가 2명), 새해인사(신년 메시지), 달집태우기, 불새 쇼 및 불꽃놀이

★ 해맞이행사

해맞이 축하공연, 희망풍선 날리기, 해맞이 축하 비행(경항공기교육원), 세시음식 나누기(떡국)

부대행사 : 웰빙향토음식 먹거리 장터 운영, 신년 운세풀이, 영덕관광상품판매 및 캐릭터 이벤트, 낙서판, 펀 케리커쳐 그림, 영화상영 등, 경북대종 타종체험

★ 영덕대게축제

행사소개

대게원조마을 영덕의 이지미 고취와 체험형 관광축제를 통한 관광객 유치를 목적으로 대게잡이 낚시 체험, 대게잡이 어선 승선체험, 깜짝 경매, 대게 수제비,라면 시식회 등 직접 체험 하고 즐길수 있는 각종체험행사 체험을 통해 영덕대게의 맛과 우수성을 만나보세요

- 일시 : 매년 3월
- 장소 : 삼사해상공원 및 강구항 일원
- 주관 : 영덕대게축제추진위원회
- 공연행사 : 인기연예인 콘서트, 째즈 페스티발 등
- 체험행사 : 대게잡이 체험, 대게먹기대회, 대게깜짝경매, 수상레포츠 체험, 어선무료시승 등
- 부대행사 : 대게 전시관, 만남의 장, 페이스페인팅, 전국사진공모전, 쪼물딱, 특산물 할인 판매장 운영 등

맛이있는 곳

• 동해안횟집_대게회, 물회
남정면 남호리 140 (054)733-4800

• e-바다대게_대게
강구면 강구리 551 (054)733-4675

• 청화대회식당_대게찜, 활어회
남정면 원척리 219-9 (054)733-4130

• 동해별미식당_생대구탕
영덕읍 우곡리 180 (054)733-0292

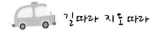 길 따라 지도 따라

● 인터넷웹사이트

영덕군청 : http://www.yd.go.kr/
영덕관광포털 : http://tour.yd.go.kr/
문의전화 : 054-730-6114

● **해맞이공원, 풍력발전단지 찾아가는 길**
7번국도를 따라 포항에서 약 1시간 거리에 위치하고 있다.
강구대교 건너 해맞이공원 이정표 따라가다 보면 창포말 조
형등대가 나온다.

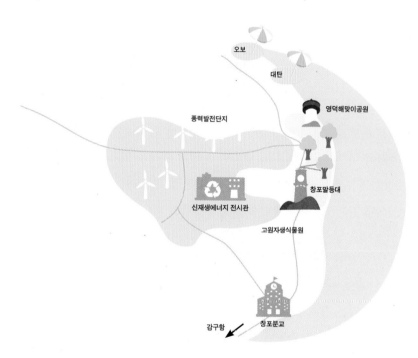

그림을 수놓은 듯

고창으로 떠나는 가을여행

월별 베스트 추천여행_9월

여행 시기 | 9월 2주~10월 중순 사이

당일코스	연인
1박 2일 코스	MT
주변명소	사진여행
가족여행	계절마다

늘이 높고 파란 9월, 가을의 길로 접어드는 고창으로의 여행은 한여름의 지친 몸과 마음을 달래준다. 마치 내 고향의 편안한 안식처처럼 말이다. 사계절이 아름다운 선운사와 광활한 전원이 펼쳐져 있는 공음면 학원농장, 세계문화 유산으로 지정되어 있는 선사시대의 고인돌 유적이 산재해 있어 가족여행으로도 손색이 없는 곳이다. 또한 천년의 역사가 살아 숨 쉬고 있는 문수사와 고창읍성, 무장현 관아와 읍성, 미당 시 문학관, 동호 해수욕장, 구시포 해수욕장 등 볼거리 즐길거리가 많은 곳이다. 고창으로의 여행은 아름다운 풍경과 전라도 지방의 특유의 풍성한 맛을 함께 느낄 수 있는 행복한 여행이 될 것이다.

고창은 본래 모량부리현인데 신라 삼국통일 이후 경덕왕 16년 고창현으로 고쳐 이웃 무령군(지금의 영광)의 영현이 되었고, 고려 때에는 고부군의 영현이 되었으며 이웃 상질감무가 겸임했다가 조선조에 들어와 태종원년 두현에 각기 감무를 두었고 고종 32년 군으로 고쳐졌으

당일 코스

당일코스로 여행하기엔 조금 빡빡한 일정이지만 테마별로 묶어서 여행하는 것이 시간도 절약되고 알찬 여행을 할 수 있을 것 같다.

❶ 고창읍성→판소리박물관→고인돌→무장현관아와읍성→학원관광농장→동학농민혁명기포지

❷ 고인돌들꽃학습원→뚜라조각공원→고인돌→삼인 자연학습원→선운사

❸ 고창읍성→신재효고택→판소리박물관→고인돌→선운산

며 건양 원년 전라남도에 소속시켰고, 융희원년 전라북도로 소속되어 1914년 흥덕무
장을 병합했다. 현재 고창은 전라북도 6시8군의 하나로 1914년 행정구역 개편때 고
창, 무장, 흥덕 세 고을이 병합하여 생긴 명칭이다. 1955년 고창면이 읍으로 승격되
어 1읍 13면의 체제로 지금에 이르고 있다.

하얀 소금을 뿌려놓은 듯한 아름다운 풍경으로 알려진 곳. 30여 만평되는 들판에 온
통 메밀꽃으로 가득해 보기만 해도 가슴이 확 트이는 고창 학원농장이 있다. 봄에는
수십만 평의 완만한 구릉지대에 펼쳐진 청보리밭으로, 가을에는 마치 구름이 내려앉
은 듯한 하얀 메밀꽃밭으로 유명하다. 학원농장의 청보리가 가장 푸르고 파란 이삭
을 틔워내는 시기는 여름이 들어선다는 입하 전후이며, 메밀꽃은 9월초부터 피기 시
작하여 9월말까지 이어진다. 메밀꽃이 절정에 이르는 시기엔 형형색색의 양산을(입
구에 무료대여) 펼쳐든 관광객들과 하얀 메밀꽃의 조화가 아름다워 전국에서 사진작
가들이 구름같이 몰려든다.

이곳 식당에서는 메밀묵과 추억의 꽁보리밥에 각종 나물을 곁들인 비빔밥도 관광객들의 입맛을 사로잡는다. 이밖에도 숙박시설과 식당, 화훼용 온실단지 잔디구장 등이 있어서 가족이나 단체여행객들의 쉼터로도 좋을 것이다. 또한 2004년부터는 매년 4월에 고창 청보리밭 축제가 이곳에서 열린다.

 1박2일 코 스

여행의 피로도 풀고 좀 더 여유로운 시간을 갖고 고창의 구석구석을 둘러볼 것 같으면 당일치기 보다는 1박2일 일정으로 돌아보자.

● 첫 번째 코스 (갯벌체험 코스)
1일째 : 선운사→심원면 하전갯벌체험학습장→미당시문학관→선운사
2일째 : 선운사→고인돌→고창읍성→판소리박물관→문수사

● 두 번째 코스 (산사 문화체험 코스)
1일째 : 고창읍성→신재효 고택,판소리박물관→고인돌 도산고인돌→운곡리 고인돌→선운사
2일째 : 선운사→학원관광농장→고창동학농민혁명기포지→상금리 고인돌→문수사

● 세 번째 코스 (청정 테마파크 코스)
1일째 : 고창읍성→판소리박물관→효감천→윤도장→한상신 교사 묘소→흥동장학당→고창읍
2일째 : 효자바위→선운사→고인돌→학원관광농장→무장읍성

● 네 번째 코스 (문화 유적답사 코스)
1일째 : 고창읍성→문수사→고인돌→선운사
2일째 : 선운사→무장읍성→고창동학농민혁명기포지

넓은 대지와 푸른 하늘을 한꺼번에 담을 수 있는 광각렌즈가 좋다. 때론 푸른 하늘을 더욱 진하게 담기 위해 CPL 필터의 활용도 좋다.

특히 광각렌즈로 장면을 담을 때 유의할 점은 너무 많은 주제를 한 번에 담는 것보다 확실한 주제 표현을 위해 단조로운 것이 좋다. 메밀꽃은 하늘의 구름과 같이 흰색이 많아 노출이 쉽지 않기 때문에 촬영시 유의할 점이기도 하다.

메밀꽃에 노출을 맞출 경우 메밀꽃이 주변보다 밝기 때문에 노출은 한 두스탑 올려서 찍어야 노출을 맞출 수 있다. 아무래도 이런 곳은 가족과 연인이 함께 다정한 모습을 담아온다면 더욱 좋지 않을까 싶다.

하얀 메밀꽃을 선사하는 학원농장 35mm 1/200s F8 ISO200

고창은 사계절 사진 촬영 명소가 참 많은 곳이다. 봄이면 붉은 선홍빛 동백이 가득한 선운사와 공음면 학원 농장의 청보리밭 풍경, 그리고 성곽주위로 핀 붉은 연산홍을 배경으로 모양성 또한 봄에 많이 찾는 사진 촬영 명소이기도 하다.

또한 1천여 종의 들꽃이 있는 고인돌 들꽃 학습원, 전통놀이를 체험할 수 있는 도산 아름마을, 테마별 자연학습장이 있는 삼인 자연 학습원, 판소리 박물관, 미당 시 문학관, 구시포, 후포 해수 찜질, 그리고 인접해있는 부안, 정읍, 장성, 영광으로의 여행도 가까워서 같이 볼 수 있다는 장점이 있다.

9월 초~10월이면 선운사 입구부터 도솔천을 따라 올라가다보면 붉은 꽃무릇이 가히 장관을 이룬다. 또한 단풍철이면 도솔천변에 핀 꽃무릇과 함께 아름드리 단풍나무의 반영을 담을 수 있어서 학원농장의 메밀꽃 풍경과 함께 많은 사진작가들이 찾는 명소이기도 하다.

흔히 상사화라고도 부르는 꽃무릇은 꽃의 생김새보다는 화려한 색감이 더 매혹적인 꽃이다. 꽃과 잎이 만날 수 없어 흔히 이루어질 수 없는 사랑이나 짝사랑을 의미하는 꽃으로도 널리 알려져 있다. 9월이 지나면 볼 수 없는 꽃. 잎은 꽃을 보지 못하고, 꽃은 잎을 보지 못하는 운명. 마침내 서로를 그리워하다가 붉은 꽃이 되었다는 꽃무릇은 대개 9월 중순에서 말까지 만개한다.

꽃무릇 군락지는 우리나라에서 손에 꼽힐 정도로 귀한

 숙박 정보

• 선운산 관광호텔
(063) 561-3377 / 전북 고창군 아산면 삼인리 287-5

• 선운산 유수호스텔
(063) 561-3333 / 전북 고창군 아산면 삼인리 334

• 고창 산사의아침 팬션
(063) 562-6868 / 전북 고창군 아산면 삼인리 113

• 고인돌 민박
(063) 561-2777 / 전북 고창군 아산면 삼인리 169-2

• 도산아름마을 민박
(063) 563-7299 / 전북 고창군 고창읍 도산리 179

• 햇살가득한집
(063) 562-0320 / 전북 고창군 아산면 삼인리 119

• 청매골민박
(063) 561-3553 / 전북 고창군 공음면 선동리 925-1

• 그랜드 호텔
(063) 561-0037 / 전북 고창군 고창읍 석정리 114-5

데, 주로 사찰 주변에 많이 심어져있고 선운사와 함평의
용천사, 영광의 불갑사 등이 유명하다. 유독 절 주변에
꽃무릇이 많은 이유를 두고 '스님을 사모한 여인의 애절
한 사랑이야기로 떠돌지만, 사실 낭만적이고 애틋한 사
연과는 거리가 좀 있다. 꽃무릇 뿌리에 있는 독성을 탱
화를 그릴 때 함께 사용하면 좀이 슬지 않아 스님들이
직접 키웠던 꽃이기 때문이다.

선운사 꽃무릇

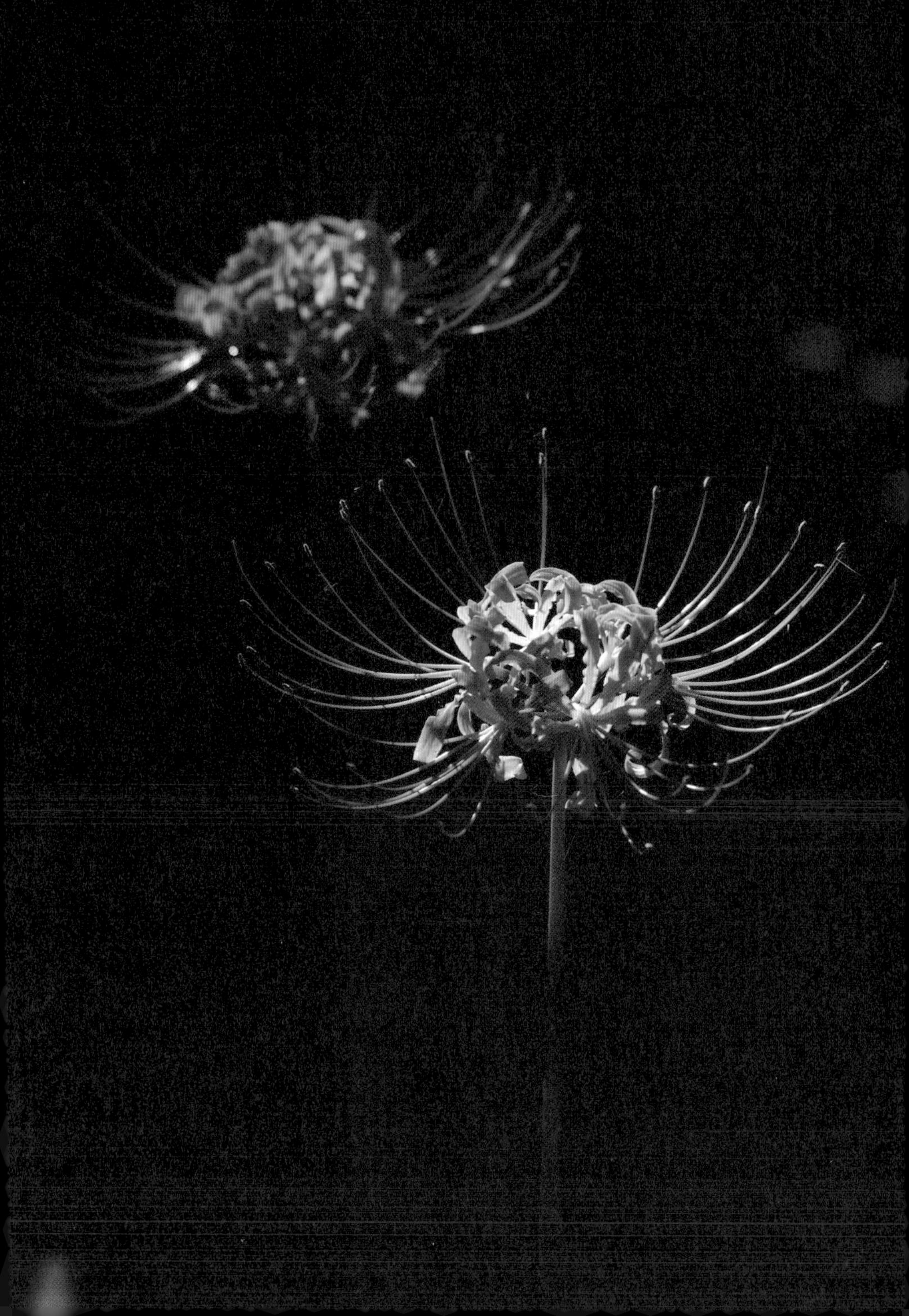

고창에서 열리는 대표적인 축제로는 고창모양성제, 고창 청보리밭축제, 복분자축제, 수박축제, 수산물축제, 해풍고추축제, 동학농민혁명 무장기포기념제 등이 있다. 특히 고창군에서는 가을에 열리는 민속축제로 답성민속을 기리기 위해 음력 9월 9일 중양절을 '군민의 날'로 정하고 모양성제와 함께 답성놀이를 재현하고 있다. 전통혼례식, 성황제, 주먹밥체험, 병장기체험, 조선시대병영체험, 짚신 미투리엮기체험, 전통무예시범, 국악한마당, 마술공연 등 수많은 체험과 공연 등이 이루어지고 고창에서 나는 특산물들의 먹거리 또한 오감만족을 시켜주는 데 한 몫을 하고 있다.

전라도 음식하면 일단 상다리 부러지도록 반찬 가지 수만 해도 셀 수 없도록 다양한 음식이 차려나오는 한정식을 떠올린다. 전라도 지방은 기름진 호남평야의 풍부한 곡식과 해산물 산채 등 다른 지방에 비해 산물이 많아 음식 종류가 다양하고 음식에 대한 정성이 어디가나 가득함을 느낄 수 있다.

전라도 지방의 상차림은 음식의 가짓수가 전국에서 최고라고 해도 과언이 아니다. 지리적으로 남해와 서해에 접해있어 특이한 해산물과 젓갈도 많이 나고 고추장의 맛이 좋다. 또한 풍천장어와 복분자주는 전국적으로 잘 알려진 이곳 고창의 특산물이라 할 수 있다. 선운사 주변의 산채 비빔밥도 좋고 풍천 장어구이도 좋다.

★ 고창모양성제
- **기간** : 매년 음력 9월 9일 전후(5일간)
- **장소** : 고창 읍성 및 주변 행사장일대
- **주요행사** : 제등행렬, 불꽃축제 판소리공연 및 전통 혼례식, 답성놀이(성밟기, 성돌기) 전통 생활 민속체험 각종 공연 등

★ 복분자축제
- **기간** : 매년 6월 중순경
- **장소** : 선운산 도립공원 특설무대 광장
- **주요행사** : 농악 길놀이 및 판굿, 복분자 전시판매 및 체험, 연예인 공연 및 각종 체험 행사

★ 청보리밭축제
- **기간** : 매년 4월 중순~5월 중순
- **장소** : 공음면 학원 관광 농원일대
- **주요행사** : 보리밭 사잇길 길놀이, 보릿골 체험 마당, 각종 공연 및 체험 마당

★ 고인돌축제
- **기간** : 매년 음력 9월9일 전후 4일간
- **장소** : 고창 고인돌 유적지 일원
- **주요행사** : 선사 체험, 농경 체험, 각종 이벤트 및 공연 등

맛이있는 곳

● 오산식당 _굴비백반
(063) 564-6565 / 고창읍 도산리

● 초원식당 _한정식
(063) 564-2485 / 고창읍 읍내리

● 미각장_곰탕, 도가니탕, 곱창전골
(063) 564-6655 / 고창읍 읍내리

● 동백식당_풍천장어구이, 정식, 산채백반
(063) 562-1560 / 고창군 아산면 삼인리

● 신덕식당_풍천장어구이, 장어탕
(063) 562-1533 / 고창군 아산면 삼인리

● 아리랑식당_육개장, 콩나물 국밥
(063) 562-5055 / 아산면 삼인리

● 바다마을_풍천장어
(063) 562-2527 / 고창읍 읍내리 225

길따라 지도 따라

● 인터넷 웹사이트
http://www.gochang.go.kr//고창군청

● 문의전화
고창군청 문화관광과 (063-560-2456)

● 대중 교통정보

▶ 자가운전
서울-경부고속도로-천안-논산-호남고속도로-익산-전주-김제-정읍-고창

서울-서해고속도로-서서울IC-서평택-당진-서산-해미-홍성-광천-대천-서천-군산-김제-부안-고창

▶ 버스
서울 강남 고속버스 터미널에서 40~50분 간격으로 고창행 버스가 운행되며 시간은 대략 3시간 30분쯤 소요된다.

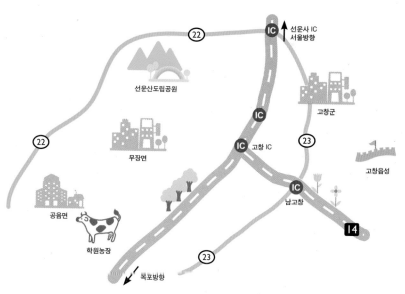

하얗고 푸른 문학마을 봉평
메밀꽃 필 무렵

연중 수도권에서 가장 많은 사람들이 강원도 일대를 찾는다. 그중에서도 가을이 익어가는 9월엔 마치 온통 소금을 뿌려놓은 듯한 흐드러지게 핀 메밀꽃과 허브향이 가득한 강원도 평창으로의 특별한 여행을 계획해 보자. 넓은 대지에 흩뿌려지듯 가득한 메밀밭은 가을의 파란 하늘과 맞닿아 더욱 아름다운 풍경을 자아낸다.

평창군 봉평면에서는 해마다 9월이면 수십만평의 메밀꽃밭이 펼쳐진 대자연 속에서 가산 이효석(李孝石) 선생의 문학혼을 기리는 효석문화제가 9월초부터 강원 평창군 봉평면 창동리의 효석문화마을 일원에서 개막돼 중순까지 계속된다. 주변에 이효석 문학관과 문화마을, 평창 무이 예술관이 있고 섶다리 체험과 허브나라 농장이 있어서 연인과 함께, 가족과 함께 체험하고 즐길 수 있는 멋진 가을 여행이 된다.

월별 베스트 추천여행_9월
여행 시기 | 9월 중순~10월 초

당일코스	연인
1박 2일 코스	MT
주변명소	사진여행
가족여행	계절마다

 1박2일 코스

당일치기로 수도권에서 강원도 방향으로 다녀오기엔 일정이 다소 무리가 있지만 봉평에만 들른다면 하루코스로도 괜찮다.

● 첫 번째 코스

1일째 : 이효석 문학관 - 허브나라-동막골촬영장 - 금당계곡(드라이브) - 그린팜 농장체험

2일째 : 방아다리 약수 - 월정사(상원사) 전나무길 - 삼양 대관령목장 - 양떼목장

● 두 번째 코스

1일째 : 양떼목장 - 블루케니언 - 휘닉스파크

2일째 : 허브나라 - 이효석 문학관 - 방아다리약수 - 월정사(상원사)전나무길

당일 코스

당일 코스로는 여행지를 지역별로 나눠서 시간을 절약해가며 여행하는 것이 좋다.

첫째, 양떼목장에 들러 목가적인 풍경을 감상하고, 가을의 정취를 느낄 수 있는 봉평에서 이효석 문학의 채취를 느껴보자. 또한 흐드러지게 핀 메밀꽃 풍경을 감상하고 가까운 자생식물원과 허브랜드에서 다양한 허브꽃과 향기에 취해보자.

둘째, 대관령 삼양목장 입구에서 투어 버스를 타고 목장 정상까지 둘러보고, 오대산 월정사로 이동해 전나무 숲길을 걸어보자. 상원사 경내를 돌아본 후 봉평으로 이동해 효석문화마을 체험코스도 좋다.

❶ 양떼목장 - 봉평 이효석마을 - 이효석생가 - 이효석 기념관 - 가산마을 - 자생식물원 - 허브랜드
❷ 대관령 삼양목장 - 오대산 월정사 - 상원사 - 봉평 이효석 문화마을

끝자리 2와 7일이 들어간 날이면 봉평장이 열린다. 도심에서 체험할 수 없는 시골장터의 모습이 그대로 남아있어서 정겨운 향수를 느낄 수 있어 한번쯤 들러보는 것도 좋다.

평창하면 먼저 겨울의 스키장과 눈 쌓인 설경을 떠올릴 수 있다. 하지만 가을의 여행은 운치가 있고 돌아보면 구석구석 좋은 곳이 많다. 삼양 대관령목장에 가면 산허리를 감도는 시원한 바람과 풍력발전기들이 이국적이고, 영화 촬영지로도 많이 알려진 양떼목장의 풍경은 많은 사람들의 발길을 사로잡는다. 그밖에도 영화나 드라마 촬영지로 용평 리조트, 전나무 숲길이 아름다운 월정사, 온갖 우리 들꽃이 가득한 한국 자생식물원, 방아다리 약수와 휘닉스파크, '웰컴투 동막골'의 무대가 되었던 미탄면 등이 영화와 드라마 촬영지로 알려져 있다. 또한 동강에서의 래프팅 체험은 짜릿한 스릴과 동강의 아름다운 절경을 감상할 수 있어서 매년 많은 사람들이 찾는 곳이다.

봉평 메밀꽃밭 12mm 1/20s F11 iso100 cokin gradation filter

봉평 메밀꽃밭

메밀꽃이 흐드러지게 피는 9월, 전국의 사진작가들이 평창으로 모여든다. 촬영 포인트는 입구의 다리를 건너자마자 우회전하면 작은 정자와 함께 마을풍경을 담을 수 있는 메밀꽃 밭이다. 아침 일찍 안개와 함께 일출이 시작될 때가 촬영 적기인데, 역광이 비추는 곳이므로 노출을 한스탑 정도 언더로 하고 ND Gradation 필터를 사용해 강한 역광으로 인한 노출오버 현상(화이트홀)을 방지할 수 있다. 삼각대 와 유선 릴리즈 를 사용해서 흔들림이 없도록 한다.

봉평 매화꽃밭

평창 주변의 명소로는 왕산면 대기리의 안반덕 고랭지 채소 재배단지의 풍경과 월정사 전나무 숲길, 금당계곡의 레프팅 장면, 단풍 풍경, 장전 계곡의 이끼 촬영 등이 있다. 여기에 삼양 대관령 목장과 양떼목장의 풍경도 빼놓을 수 없다.

대관령 양떼목장은 해발 800~1000m 산록 6만 2천 평의 초지를 배경으로 한가롭게 노니는 양떼와 파란 하늘의 조각구름, 산등성이에 흐드러지게 핀 민들레가 어우러져 마치 유럽의 한 농장을 찾은 듯한 착각을 들게 할 정도로 이국적인 풍경을 자아낸다. 양떼목장은 사계절 모두 사진 찍기에 더 없이 좋은 장소이다. 1.2km의 산책로를 따라가다 보면 길옆으로 오르간이 있어 분위기 있는 사진을 찍을 수도 있고, 양들이 풀을 뜯는 모습도 촬영할 수 있다. 또 '화성으로 간 사나이'의 세트장인 오두막은 사진 촬영 포인트이기도 하다. 요즘은 양들을 방목하지 않기 때문에 양에게 건초를 주는 체험은 축사에서만 가능한데, 양을 쓰다듬으면 부드러운 솜이불을 만지는 것만 같이 포근한 느낌이다. 백두대간을 곁에 둔 이곳은 고원의 오염되지 않은 공기가 가슴 속까지 스며들어, 어느덧 자연과 하나가 된 듯한 기분을 느낄 수 있는 곳이다.
5월 중순부터 피기 시작하는 이곳의 민들레는 축사 뒤 산책로 주변에 제법 큰 규모의 군락지를 형성하고 있어 사진 촬영의 주요 포인트가 되기도 한다.

🛏 숙박 정보

● 휘닉스파크 콘도
(033) 333-6000 / 봉평면 면온리 1095

● 리도파크
(033) 332-7700 / 봉평면 면온리 954-19

● 메밀꽃필 무렵
(033) 336-2460 / 봉평면 창동리 186-1

● 팬션리버사이드
(033) 335-0758 / 봉평면 창동리 430-1

● 하얀메밀꽃
(033) 335-2447 / 봉평면 원길리 1066-7

● 팬션 힐하우스
(033) 332-4517 / 봉평면 면온리 814-1

● 산내들 팬션
(033) 333-9980 / 봉평면 유포리 276-2

● 평창그린칠 스파리조트
(033) 333-4111 / 용평면 속사리 176

● 로하스파크
(033) 334-3200 / 용평면 도사리 104

● 황토마을 팬션
(033) 333-9232 / 평창군 진부면 326

양떼목장 📷 12mm 1/180s F8 ISO100

겨울에는 오두막 옆 경사면은 천연 눈썰매장으로 변해 아이나 어른이나 비료포대 하나만 있으면 신나게 눈썰매를 즐길 수도 있다.

평창은 여름의 감자축제를 시작으로 가을의 노성제와 오대산 국립공원이 위치하고 있는 진부에서 열리는 불교문화축제와 평창이 낳은 한국 현대문학의 대가 가산 이효석 선생을 기리는 효석 문화제가 열린다. 겨울엔 대관령 일대에서 눈꽃축제가 열리고 겨울 송어의 짜릿한 손맛을 느낄 수 있는 평창송어축제 등이 열린다.

 축제의 현장

★ 강원 감자 큰잔치
► **기간** 매년 8월중 (3일간)
► **장소** 대관령면 횡계리 일원

★ 노성제
► **기간** 매년 10월6~8일(3일간)
► **장소** 평창읍 평창종합 운동장
► **주요행사** 임진왜란 노성산 전투 재현, 야시장, 읍면대항 민속경기, 체육경기 등 군민화합을 다지는 다채로운 행사가 펼쳐진다.

★ 오대산 불교문화축전
► **기간** 매년 10월중(3일)
► **장소** 오대산 월정사
► **주요행사** 불교행사

★ 효석문화제
► **기간** 매년 9월중 (10일간)
► **장소** 봉평면 효석문화마을
► **주요행사** 문학의 밤, 백일장, 각종 전시 및 행사, 전통민속놀이 및 옛날장터 운영 등 각종 체험 행사가 있다.

★ 대관령 눈꽃축제
► **기간** 매년 1월중(5일간)
► **장소** 대관령 횡계리 도암 중학교 앞

★ 평창송어축제
► **기간** 매년 1월(1개월간)
► **장소** 진부면 오대천 일원

강원도 평창하면 우선 한우고기와 황태구이 메밀을 재료로 한 각종 요리들과 송어회와 민물매운탕 등이 유명하며 여행객들의 입맛을 사로잡는다.

광활한 초지에서 키우는 한우와 맑고 깨끗한 계곡에서 자란 송어요리 등 바닷가에서 느낄 수 없는 또 다른 맛의 먹거리가 풍부한곳이 바로 평창만의 자랑이기도 하다.

맛이있는 곳

* **고향막국수**_메밀국수

(033) 336-1211 / 봉평면 창동리
353-8

* **금당계곡 송어횟집**_송어회

(033) 332-5533 / 봉평면 유포리 1-2

* **산수정**_황태구이

(033) 332-1055 / 봉평면 면온리 674-2

* **대가**_한우등심

(033) 333-2364 / 봉평면 창동리
373-27

* **고향이야기**_등심, 곤드레돌솥밥

(033) 335-5033 / 대관령면 횡계리 348

* **고원숯불갈비**_한우갈비

(033) 335-5507 / 대관령면 횡계리 335-6

* **가마골**_한방백숙, 민물매운탕, 곤드레 나물밥

(033) 333-6333 / 평창읍 대하리 235-1

* **감자꽃필 무렵**_산채비빔밥

(033) 333-6724 / 용평면 속사리 904-1

메밀부침개, 메밀전병, 메밀묵사발, 메밀국수, 메밀냉면, 메밀감자떡

길따라 지도 따라

* 인터넷 웹사이트

http://www.happy700.or.kr/ 평창군청

* 문의전화

평창군청 문화관광과 (0374-330-2540)

* 대중 교통정보

자가운전
서울-경부고속도로-신갈분기점-영동고속도로-장평
IC-평창- 봉평
서울-경부고속도로-신갈분기점-영동고속도로-면온
IC-휘믹스파크-효석문화마을-허브나라
서울-경부고속도로-신갈분기점-영동고속도로-횡계
IC-삼양대관령목장-용평리조트-양떼목장

시외버스
동서울 터미널에서 횡계, 진부, 장평, 대화 터미널
방면으로 20~40분 간격으로 운행된다.

기차
원주방면-원주역-원주 시외버스터미널에서 평창행
시외버스이용
강릉방면-강릉역-원주 시외버스터미널에서 평창행
시외버스이봉
이용안내-http://app.korail.go.kr

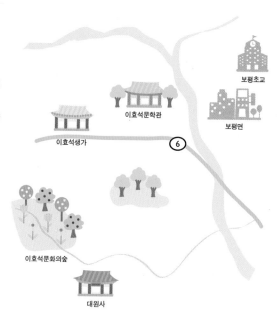

보평초교

이효석문학관

보평면

이효석생가

⑥

이효석문화의숲

대원사

살아있는 대자연의 보고
순천만

월별 베스트 추천여행_9월

여행 시기 | 9월 1주~9월 중순 사이

당일코스	연인
1박 2일 코스	MT
주변명소	사진여행
가족여행	계절마다

대, 갯벌, 철새, 노을, 가을에 떠오르는 단어이다. 단풍이 붉게 물들어 깊어가는 가을, 마음이 확 트이는 곳을 찾아 떠나보자. 여수반도와 고흥반도에 걸쳐 둘러싸인 순천만을 보러 갈 때는 언제나 흥분되는 가슴을 마음을 가라앉힐 수 없다. 순천만을 처음 본 것은 생태공원이 조성되기 전 어느 여름이었다. 순천의 대표적인 낙안읍성을 둘러보고 노을이 뉘엿뉘엿 지기 전 지방도로를 따라 가다 들른 곳이었다. 순천만을 보기 위해 작은 산에 올라야했는데 카메라가방과 삼각대를 메고 정신없이 산에 올랐다. 불과 10~15분이면 올라가는 거리였지만 해가 지는 터라 정신이 없었다. 거기다 산은 평탄하지 않은 비탈길이라 더욱 힘들었다. 정신없이 뛰어올라 보니 사진가들이 이미 자리를 잡고 순천만의 붉게 물든 장관을 담고 있었다. 사진을 꺼내기도 전에 떨어지는 해와 순천만의 붉게 물든 모습을 바라보고 있노라니 가슴이 벅찼다. 결국 그때는 사진을 담지

 당일 코스

낙안읍성 - 순천만 자연생태공원
(자연생태관, 갈대숲길, 전망대,
일몰)

● 자가운전정보

대대포구가는 길 :

① 호남고속도로와 남해고속도로의 접합점인 순천나들목 → 여수방면 17번 국도 → 순천청암대학 사거리 좌회전 → 도사초등학교 앞 → 대대포구 갈대밭

② 호남고속도로 서순천나들목 → 벌교 방면 2번 국도 → 순천청암대학 사거리 직진 → 인안초등학교 앞 → 대대포구 갈대밭

도 못했다. 아니 카메라를 꺼내지도 못했다. 이미 져버린 해와 어둑어둑 해지는 순천만을 바라보며 잠시나마 느꼈던 벅찬 감동만을 간직한 채 다음을 기약해야만 했다. 그리고 최근에 자연생태공원이 조성된 후 갈대숲을 따라 자연을 즐기며 다시 찾아볼 수 있었다.

순천만은 2004년부터 자연생태공원이 조성되어 갈대숲과 함께 생태체험을 하며 즐길 수 있는 곳이기도 하고, S자형 수로로 유명하다. 용산에 올라 바라보는 순천만의 노을과 갈대숲, 붉게 물든 칠면초 등은 자연의 장엄함을 그대로 보여준다. 운이 좋아 날씨가 맑은 날, 붉게 물든 노을과 함께 S자 수로를 지나가는 배를 담는다면 사진에 모든 것을 담아오는 기분이다. 늪지가 드문드문 가라앉고 그 위로 수면이 떠올라 S자수로가 열리는 장면은 마치 다큐의 한 장면을 보는 것처럼 이루 표현할 수 없다.

용산전망대

순천시를 중심으로 동쪽의 여수반도와 서쪽의 고흥반도에 걸쳐 39.8km의 해안선에 둘러싸인 순천만은 더 넓은 갯벌과 갈대밭을 간직한 자연의 보고이다. 특히 순천의 동천과 이사천의 합류 지점으로부터 순천만의 갯벌 앞부분까지 전개되는 갈대 군락은 전국에서 가장 넓은 면적을 자랑한다. 2000년 7월에 남해안 관광벨트 개발계획 사업으로 자연생태공원을 조성하여 2004년 11월부터 운영하고 있다. 계절별로 다양한 모습을 가지고 있는 순천만은 여름에는 초록 갈대숲으로 덮여 아름다운 생태계를 그대로 보존하고 있음을 보여주고, 가을에는 붉게 물드는 일몰과 가을을 알리는 세피아톤의 사진을 담을 수 있는 갈대, 철새들의 군무를 볼 수 있는 겨울 등 다양한 모습을 가지고 있다. 여름에는 나무데크로 이어진 갈대숲을 따라 트래킹을 하다보면 용산을 올라 순천만을 볼 수 있는 용산전망대로 갈 수 있는데 결코 가까운 길이 아니기 때문에 마실 물은 꼭 챙겨야 한다. 용산으로 바로 가려면 〈용산으로 바로 가는 길〉을 참고하자. 자연생태관, 순천만천문대, 갈대열차, 생태탐조투어, 생태관광, 선상투어 등 공원에서 다양한 즐길거리를 찾을 수 있다. 2006년 1월 국제적 습지 관련 기구인 람사르(RAMSAR)협약에 등록된 순천만은 4계절 어느 때 찾아와도 좋지만 그래도 가을에 찾아가는 순천만은 그만한 값어치를 제공한다.

1박2일 코스

순천은 한 곳만 보고 오기 아쉬운 곳이다. 먼저 순천에 도착하면 드라마 세트장에 들러 인심 좋은 60~70년대의 향수어린 마을을 관람하자. 오후 느지막이 순천만에 들러 생태체험과 일몰을 본 후 다음날 낙안읍성과 선암사 코스로 여행한다.

드라마 세트장 - 순천만 일몰 - 낙안읍성 - 선암사

용산으로 바로 가는 길

용산에 오르는 방법은 농주마을로 해서 올라가는 방법이 있다. 순천IC에서 나와 여수방향 17번 국도를 이용 직진 입체교차로(고가도로)에서 계속 직진하여(여수방향) 3.8km정도 가다보면 해룡면 소재지 4거리(좌측에 농수산물도매시장)가 나온다. 사거리에서 우회전하여(지방도863번 도로) 진행하다보면 우측에는 농경지, 좌측에는 마을이 계속 이어지는데 농수산물시장 앞 사거리에서 정확히 5.85km 지점에 농주마을 버스승강장이 있으며 입구에 순천만 S자 물길 사진과 함께 표지판이 설치되어 있다. 이곳에서 마을길로 바로 우회전하여 계속 들어가다 보면 농주수산이라는 표지판을 볼 수 있고 표지판의 방향에 따라 해변 쪽으로 나가다 보면 왕새우양식장이 보인다. 이곳에서 우측 편을 보면 산이 하나 있는데 이곳이 용산이며 약 15분 정도 걸어서 올라갈 수 있다.

1 전망대에서 본 순천만의 S자 물길
2 순천만 칠면조
3 칠면초와 솔섬

순천만은 해안선만 35km로 아주 넓은 지역이다. 사진 찍기 좋은 풍경을 가진 포구들이 곳곳에 있고 순천만을 둘러본다 해도 하루 종일 걸린다. 대대포구는 순천만 전체에서도 가장 갈대를 가까이서 볼 수 있는 곳인데 10월 중순 이후 갈대꽃이 하얗게 피고 갈대 사이에서 수십, 수백 마리의 겨울 철새가 떼를 지어 나는 풍경을 볼 수 있습니다. 대대포구에서 용산 전망대까지 데크가 놓이면서 갈대밭 접근이 더욱 쉬워졌다.

용산전망대에서 본 순천만의 모습은 물때가 맞지 않아 완벽한 S자가 보이지 않을 경우가 많다. 물때와 자세한 정보를 보려면 (http://suncheonman.com)에서 확인할 수 있다.

 숙박 정보

• 순천만 갈대바람
061) 741 -0302, 010-2982-0355/전라남도 순천시 대대동 157-21

• 흑두루미펜션
061) 722-1510, 010-2665-8852/전라남도 순천시 대대동 160-1

• 일몰회타운
061) 724-6920/전라남도 순천시 해룡면 상내리 838

• 흑두루미둥지
061) 742-1737/전라남도 순천시 대대동 901-1

순천만 칠면초의 모습이다. 가을에 가면 붉은 물든 칠면초의 모습을 볼 수 있다.

1 하늘부분이 밋밋해
코킨 그라데이션
필터를 상부 쪽에
사용했다. 주말에
가면 S자 물길을
가로 질러가는
관광배를 함께
촬영할 수 있다.
2 용산에서 바라본
순천만 들판이
모습이다.
3 솔섬의 일몰

칠면초와 솔섬의 풍경

주변 명소名所

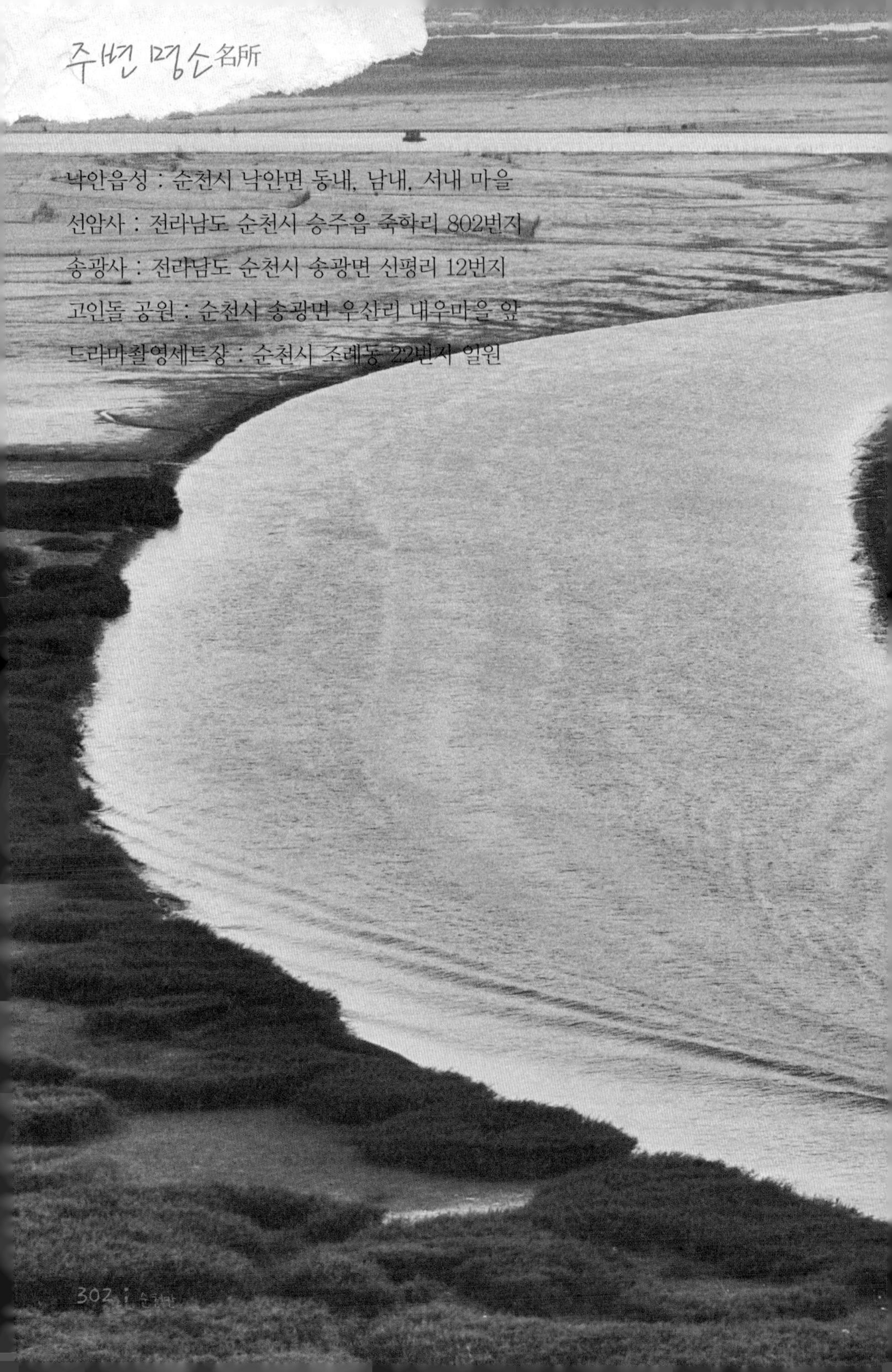

낙안읍성 : 순천시 낙안면 동내, 남내, 서내 마을

선암사 : 전라남도 순천시 승주읍 죽학리 802번지

송광사 : 전라남도 순천시 송광면 신평리 12번지

고인돌 공원 : 순천시 송광면 우산리 내우마을 앞

드라마촬영세트장 : 순천시 조례동 22번지 일원

Festival & taste 축제와 맛을 찾아

깊어가는 가을, 순천만에서는 아름다운 갈대축제가 시작된다. 광활한 갯벌과 갈대밭으로 이루어진 순천만은 가을에는 칠면초와 갈대를 볼 수 있다. 이 축제에서 눈여겨 볼 수 있는 내용은 사진가들을 위한 전국 사진촬영 대회가 열린다는 점이다.

 축제의 현장

★ 순천만 갈대축제
- **일시** : 10월 초순경~11월 초순 사이
- **장소** : 순천만 자연생태공원 일원
(야간공연 : 동천 등)
- **행사** : 순천만 생태투어(철새탐조, 생태탐조투어버스) , 흑두루미 하늘길(흑두루미 '등'에 소원글 적기), 순천만 생태체험

★ 순천낙안민속문화축제
- **일시** : 5월 중순(3일간)

- **장소** : 순천낙안읍성민속마을
- **행사** : 우리의 옛 자취와 남도의 소리를 찾아서(굴렁쇠 굴리기, 대형장기, 영농체험, 수문장교대식, 전통무예시연, 전국가야금병창대회, 길쌈시연, 동동구루무 공연 등)

★ 남도음식문화큰잔치
- **주제** : 자연에서 찾은 어머니 손맛! 남도생활 음식이야기
- **일시** : 10월 중순~말경 (3일간)

- **장소** : 낙안읍성민속마을 일대
- **행사** : 풍물놀이, 상달제, 푸드스타일열전, 음식퍼포먼스, 남도음식대전, 마당놀이 등)

★ 팔마문화제
- **일시** : 10월경
- **장소** : 순천시 전역
- **행사** : 전국 대학생 무진기행 백일장, 순천만환경미술제, 전국 순천만 사진 촬영대회, 팔마음악제 등

 맛이있는곳

• 강변장어구이_장어, 짱뚱어탕
: 061) 742-4233/전라남도 순천시 대대동 184-24

• 갯마을가든_장어, 짱뚱어탕
061) 741-3121/전라남도 순천시 대대동 184-27

• 순천만가든_장어, 짱뚱어탕
061) 741-4489/전라남도 순천시 대대동 191-130

• 전망대가든_장동어전골
(061)742-9496/별량면 학산리 683-3

• 갈대촌_민물장어,보리밥
(061)746-1700,010-6617-2702/순천만대대동

• 상사보릿고개_젓갈보리밥정식, 보리밥, 팥죽+기장밥
061-745-5574/순천만 상사면

• 청남정_굴비정식
061-746-0123/풍덕동 1260-4 (남부시장 로타리 부근)

• 길상식당_산채비빔밥
061-754-5599/선암사

• 수정회관_정식
061-741-8116/전남 순천시 장천동 63-8

그 지역에 대표음식을 찾으려면 그 지역에 열리는 재래시장에 찾아가면 만나볼 수 있다. 순천에서는 버스터미널 근처 아랫장이 열리는데 해물파전과 순천쌀로 만든 막걸리가 남도의 손맛을 표현해 준다. 꼬막, 멍게비빔밥, 매생이백반, 장어, 짱뚱어탕 등 다양한 음식들은 하나같이 입안에 붙는다.

길따라 지도따라

- **인터넷 웹사이트**
http://www.suncheonbay.go.kr/ 순천만 자연생태공원
http://www.suncheon.go.kr/home/tour/index.jsp 관광
순천

- **문의전화**
061-744-8111 순천시청 관광문화과

- **대중교통**

▶ 서울에서
경부(중부고속도로) - 대전 - 호남고속도로 - 광주 - 순천IC
· 버스 : 서울~순천(강남터미널) 4시간 30분소요
· 기차 : 용산역~순천역 5시간 소요

▶ 부산에서
남해고속도로 - 진주 - 순천IC

▶ 대구에서
구미고속도로 - 마산 - 남해고속도로 - 진주 - 순천IC

▶ 대전에서
호남고속도로 - 광주 - 화순 - 순천IC

▶ 광주에서
호남고속도로 - 순천IC
순천~대대동 순천만(버스)
공용정류장 앞에서 67번 버스 운행(30분 소요)

가을의 특별한 만남

백양사와 선운사의 가을단풍

월별 베스트 추천여행_10월

여행 시기 | 10월 2주~11월 중순 사이

당일코스	연인
1박 2일 코스	MT
주변명소	사진여행
가족여행	계절마다

전라남도 장성군 북하면 약수리의 백양사는 백제 무왕 때 세워졌다고 전해지는 명찰로 본래 이름은 백암사였고, 중연선사[1034년]가 크게 보수한 뒤 정토사로 불려졌다. 조선 선조 때 환양선사가 영천암에서 금강경을 설법하는데 수많은 사람이 구름처럼 몰려들었다고 한다. 법회가 3일째 되던 날 하얀 양이 내려와 스님의 설법을 들었고, 7일간 계속되는 법회가 끝난 날 밤 스님의 꿈에 흰 양이 나타나 '나는 천상에서 죄를 짓고 양으로 변했는데 이제 스님이 설법을 듣고 다시 환생하여 천국으로 가게 되었다'고 절을 하였다 한다. 이튿날 영천암 아래에 흰 양이 죽어 있었으며 그 이후 절 이름을 백양사라고 고쳐 불렀다.

내장사는 일주문 지나는 단풍터널로 유명하지만 백양사는 매표소를 지나는 입구부터 쌍계루에 이르는 애기단풍 길이 아름답다. 쌍계루 뒤편으로 기암괴석을 한 백학봉이 병풍처럼 둘러있고 이 계곡에서 흘러들어오는 물

당일 코스

↑도로에서 헤맹하지만 일찍부터 서둘러 출발해야한다. 백양사와 내장사를 둘러보고 홍길동 생가와 필암서원 그리고 많은 영화에 등장했던 아직도 옛날 농촌의 분위기를 고스란히 간직하고 있는 금곡영화촌을 관람하는 당일코스가 좋다.

백양사 - 내장사 - 홍길동생가 - 필암서원 - 금곡영화촌

을 모아 만든 것이 쌍계루 연못이다. 연못 앞 제방이 백양사 단풍 촬영지로 유명한 곳이라서 이른 새벽부터 많은 사진작가들이 자리싸움을 하기도 하는 곳이기도 하다. 내장산 백양사 단풍은 10월 말경에 절정을 이룬다. 내장사 쪽보다는 조금 이른 편이다. 해마다 단풍철이면 전국에서 행락객들이 구름처럼 몰려온다. 많은 인파로 복잡한 내장사 쪽보다 아기자기하고 한갓진 백양사 쪽을 먼저 들러보는 것이 좋다.

 1박2일 코스

가을에 1박2일 코스로는 백양사와 주변 관광지 몇 곳을 오전에 둘러보고 오후엔 고창 선운사로 이동해서 붉게 물든 단풍과 선운사 계곡의 반영을 사진에 담고 가을의 정취를 온몸으로 느끼며 도솔암으로 향하는 단풍길을 걸어보자.

백양사 - 내장사 - 홍길동생가-필암서원 - 금곡영화촌(1박) - 선운사

 숙박 정보

• 은혜가족호텔
(061) 392-7200 / 전남 장성군 북하면 약수리 211

• 백양관광호텔
(061) 392-0651 / 전남 장성군 북하면 약수리 259-11

• 내장산 관광호텔
(063) 538-4131 / 전북 정읍시 내장동 71-14

• 명동민박
(063) 538-8037 / 전북 정읍시 내장동 47-1

• 서울민박
(063) 538-8008 / 전북 정읍시 내장동 용하마을 민박촌

• 세르빌 모텔
(063) 538-9487 / 전북 정읍시 내장동 46-13

• 단풍산장
(063) 538-9755 / 전북 정읍시 내장동 내장산 민박촌 입구

백양사 주변 장성군의 주요 명소로는 축령산 휴양림과 홍길동 생가 및 테마파크, 필암서원 유물관, 장성호 문화예술공원, 금곡영화촌 등이 있다. 사진촬영 명소로는 금곡영화촌과 시원한 물줄기가 아름다운 몽계폭포 외에도 8경이 있지만, 주변의 가을 단풍 촬영지로는 고창 선운사를 손꼽는다.

거리가 다소 멀기는 하지만 약 1시간 이내의 거리에 있으므로 연계해서 사진 촬영 여행을 해보는 것도 좋다. 선운사는 주차장 입구에서부터 도솔천을 따라 선운사 도솔암까지 오르는 단풍길이 환상적이다. 봄이면 붉게 핀 동백과 초가을엔 상사화(꽃무릇)로도 유명한곳이다.

선운사 도솔천은 한해 세 번 물든다. 4월엔 붉은 핏빛 동백꽃잎이 뚝뚝 떨어져 붉게 물들이고, 9월이면 진홍빛 꽃무릇이 활활 타올라 도솔천 계곡을 온통 물들이고, 10월엔 온 산이 발그레한 단풍으로 물든다. 선운사 꽃무릇은 영광의 불갑사, 함평의 용천사와 함께 우리나라 3대 꽃무릇 자생지로도 유명하다.

단풍사진과 꽃무릇 촬영을 위해서는 사람들이 몰리는 시간대를 피해서 새벽 일찍 도착해서 동이트기 전부터 촬영 준비를 해야 한다. 전국의 유명 촬영지 현장에 가보면 사진 촬영을 위해 밤을 새가며 대기하고 있는 광경을 자주 볼 수 있다.

선운사 도솔천 길 따라 오르면서 중간 중간에 삼각대를 세우고 도솔천에 반영된 단풍을 촬영하고 꽃무릇 촬영시는 접사용 삼각대와 접사용 렌즈(마크로 렌즈)를 사용하거나 도로변에서 망원으로 촬영한다. 가끔 보면 무분별하게 자연을 훼손하거나 주변사람들에게 방해가 되는 행동으로 눈살을 찌푸리게 하는 사람들을 종종 볼 수 있다. 자연은 혼자만 보는 것이 아니라 다함께 즐기고 감상한다는 생각으로 언제나 조심스럽게 촬영에 임했으면 하는 바람이다.

도솔천과 녹차밭 풍경

대한팔경의 하나인 백암산의 오색단풍과 백양사 일원에서 열리는 단풍축제와 오월의 황룡강변에서 펼쳐지는 홍길동 축제 등이 있고 생촌 당산제가 있다.

축제의 현장

★ 백양사 단풍축제
▶ 기간 매년 11월초 (2일간)
▶ 장소 백암산, 백양사 일원
▶ 주요행사 전국 단풍 등산대회와 각종 체험행사 및 시화전등의 전시회

★ 홍길동 축제
▶ 기간 매년 5월초 (4일간)
▶ 장소 홍길동 테마파크, 황용강변, 공설운동장
▶ 주요행사 홍길동 추모제 및 홍길동 역사 재현, 민속놀이 및 각종 체험행사

★ 생촌 당산제
▶ 기간 정월 보름15일~다음날 새벽5시
▶ 장소 생촌리 당산나무 일대
▶ 주요행사 마을 주변 500여년의 노송과 느티나무에 마을의 안녕과 평화를 위해 당산제를 지낸다.

가을 백양사나 내장사 선운사는 유명 관광지답게 입구부터 많은 음식점들이 즐비해 있다. 그 많은 음식점들 중에서도 맛집을 찾는 다는 것은 정말 힘든 일이다. 사찰 주변 식당이라서인지 이곳도 대부분의 식당들이 산채나물 종류와 도토리묵, 파전, 동동주 메뉴가 주류를 이룬다. 대부분 산채나물들은 신선하고 맛이 비슷하다. 그 중에 나름 괜찮은 곳 몇 곳을 정리했으니 참고하자.

맛이있는 곳

백양사 방면

• 전주 전통식당_한정식, 버섯전골
(061) 392-7428 / 장성군 북하면 약수리 252-19

• 정읍식당_산채정식, 특정식, 주물럭
(061) 392-7427 / 장성군 북하면 약수리 252-7

• 공원민속식당_더덕정식, 산채정식
(061) 392-7437 / 장성군 북하면 약수리259-11

• 동창식당_자라용봉탕, 닭, 오리백숙
(061) 392-7555 / 장성군 북하면 약수리245-1
내장사 방면

• 원조전주식당_한정식
(063) 538-1232 / 정읍시 내장동 46-10

• 정읍황토식당_산채정식, 산채비빔밥
(063) 538-79283 / 정읍시 내장동 53-26

• 한국관_돌솥산채비빔밥, 산채 한정식
(063) 538-7790 / 정읍시 내장동 53-11

• 원조 전주식당 본점_산채, 전주한정식
(063) 538-8078 / 정읍시 내장동 46-18

• 내장산 한일관_산채정식
(061) 538-8980~2 / 정읍시 내장동 46-36

길따라 지도 따라

• 인터넷 웹 사이트
http://tour.jangseong.go.kr/장성군청

• 문의전화
장성군청 문화관광과 (061)-390-7254

• 대중 교통정보

▶ 자가운전
서울(호남고속도로)를 타고 백양사 IC에서 빠져나와 1번국

도 담양방면으로-북하면 소재지(16번군도)를 타고 직진하
다보면 백양주유소 맞은편 길 따라 3km정도 달리면 백양사
입구에 도착한다.

▶ 버스
서울 강남 고속터미널과 동서울 종합터미널에서 광주행 버
스를 이용한 후 광주시내에서 백양사행 직행버스를 이용하
면 백양사까지 간다.

충남과 전북을 이어주는

대둔산 도립공원의 단풍

월별 베스트 추천여행_10월

여행 시기 | 10월1주~11월중순 사이

당일코스	연인
1박 2일 코스	MT
주변명소	사진여행
가족여행	계절마다

산세가 수려한 대둔산 도립공원은 기암괴석, 단애와 단풍이 어우러지는 가을에 최고의 절경을 자랑한다. 단풍이 절정인 10~11월에 가장 많이 찾지만 봄 산행지로도 인기가 있다. 완주 방면의 대둔산 집단시설지구에서는 케이블카로 삼선 구름다리 아래까지 가서 1시간이면 정상에 오를 수 있어 연인, 가족단위의 나들이 코스로도 좋다.

정상인 마천대를 비롯하여 사방으로 뻗은 바위능선의 기암괴석과 수목이 어우러져 경관이 뛰어나고, 1980년 도립공원으로 지정 되었으며 마천대에서 낙소내에 이르는 바위능선과 일몰광경이 뛰어나다. 또한 임금바위·장군봉·동심바위·신선바위 등이 있다. 임금바위와 입석대를 잇는 금강구름다리와 태고사벽화가 유명하다. 대둔산은 전라북도와 충청남도의 경계이며 하나의 산을 두고 전북과 충남에서 도립공원으로 지정하였다. 대둔산은 한국 8경의 하나로 산림과 수석의 아름다움과

당일 코스

입장 매표소 → 0.6km → 동심바위 → 0.4km → 금강구름다리 → 0.7km → 마천대(정상) 용문골 매표소 → 0.9km → 칠성봉전망대 → 0.6km → 용문골 삼거리 → 0.5km → 마천대 안심사 입구 → 0.8km → 쌍바위 → 0.8km → 지장폭포 → 1.8km → 마천대

최고봉인 마천대를 중심으로 기암괴석들이 각기 위용을 자랑하며 늘어섰다. 남으로 전북 완주군 운주면, 서북으로 충남 논산시 벌곡면, 동으로 금산군 진산면 등에 걸쳐 있는 대둔산은 웅장한 산세로 많은 이들에게 사랑을 받고 있다. 기암괴석과 폭포, 계곡과 유적, 옛절 등 볼거리도 많다.

대둔산은 봄철에는 진달래, 철쭉과 엽록의 물결, 여름철의 운무속에 홀연히 나타나고 숨어버리는 영봉과 장폭, 가을철 불붙는 듯 타오르는 단풍, 겨울철의 은봉 옥령은 형언할 수 없는 자연미의 극치를 이루고 있다. 그중에서도 가장 아름다운 "설경"과 낙조대에서 맞이하는 일출, 낙조가 장관이다.

전주에서 17번 국도를 따라 1시간 정도 달리다 보면 호남의 금강이라는 대둔산에 다다른다. 대둔산이라는 명칭이 큰덩이의 산을 의미하듯이 정상인 마천대^(877.7m)를 중심으로 기암괴석과 숲이 한데 어우러져 거대하고 웅장한 산을 이룬다. 대둔산 관광호텔 뒤에서 케이블카를 타고 올라가 금강구름다리를 건너보는 것만으로도 가을의 정취와 스릴을 맛 볼 수가 있을 것이다.

1박2일 코스

대둔산 마천대(정상) 등반 후 대
둔산 유황온천에서 피로를 풀고
사진여행을 위해서라면 1시간
여 거리의 진안 마이산으로 이동
(1박)후 새벽 마이산 풍경촬영을
하는 것이 좋다.
마이산탑과 금당사, 수선루, 천황
사, 운일암 등 주변의 명소를 돌
아보는 1박2일 코스로 마감한다.

대둔산 등산 - 대둔산온천 - 진안
(1박) - 마이산 - 마이산탑 - 금당
사 - 수선루 - 천황사 - 운일암

대둔산은 마천대에서 바라보는 일출풍경과 운무도 좋지만 겨울의 설경도 아름답다. 송광사 입구의 벚꽃터널과 운장산계곡의 철쭉과 단풍 풍경도 좋다. 조금 더 이동하면 1시간 이내의 거리에 있는 진안의 마이산 전경도 사진 촬영 명소로 유명하다.

마이산은 봄 벚꽃풍경도 좋지만 가을 단풍과 운해가 내려앉은 풍경도 장관을 이룬다. 마이산 운해 포인트는 초행길 여행객들에게는 찾아 가기가 쉽지 않은 곳이다. 촬영 포인트는 두남리에서 올라가는 길과 외후사동에서 올라가는 길이 있다. 두남리쪽으로 올라가는 길은 완만한 반면 외후사동으로 올라가는 길은 가파른 산길을 올라가야 하므로 운전에 각별히 신경을 많이 써야한다. 매네미재 주차장에 이르면 옆으로 나무로 된 계단이 보이는데 이길을 약5분정도 걸으면 마이산이 정면으로 보이는 촬영 포인트에 이른다. 이곳은 10여명 이상이 촬영할 수 있는 공간이 있다. 맑은 날 야경과 새벽의 운해를 담아도 좋은 곳이다.

그밖에 마이산 북부 주차장위의 사양지에서는 마이산 전경의 반영을 함께 담을 수도 있는 곳이다. 역광으로 해가 비치는 오전과 오후의 순광을 이용해서 포인트를 이동해가며 구도를 잡아 촬영하는 것이 좋다.

두남리 길 : 두남사거리에서 좌회전-다리-좌회전 후 산길을 따라 계속 오름-매네미재.

 숙박 정보

대둔산방면

• 죽림유황온천텔
(063) 232-8757 / 상관면 죽림리 776-55

• 화심온천모텔
(063) 243-6560 / 소양면 화심리 46

• 경향산장
(063) 263-8783 / 운주면 산북리 611-36

• 나들목산장
(063) 261-1260 / 운주면 산북리 611-41

• 대둔산관광호텔
(063) 263-1260 / 운주면 산북리 611-70

마이산방면

• 부귀산장민박
010-5072-4203 / 부귀면 두남리 32-4

• 마이산팬션
(063) 432-0361 / 상전면 수동리 398-2

• 운장산자연휴양림
(063) 432-1193 / 정천면 갈용리 갈거

• 마이산모텔
(063) 432-4201 / 진안읍 단양리 690-8

외후사동 길 : 외후사동 사거리-마을을 지나 계곡 쪽으로 계속 오름-매네미 재 오르는 길-두 갈래 길 에서 좌회전 후 산길을 계 속 오름-차량이 다닐 수 있는 산길 정상의 매네미 재 도착.

대둔산 주변의 주요 명소 로는 화암사와 고산자연 휴양림, 경천호, 경천 디지 털 산내마을 곤충왕국 박 물관 등이 있고 그밖에도 모악산 관광지 금낭화 군 락지 대아수목원이 있다. 마이산 주변 명소로는 용 담호와 운장산 휴양림, 백 운동 계곡, 고무 룽환선마 을, 구봉산, 풍혈냉천 등 이 있다.

5월에 완주 군민의 날을 시작으로 대둔산 자락에서 열리는 대둔산축제와 딸기축제, 완주 소싸움대회 및 완주 소양 벚꽃길 행사 등이 있다. 10월에 열리는 대둔산 축제는 매년 10월 말경 3일간 개최하는데 가을에 열리는 만큼 가을 단풍과 축제의 향연에 흠뻑 빠질 수 있다. 특히 단풍길 등반대회와 보물찾기 등 참여할 수 있는 행사들이 많이 있고, 각종 공연과 대회 등이 이루어진다. 여타 축제들과 같이 다양한 대회와 공연, 참여행사 등이 있지만 뭐니 뭐니해도 대둔산을 두고 단풍과 함께 길을 걷는 것이 가장 가을에 걸맞은 축제다.

축제의 현장

★ 완주군민의 날 축제
▶ 기간 매년 5월중
▶ 장소 공설운동장 및 실내체육관
▶ 주요행사 각종 체육대회와 군민
위안잔치 등의 연예인공연

★ 대둔산축제
▶ 기간 매년 10월 말경
▶ 장소 대둔산 도립공원 일원
▶ 주요행사 민속놀이, 전통예술/국악공연, 대둔산 가요제, 읍면대항 윷놀이, 팔씨름 대회 등

★ 완주 딸기축제
▶ 기간 3월 말경
▶ 장소 완주군 청소년수련관 야외관
▶ 주요행사 딸기품평회 및 시식회, 예술 공연 및 노래자랑 등 기타행사

★ 완주 전국 민속 소싸움대회
▶ 기간 매년 10월말 (5일간)
▶ 장소 완주군 봉동면 전주과학산업단지 내
▶ 주요행사 소싸움대회(갑종, 을종, 병종), 기타 부대행사

★ 소양 벚꽃길 행사
▶ 기간 매년 4월초 중순경
▶ 장소 완주군 소양면 황운리 마수마을 ~ 송광마을까지 2km
▶ 주요행사 꽃 길 걷기 및 부대행사 등

대둔산 도립공원은 충남과 전북의 경계에 있어 주변에 다양한 음식문화가 발달해 왔다. 특히 산을 둘러쌓은 주위에는 각종 산나물들을 볼 수 있는데 대둔산 역시 산채백반과 도토리묵, 순두부백반과 한우고기 구이, 토종닭백숙과 보리밥정식, 민물고기 매운탕과 참붕어찜 등 산 좋고 물 맑은 고장의 맛깔스런 음식의 정취를 느낄 수 있다.

맛이있는 곳

● 전주 식당_산채정식, 더덕구이백반, 버섯전골
(063) 263-3473 / 운주면 산북리 611-62

● 대둔산골 식당_갈비쌈밥, 산채비빔밥
(063) 262-5657 / 운주면 산북리 604-8

● 대둔산 강변가든_오리바베큐, 민물매운탕
(063) 263-4919 / 운주면 산북리 690

● 옛마당_꽃정식, 꽃밥, 옛날 한정식
(063) 221-8446 / 구이면 항가리 143-1

● 상록수회관_전주비빔밥, 육회비빔밥, 불낙전골
(063) 232-1242 / 상관면 용암리 435

● 전주고향식당_돌솥비빔밥, 야채버섯전골
(063) 263-9151 / 운주면 산북리 611-64

● 한밭식당_한밭정식, 더덕구이, 버섯전골
(063) 263-9870 / 운주면 산북리 611-58

길따라 지도따라

● 인터넷 웹 사이트
http://tour.wanju.go.kr/완주군청

● 문의전화
완주군청 문화관광과 (063)-240-4208

● 대중 교통정보

자가운전
호남고속도로 계룡나들목을 나가 계속 큰길을 지나 직진하면 4번국도와 만나는 연화 교차로가 나온다. 이 연화 교차로에서 4번 국도를 타고 논산방향으로 달리면 연산이 나온다. 연산에서 벌곡으로 들어가는 68번 지방도로로 좌회전

해서 계속가면 도산 초등학교가 나온다. 이 도산초등학교를 끼고 우회전하면 대둔산 들머리인 매표소에 도착한다.

버스
전주와 대전 방면에서 대둔산행 직행버스를 타거나, 고속버스나 시외버스를 이용해 논산까지 간 후 논산에서 다시 벌곡까지 버스를 이용해 간다. 다시 벌곡에서 대둔산으로 가는 버스를 이용하면 된다.
전주터미널 → 대둔산(직행버스, 5회 운행, 60분 소요)
대전서부터미널 → 대둔산(직행버스, 6회 운행, 40분 소요)
(대둔산도립공원관리사무소 063-240-4561)

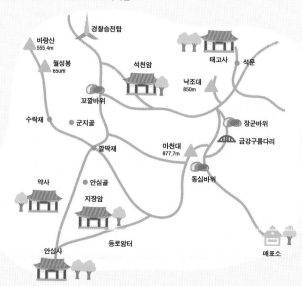

아산의 초가삼간
외암리민속마을

월별 베스트 추천여행_11월
여행 시기 | 10월 초~11월 말 사이

당일코스	연인
1박 2일 코스	MT
주변명소	사진여행
가족여행	계절마다

마을 중요 민속자료 제236호로 지정되어 있는 충남 아산 외암리 민속마을은 약 500년 전부터 마을이 형성되어 충청 고유 격식인 반가의 고택과 초가 돌담총5.3km, 정원이 보존 되어 있으며 다량의 민구[民具]와 민속품을 보유하고 있다.

가옥주인의 관직명이나 출신 지명을 따서 참판댁, 병사댁, 감찰댁, 참봉댁 등의 택호가 정해져 있으며 마을 뒷산 설화산 계곡에서 흘러내리는 시냇물을 끌어들여 연못의 정원수나 방화수로 사용하고 있다. 설화산 남쪽자리에 자리 잡고 있는 외암마을의 지명은 외암리 서쪽에 있는 역말과 관련이 있는 것으로 이곳 역말에는 조선초기부터 이미 시흥역이 있었고 외암마을은 이 시흥역의 말을 거두어 먹이던 곳이라서 오양골이라고 불렀다고 하는데 이 오야에서 외암이라는 지명이 유래된 것으로 추측된다.

외암마을은 예안이씨[禮安李氏] 중심으로 구성된 마을이다. 마을 앞쪽으로 넓은 농경지를 두고 뒤로는 산이 병

다%일 코스

아산은 지금의 통합되기 전 온양으로도 더 잘 알려져 있는 곳이다. 옛날에는 신혼여행지로 유명할 정도로 온천이 유명했으며, 외암마을 가는 길목에 충무공 이순신장군의 사당이 모셔져있는 현충사와 온양 민속박물관 세계꽃식물원 등 보고 듣고 체험할 수 있는 관광 자원이 많은 곳이다. 당일코스로는 수도권에서도 가까운 거리이므로 외암마을-현충사-온양민속박물관-세계꽃식물원-아산스파비스 코스를 추천한다. 여행 후 온천욕은 하루의 피로를 씻어주고 활기를 되찾는 재충전 해보자.

풍처럼 막아주는 사이의 구릉지에 자리 잡고 있다. 이 마을이 처음에는 넓은 농경지로 인해 자연 발생적인 듯 하나 조선 중기에 예안이씨가 이 마을에 들어오면서 인물이 나타나자 점차 예안이씨 후손들이 번성하여 집성마을로 바뀌게 되었던 것이다. 이 마을은 입구의 무(다리)를 건너면서 약한 구릉지에 집들이 길을 따라 독특하게 자리 잡고 있다. 마을 가운데로 안길이 있고 이 안길은 올라가면서 좌우로 샛길을 뻗치고 있다. 이러한 모양은 하늘에서 보면 마치 나뭇가지와 같이 큰 줄기를 따라 올라가면서 작은 가지가 뻗고 가지 끝에 열매가 맺어 있는 것과 같은 자연형태와 같은 마을배치를 보여준다.

자연스럽게 만들어진 듯한 마을이지만 거기에는 눈에 보이지 않는 어떤 원칙이 있다. 즉 마을의 동북쪽에 위치한 산을 주산이라 하는데 주산인 설화산과 서남쪽에 위치한 봉수산을 잇는 긴 선이 이어지는 축선에 일정한 영역을 만들어 그 영역 안에 집들을 배치해 두었다. 마을의 전체적인 모양은 동서로 긴 타원형이다. 동북쪽의 설화산 자락이 마을에 이르러서는 완만하게 구릉을 만들면서 마을 앞쪽으로 흘러 내려간다. 따라서 서쪽의 마을 어귀는 낮고 동쪽의 뒤로 갈수록 높아지는 동고서저(東高西低) 형상이다. 이러한 지형조건에 맞추어 집이 앉은 방향은 거의 서남향이다.

외암마을 전경과 초가지붕 이엉 올리기

 1박2일 코스

여유롭게 시간을 넉넉히 잡아서 외암리 민속마을과 광덕산 입구의 광덕사를 들러보고, 현충사와 이충무공 묘소를 관람한 뒤 아산 스파비스에서 온천욕으로 하루를 마무리하자.

다음 날, 온양민속 박물관과 신정호 관광지를 둘러본 다음, 아산 세계 꽃식물원에 들러 수십만 송이의 형형색색의 꽃과 향기에 취해본다.

외암민속마을 - 광덕사 - 현충사-이충무공묘소 - 아산스파비스(1박) - 온양민속박물관 - 신정호관광지 - 세계 꽃 식물원 코스가 적당하다.

가을이 짙어가는 11월 초에는 현충사 앞길의 은행나무 단풍이 절정을 이뤄 거리를 온통 짙은 노란색으로 물들인다. 현충사 은행나무 길은 1973년 현충사 성역화 공사 당시 아산시 염치읍 송곡리에서 현충사가 소재한 백암리까지 도로면 3km에 이르는 곳으로, 40~50년생 은행나무 1,000여 그루가 심어져 있다. 사진 촬영은 차들이 많이 다니지 않는 이른 아침이 방해를 받지 않고 촬영하기 좋은 시간이다. 또한 곡교 천변 일대에 봄이면 유채꽃, 가을에는 코스모스를 심어놓아 일대가 장관을 이루니 놓치지 말자.

외암민속마을에서 매년 10월에 열리는 짚풀 문화제 행사 기간 동안 초가지붕 이엉 올리기 작업이 진행되며, 전통 혼례식과 마을 상여 나가기 등의 좀처럼 접하기 힘든 장면들의 행사 사진을 촬영할 수 있다.

이외에도 세계 꽃 식물원과 피나클랜드에서는 형형색색의 아름다운 꽃들을 눈에 담을 수가 있어 연중 많은 사람들이 찾는다.

 숙박 정보

• 온양관광호텔
(041) 545-2141 / 아산시 온천동 2412-10

• 도고로얄호텔
(041) 543-5511 / 아산시 도고면 기곡면 173-14

• 아산레저호텔
(041) 541-5526~30 / 아산시 음봉면 신수리 290-5

• 인터파크관광호텔
(041) 533-4325~9 / 아산시 온천동 82-12

• 산새들 팬션
(041) 543-3887 / 아산시 송악면 강당리 382

• 산아름 팬션
(041) 544-6981 / 아산시 송악면 종곡리 271

• 도고글로리콘도
(041) 541-7100~10 / 아산시 도고면 기곡리 17-10

• 파라다이스 스파도고
(041) 537-7100 / 아산시 도고면 기곡리 180-1

• 금호리조트(아산스파비스)
(041) 539-2000 / 아산시 음봉면 신수리 288-6

• 온양청주온천
(041) 546 2151~8 / 아산시 온천동 86-6

아산시 성정면에 위치한 화랑 승마랜드, 국내 최고의 유황 온천인 도고온천이 있으며 해발 699m의 광덕산과 강당골, 연꽃으로도 유명한 고려시대에 창건한 인취사, 아산만과 삽교천을 잇는 인주면 공세리 언덕위에 위치한 공세리성당은 1894년에 설립한 성당으로 많은 드라마와 영화 촬영지로도 알려진 곳이다. 그밖에도 신정호 휴양지, 건강보양 테마 온천지 아산 스파비스, 세계 꽃 식물원, 물, 빛, 바람을 주제로 한 다목적 테마파크인 피나클랜드 등이 주변 명소로 알려져 있다.

아산의 대표적인 축제로는 성웅 이순신축제와 외암리 짚풀 문화제가 있다. 성웅 이순신 축제는 충무공 이순신 장군의 정신을 되새겨 애국애족의 정신을 고취시키고 본받기 위하여 충무정신을 바탕으로 지방문화 활성화를 위한 전통을 계승 발전시키는 계기 및 시민화합을 도모하기 위하여 1961년에 최초로 온양문화원 박노을 원장을 비롯한 지역민들이 주축이 되어 "온양문화제"로 시작하여 해마다 개최되고 있으며 2004년부터 아산 성웅 이순신축제로 명칭을 변경하여 개최되고 있다.

외암마을 짚풀 문화제는 해마다 10월 추수 후에 주민들과 지역시민단체가 함께 만드는 축제이며, 옛 마을의 아름다움을 잘 간직하고 드라마나 영화촬영장소로도 유명한 외암리 민속마을에서 열린다. 짚풀 문화제는 해마다 주민들이 품앗이를 하면서 추수 후의 짚풀로 초가지붕을 해이고 미투리, 망태기 등을 짜는 등 농촌생활용구를 준비하고 마을공동체를 만들어갔던 문화를 재현하고자 마련되었는데 짚풀 체험마당(이엉 엮기와 초가지붕 얹기, 움막 짓기, 여치집 만들기 등), 전통문화체험마당(염색체험, 전통문양, 토우 만들기, 다도체험, 장승깎기체험, 떡메치기 등), 민속놀이마당(씨름, 투호, 제기, 그네, 널뛰기 등), 다양한 국악공연행사, 횃불군무, 횃불고기잡이 등 여러 가지 다양한 프로그램으로 기획되어 관광객들과 주민들이 함께 어우러지는 참여형 축제의 전형으로 자리잡아가고 있다.

축제의 현장

★ 성웅 이순신축제
▶ **기간** 충무공탄신일 4월28을 전후하여 3~4일
▶ **장소** 현충사 일대
▶ **주요행사** 다례행사와 서막식, 이충무공 전술비(秘)연 날리기 대회, 아산줄다리기, 무과시험재연, 석전 등 다채로운 행사가 있으며 식전행사, 의전행사, 경축행사, 문화예술행사, 전통민속행사 등이 많은 관광객과 시민들에게 볼거리를 제공하고 있다.

★ 짚풀 문화제
▶ **기간** 매년 10월 추수 후.
▶ **장소** 외암리 민속마을 일대
▶ **주요행사** 짚풀 체험마당(이엉 엮기와 초가지붕 얹기, 움막 짓기, 여치집 만들기 등), 전통문화체험마당(염색체험, 전통문양, 투우 만들기, 다도체험, 장승깎기체험, 떡메치기 등), 민속놀이마당(씨름, 투호, 제기, 그네, 널뛰기 등), 다양한 국악공연행사, 횃불군무, 횃불고기잡이 등 여러 가지 다양한 프로그램으로 기획되어 관광객들과 주민들이 함께 어우러져 참여한다.

보는 여행도 중요하지만 먹는 즐거움도 빼놓을 수 없는 것이 바로 여행의 백미다. 아산은 내륙이라서 해물보다는 버섯이나 육류의 음식들이 많이 발달해 있으며 대부분 이곳 사람들의 성품과 닮아서인지 자극적이지 않고도 구수하고 담백한 맛을 낸다. 대표적인 맛집으로 일반인들도 추천하는 곳에는 곰탕, 두부, 한정식 등 쉽게 볼 수 있는 곳들이 있다.

 맛이있는 곳

● 조선곰탕_곰탕
(041) 543-5435 / 아산시 영인면 아산리 154-1

● 즉석두부촌_두부 전문점
(041) 541-2112 / 아산시 도고면 기곡리 251-2

● 시골밥상_한정식
(041) 544-7157 / 아산시 송악면 강당리 89-1

● 금평추어탕_미꾸라지 전문
(041) 544-6774 / 아산시 신창면 창암리 95-3

● 길조샤브샤브_버섯전골, 소고기샤브샤브
(041) 549-1900 / 아산시 온천동 1387

● 콩밭집_향토음식 전문
(041) 534-3411 / 아산시 좌부동 7-8

● 고려옥_족탕 전문
(041) 545-6254 / 아산시 모종동

● 소담_굴요리 전문
(041) 545-0084 / 아산시 장존동 50-1

● 설화수사_일식 전문
(041) 549-5525 / 아산시 배방면 북수6리 687-17

● 청룡매운탕_민물매운탕
(041) 533-0457 / 아산시 방축동 138-16

길따라 지도 따라

● 인터넷 웹 사이트

http://www.asan.go.kr/아산시청

● 문의전화

아산시청 관광체육과 (041)-540-2565

● 대중 교통정보

자가운전

경부고속도로 : 천안IC 국도21호(20km) - 신도리코 앞 사거리 - 읍내동사거리 - 국도39호(10km) - 송악 외곽도로 - 외암 민속마을

서해고속도로 : 서평택IC - 국도39호(28km) - 온양온천(6km) - 송악나드리 - 읍내동사거리 - 송악 외곽도로 - 외암 민속마을

● 버스

· 서울 강남터미널 - 아산

(06:30-21:00 30분 간격, 1시간 30분 소요)

· 대전 동부터미널 - 아산

(07:05-19:55 30분 간격, 1시간 30분 소요)

· 청주터미널 - 아산

(06:50-21:10 30분 간격, 1시간 20분 소요)

· 인천터미널 - 아산

(06:00-20:00 30분 간격, 2시간 소요)

● 기차

서울역 - 온양온천역(05:15-19:50 30분 간격, 1시간 30분 소요) 장항선 철도:온양온천역

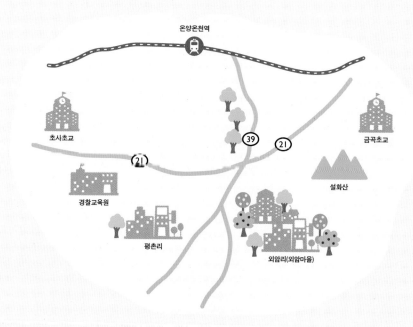

원정리 전원풍경

황금들판과 새벽안개

당일코스	연인
1박 2일 코스	MT
주변명소	사진여행
가족여행	계절마다

가을 황금들판과 함께 이른 아침 안개 자욱한 들녘의 느티나무 한그루의 전원 풍경은 꿈속의 풍경을 연출한다. 가을이면 아름다운 여행 장소가 많지만 이곳 또한 결코 빠질 수 없는 명소이기도 하다. 바로 충북 보은군 마로면에 위치한 원정리 들판이다. 벼가 익기 시작하는 9월부터 추수하기 전 11월 초까지 아름다운 풍경을 볼 수가 있다.

일교차가 심한 이맘때쯤이면 새벽안개가 마을을 감싸고 누런 황금들녘의 한가운데 우뚝 서있는 느티나무 풍경은 한 폭의 그림같이 아름답다. 임한리 솔밭이나 속리산 법주사 등 주변에 볼거리도 많아서 가을 여행지로도 좋다.

원정리는 본래 보은군 마로면의 지역으로서, 원정 최수성이 살았으며 원정 또는 원징이라 하였는데 1914년 행정구역 폐합에 따라 모동, 점동, 원남리를 병합하여 원정리라 하였다.

 당일 코스

사진 촬영을 위한 여행이라면 남들보다 좀 더 일찍 서둘러 집을 나서야만 한다. 새벽에 출발해서 먼저 임한리 솔밭 풍경을 촬영하고 바로 근처의 원정리로 이동해서 안개 낀 원정리의 전원 풍경을 사진에 담는다. 촬영 후 속리산 법주사 경내를 둘러보고 보은 원정리 3층석탑과 주변의 문화재들을 관람하면 하루코스로 제격이다.

원정1리는 본면의 동남쪽에 위치하고 있으며 동은 세중리, 서는 오천리, 남은 옥천군, 북은 기대리에 접하고 있다.

주변에 원정리 사지와 강교, 충청북도 유형문화재 제118호인 원정리 삼층석탑이 문화유적으로 있다. 원정리는 청산면과 경계를 이루고 있으며 마로광업소가 있어 흑연, 무연탄을 생산하고 있으며 벼농사가 대부분인 전형적인 농촌 마을이다.

사진 촬영을 위해선 해가 뜨기 전에 먼저 도착해서 자리를 잡아야 한다. 이곳은 세중리 방면으로 들어가면 조그만 다리가 나오는데 이 다리를 건너면 시멘트 포장도로가 이어진다. 이곳이 원정리 전원 풍경을 담을 수 있는 포인트이다.

마로면 원정리가 속해있는 충북 보은군은 주변 자연 경관이 빼어난 속리산 국립공원과 법주사, 오염되지 않은 천혜의 청정마을 구병마을 있고, 말티재 휴양림과 속리산 줄기마다의 계곡에서 흘러 내려오는 맑은 물과 크고 작은 폭포 등 여름과 가을에 여행하기에 좋은 곳이기도 하다.

 1박2일 코스

속리산 등산 후 1박하고 다음날
아침 일찍 임한리 솔밭과 원정리
에 들러 사진촬영을 한 다음 원
정리 3층석탑-법주사 코스로 돌
아보는 1박2일 코스로도 좋다.

'충북 보은'하면 속리산과 법주사를 가장 명소로 꼽는다. 속리산 문장대 일출 장면 이나, 법주사 불상을 배경으로 한 빛이 내리는 풍경은 사진 촬영 여행으로서도 손색이 없다.

이외에도 속리산과 구병산을 잇는 알프스 등반 코스와 속리산면 만수리의 만수계곡, 주변 풍광이 아름다운 서원계곡 등이 여름 피서지로도 인기가 많고, 1995년에 개관한 향토민속자료 전시관과 보은읍 어안리 오정산에 있는 신라시대의 석축 산성으로 삼년산성이 있으며 조각공원과 법주사 입구에 있는 오리숲, 황톳길은 계절에 따라 펼쳐지는 풍광이 좋은 곳이다.

속리산 문장대 정상에서 바라본 풍경
속리산

보은의 사진 촬영 명소로는 탄부면의 임한리 솔밭과 원정리 느티나무 풍경을 손꼽는다.

임한리 솔밭은 수령 약 250여년의 소나무들이 빼곡히 들어서 있는 곳으로 이른 아침 안개에 휩싸인 풍경은 몽환적이다. 해마다 보은 대추축제가 열리는 10월은 솔밭 주변에 많은 해바라기를 심어놓아 전경이 아름답다. 사진 촬영을 위한 여행이라면 먼저 임한리 솔밭에 들러서 아침안개와 소나무 풍경을 담는 것이 좋다. 원정리 느티나무 풍경 촬영 후 임한리로 이동하면 이미 안개는 사라지고 촬영 시간을 놓치게 된다.

원정리 촬영을 마치고 인근의 임한리 솔밭으로 바로 이동해서 촬영하는 방법과 먼저 임한리 솔밭을 촬영한 후 원정리를 촬영하는 방법 중 아침 안개가 많을 경우 두 곳 중, 선택하면 되겠다. 삼각대를 세우고 빛의 방향을 봐가며 소나무밭의 풍경을 담아보자.

임한리 솔밭

다중촬영(다중노출)

다중촬영이란 필름 한 컷에 여러 번 촬영하는 것을 일컫는다. 카메라의 필름 되감기 레버를 이용하거나 다중촬영버튼을 이용하여 자신이 원하는 만큼 다중촬영 할 수 있다. 이때 가장 신경써야할 점이 바로 노출이다. 한 번 촬영시의 노출값을 찍는 횟수만큼 나누어 주어야 정상적인 노출을 얻을 수 있기 때문이다. 2회 촬영시는 한 번 촬영시의 노출값 ½씩 2번, 4회 촬영시는 ¼씩 4번 촬영한다. DSLR 카메라에서는 니콘계열 d200 기종 이상에서 다중촬영이 가능하다.

임한리 솔밭의 이른 아침 풍경

속리산 자락 보은군의 축제는 10월에 이 고장 특산물인 보은 황토대추 축제를 비롯해서 속리산 단풍 가요제 그리고 소리 축전 등을 매년 10월에 개최하고 있다.

 **축제의 현장**

★ 보은 대추축제
- 기간 : 매년 10월 초 (3일간)
- 장소 : 보은군 탄부면 임한리
- 주요행사 : 대추따기 체험행사와 대추유물 전시 메뚜기 잡기대회 도깨비 체험행사 풍물놀이 등의 각종 공연과 체험 행사가 있다.

★ 속리산 단풍가요제
- 기간 : 매년 10월 말경
- 장소 : 속리산 잔디 공원일대
- 주요행사 : 속리산 단풍철에 맞춰 열리는 가요제 행사로 일반인 노래자랑과 연예인 공연 등이 펼쳐진다.

★ 소리축전
- 기간 : 매월 10월 말경 (2일간)
- 장소 : 뱃들공원 및 속리산 잔디공원일대
- 주요행사 : 전통문화 행사, 거리축제 행사, 공연과 무대행사, 각종 전시회 등이 열린다.

 맛이있는 곳

• 가야식당_산채 비빔밥, 자연 버섯전골
(043) 543-3691 / 보은군 속리산면 사내리 280-1

• 메밀옹심이 손칼국수_메밀칼국수, 메밀전병
(043) 543-3912 / 보은군 속리산면 사내리185

• 큰소나무집_황토오리 흙구이, 토끼탕
(043) 540-5326 / 보은군 보은읍 대야리 73번지

• 신토불이식당_산약채정식, 능이해장국
(043) 543-0433 / 보은군 속리산면 사내리280-1

• 흥원식당_대추산채빔밥, 송이백숙
(043) 544-4309 / 보은군 속리산면 사내리285

• 이원식당_올갱이, 선지해장국
(043) 543-1781 / 보은군 보은읍 교사리 54-20

• 신라식당_한성식
(043) 544-2869 / 보은군 보은읍 삼산리 155-1

• 경희식당_한정식
(043) 543-3736 / 보은군 속리산면 사내리280-2

• 송림가든_송어, 향어회
(043) 543-6995 / 보은군 회남면 신곡리 211

• 금린식당_민물회, 쏘가리매운탕
(043) 542-8520 / 보은군 회남면 사음리 107-1

충북 보은은 속리산 자락에서 나는 각종 산나물과 민물고기를 이용한 음식들이 많이 발달해 왔으며 그중에도 더덕구이 정식과 산나물 비빔밥, 민물매운탕, 오리, 닭백숙 등이 유명하고 보은의 향토 음식으로는 메밀 옹심이 손칼국수와, 대추곱창전골, 산약채정식, 송이 백숙 등 건강 보양 음식점 들이 많이 있다.

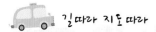 길따라 지도따라

- 인터넷 웹 사이트
http://www.boeun.go.kr/보은군청

- 문의전화
보은군청 문화관광과 (043)-540-3370

- 대중 교통정보

▶ 자가운전
원정리 가는 길은 경부고속도로 옥천IC에서 내려 37번국도

502번 국도를 타고 가는 방법과 영동 톨게이트에서 내려가는 방법이 있다. 원정 삼거리에서 세중리 방면으로 들어가면 조그만 다리가 나오는데 이 다리를 건너면 바로 원정리 느티나무 벌판이다.

▶ 버스
보은행 버스는 서울 강남 터미널에서 하루 34회 운행하며 서울 남부터미널 에서는 13회 운행한다. 또 구의동 동서울 종합터미널에서 하루 12회 운행한다.

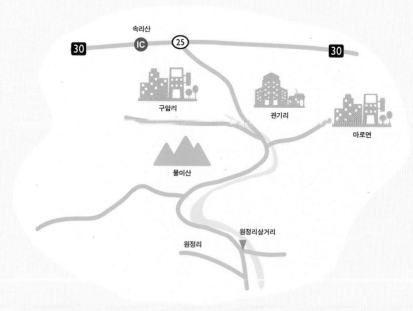

오렌지 빛, 서해의 낙조
꽃지의 해넘이와 안면도

월별 베스트 추천여행_12월

여행 시기 | 12월 초~12월 말 또는 년중

당일코스	연인
1박 2일 코스	MT
주변명소	사진여행
가족여행	계절마다

해를 마감하는 12월은 지난 1년을 되돌아보고 새로운 한해의 계획을 세우는 의미 있는 달이다. 지는 해를 바라보며 새해를 설계하는 12월 서해바다 안면도로 여행을 떠나보자. 서해안의 일몰은 잔잔하고 소박한 모습이 마치 수줍은 소녀의 모습처럼 수수하고 아름답다.

서서히 빨려 들어가듯 하늘과 바다를 온통 붉은 오렌지 빛으로 물들이는 서해의 낙조는 정말 혼자보기 아까운 절경이다. 그중에서도 특히 안면도 꽃지 일몰풍경은 두말 하면 잔소리다. 이곳의 낙조는 강화의 석모도, 변산의 채석강과 더불어 서해의 3대 낙조 가운데 최고로 꼽는다. 할미 할아비 바위사이로 떨어지는 낙조는 사진작가뿐만 아니라 여행객들의 많은 사랑을 받는 명소다. 안면도는 주변에 볼거리 먹거리가 풍부해 여행 중 오감을 만족하게 할 수 있는 아름다운 섬이다. 소박하고 아름다운 꽃지의 해넘이 풍경은 안면도 여행 중 빼먹지 말

당일 코스

간월도 간월암 - A,B지구 - 백사장 해안도로 - 안면해수욕장 - 안면도수목원 - 꽃지 일몰

1박2일 코스

간월도,A,B지구 - 백사장 해안도로 - 안면해수욕장 - 안면도수목원 - 꽃지 일몰 - 고남패총 박물관 - 영목항 유람선관광 - 안면암

고 봐야할 명소 중의 하나이며 한해를 보내며 가족, 연인과의 여행코스로 추천한다.
안면도는 우리나라에서 여섯 번째 큰 섬으로, 태안반도 중간에서 남쪽으로 뻗은 남
면반도의 남쪽 끝에 자리 잡고 있다. 안면읍은 본래 곶으로 육지인 남면과 연륙되어
있었는데, 삼남 지역의 세곡을 실어 나르는 것이 불편하자 조선 인조때 지금의 안면
읍 창기리와 남면의 신온리 사이를 절단함으로써 섬이 되었다. 현재는 연륙교로 육
지와 연결되어 있다.

120여km에 달하는 해안선을 따라 곳곳에 아름다운 해수욕장들이 있으며 유적으로
는 신야리의 조개무지, 고남리 고인돌떼짝, 패총 박물관이 있으며 승언리에 모감주
나무 군락지가 있다. 단일 소나무 숲으로는 최대인 자연 휴양림과 황도포구, 조구널
섬으로 이어지는 부교가 있는 안면암과 영목항, 두산목장, 염전 등이 있다.

안면도 꽃지 일몰풍경 200mm 1/320s F6.3 ISO200

꽃지의 낙조 사진 촬영은 썰물 때 더욱 아름답다. 주차장 쪽 해안도로에서 또는 물 빠진 갯벌에서 로우 앵글로 잡는 것도 좋고, 만조 때는 꽃다리 위에서 바다를 배경으로 촬영하거나 방포항 쪽을 배경으로 촬영하는 것도 좋다. 해가지고 난 뒤의 붉은 노을도 아름다운 풍경을 연출하고 꽃다리의 야경도 좋은 촬영 포인트가 된다.

안면도 꽃지 일몰풍경 12mm 1/20s F5.6 ISO100

안면도 여행을 하다보면 꽃지 이외에도 사진 촬영 명소가 많이 있다. 그중에서도 안면암과 곰섬의 풍경은 빼놓을 수 없는 사진 촬영 명소이다. 안면암은 안면대교를 지나 안면읍 쪽으로 달리다 수목원(자연휴양림) 입구에 서 있는 안내 표지판을 따라 왼쪽으로 길머리를 잡고 좁은 시골길을 10분정도 달리면 도착한다. 암자는 바닷가 나지막한 산 중턱에 자리잡고 있는데 암자에서 바라보는 풍경은 가히 절경이다. 안면암은 현 법주사 주지 지명스님을 따르는 신도들이 1998년 창건한 절로, 3층 현대식 구조의 암자이다. 썰물 때면 부교를 통해 바다 위를 걸어 섬으로 건널 수도 있으며 두개의 섬 뒤편은 오랜 세월 파도에 깎이고 패인 바위들이 태고의 모습으로 마치 화산암들을 연상케 한다.

촬영 포인트는 암면암에서 내려다보는 전경과 부교앞에서 광각렌즈로 로우 앵글로 잡는 것도 좋다. 맑은 날은 CPL 필터를 사용하고 흐린 날은 GRADATION 필터를 사용하는 것도 좋은 방법이다.

숙박 정보

● 안면도 수목원 자연휴양림
(041)674-5019 / 충남 태안군 안면읍 승언3리
(http://www.anmyonhuyang.go.kr 매월말 인터넷 예약가능)

● 나문재 팬션
(041)672-7634 / 충남 태안군 안면읍 창기리3구

● 발리팬션
(041)673-5078 / 충남 태안군 안면읍 창기리 2구 1328

● 바다향기 팬션
(041)672-4187 / 충남 태안군 안면읍 정당리

그밖에 섬 전체에 팬션이나 민박집들이 많음 참고사이트 : http://www.anmyon.net

곰섬은 안면도 연륙교를 건너기 전 전방 1km 지점의 입구에서 우회전하여 비포장 길로 한참 들어가야 하는 태안군 남면 신온리에 위치하고 있다. 비포장 길을 가다보면 오른쪽에 염전이 있고 이어 한서대학교 비행 실습장이 있는 곳을 지나면 작고 아담한 어촌 마을이 나타난다. 마을 앞을 지나 끝에 다다르면 작은 오솔길이 나오는데, 이 길을 5분여쯤 가다보면 송림이 울창한 작고 아담한 바닷가 해변이 있다.

태안반도의 많은 해변 가운데서도 곰섬은 아직 위치적으로 잘 알려지지 않은 덕분에 인적이 드물고 훼손되지 않은 자연과 작은 해변을 잘 보존하고 있는 곳이다. 여름 성수기에도 흔한 상점이나 모텔, 횟집 등을 찾아보기 힘들고 아직까지 개발의 손길이 크게 닿지 않아 한적하고 운치 있는 곳이다. 썰물 때의 일몰풍경과 섬마을 전경도 좋다.

일출 일몰 촬영시는 강한 역광으로 노출차가 극심하므로 스팟 측광으로 노출값의 중간이 되는 해의 주변을 측광하여 그 세팅값을 유지하는 것이 좋다. 수시로 변하는 상황에서 지속적으로 노출값을 측광하여 촬영하는 것이 일출 일몰 사진을 촬영하는 요령이다.

태안, 안면도 지역의 축제는 사계절 열리는데 바다와 연관된 축제가 많다. 오월의 영목항 수산물 축제를 시작으로 태안 육쪽마늘 축제, 안면도 꽃 축제, 백사장 대하 축제, 해넘이축제, 황도 붕기 풍어제, 안면도 저녁놀 축제 등이 열린다.

축제의 현장

★ **영목항 수산물축제**
▶ 기간 : 매년 5월 중순~5월 말 사이
▶ 장소 : 안면도 영목항
▶ 내용 : 갯벌체험, 좌대 낚시체험, 유람선 체험, 해맞이 행사, 엔예인 공연

★ **태안 육쪽마늘 축제**
▶ 기간 : 매년 6월 중순~6월말 사이
▶ 장소 : 태안군청 및 시내일원
▶ 내용 : 길놀이, 풍물놀이, 백합꽃 축제, 마라톤대회, 청소년문화 한마당

★ **백사장 대하축제**
▶ 기간 : 매년 9월 말~10월 중순 사이
▶ 장소 : 안면도 백사장 해수욕장 일원
▶ 내용 : 대하까기, 대하먹기, 대하요정선발, 축하공연, 노래자랑, 풍어제, 민요경창, 사물놀이

★ **황도붕기 풍어제**
▶ 기간 : 매년 음력 정월 초이 날~초사흘날
▶ 장소 : 안면도 황도 일원
▶ 내용 : 피고사, 세경굿, 당오르기뱃기 경주, 본굿, 강변 용신굿, 파제

여행의 즐거움에 빠질 수 없는 것이 그 지역의 특산물을 맛보는 것이 아닐까 싶다. 수도권에서 서해대교를 따라 1시간 30분이면 갈 수 있는 안면도 특산물로는 대하와 꽃게를 최고의 요리로 꼽는다. 백사장 해수욕장에선 매년 가을이면 자연산 대하축제가 열리고, 안면도 꽃게는 다른 지역의 꽃게보다 껍질이 두껍고 연푸른색을 띠며 그 맛도 뚜렷이 구별된다. 대하와 꽃게 맛을 제대로 즐기려면 연륙교 건너 백사장 해수욕장 쪽의 횟집 타운에 들르면 싱싱하고 감칠맛나는 대하 소금구이와 꽃게찜, 꽃게탕, 간장 게장 등을 맛 볼 수 있다.

맛이있는 곳

● 일송 꽃게 게장백반

(041) 674-0777 / 충남 태안군 승언2리 755-5

● 백사장 수산물 회센터

(041) 672-6782 / 충남 태안군 안면읍 백사장항 입구

● 대송 꽃게타운

(041) 673-5600 / 충남 태안군 안면읍 승언리 1265-6

● 바닷가 회타운

(041) 673-9907 / 충남 태안군 안면읍 승언8리

● 딴뚝 통나무 식당

(041) 673-1645 / 충남 태안군 안면읍 승언3리

길따라 지도 따라

● 인터넷 웹사이트

http://www.taean.go.kr/ 태안군청

● 문의전화

태안군청 문화관광과 (041) 670-2544

● 대중 교통정보

자가용 이용하면 당일코스로도 안면도 관광이 가능하지만 대중교통을 이용하면 최소한 1박을 해야 안면도 관광이 가능하다. 안면도의 각 항구 주변에는 횟집 등 편의시설이 많이 있으며, 아름다운 일몰을 보고 난 후 출발하는 것도 안면도 여행의 추억으로 자리잡는다.

▶ 버스

서울 남부터미널에서 06:30~19:10분까지 20분 간격으로 있으며 태안읍 터미널에서 수시로 안면도행 직행 및 완행버스가 운행하고 있다.

▶ 자가용

강남권 - 양재IC-과천의왕간 고속화도로 - 서서울 IC - 서해고속도로 - 홍성IC - 서산A.B지구 - 원청삼거리 - 77번국도-안면도

강북권 - 서울 외곽순환도로 - 서서울IC - 서해안고속도로 - 홍성IC - 서산A.B지구-원청삼거리 - 77번국도-안면도

무학대사의 깨달음

간월도 낙조와 철새기행

월별 베스트 추천여행_12월

여행 시기 | 11월 2주~12월 말 사이

당일코스	연인
1박 2일 코스	MT
주변명소	사진여행
가족여행	계절마다

"**돼**지 눈에는 돼지만 보이고 부처 눈에는 부처만 보인다"라는 말을 한 번쯤은 들어봤을 것이다. 바로 무학대사가 이성계에게 한 말이다. 촌철살인의 예로 쓰이지만 이 말에는 우리들 인간사에 다양한 뜻이 내포되어 있다. 오랜 시간이 흘러도 이 말이 자주 인용되어 쓰는 이유는 아직도 인간은 깨달음을 얻기엔 멀었다는 뜻이 아닐까 한다. 무학대사의 깨달음을 얻기 위해 간월암을 찾아가보자.

간월암은 충남 서산시 부석면 간월도리에 있는 작은 암자로서 조선 태조 이성계의 왕사였던 무학대사가 창건한 암자이다. 본래 간월암[看月庵]이란 이름은 무학대사가 이곳에서 달을 보고 깨달음을 얻었다는 뜻에서 지어진 이름이라고 한다. 조선 초에 무학대사가 이곳에 작은 암자를 지어 무학사라 부르던 절이 자연히 폐쇄되면서 폐사된 절터에 송만공 대사가 1914년에 다시 세우고 이곳을 간월암이라 불렀다한다. 이곳은 어리굴젓이 유명한데 무학대사가 이곳에서 수행하면서 이성계에게 보낸

 당일 코스

당일 코스로는 수덕사와 해미읍성, 개심사와 해미 천주교 순교성지 코스를 돌아본 후 서산마애삼존불상과 보원사지 코스 그리고 이맘때쯤이면 가창오리군무가 장관을 이루는 천수만 철새 탐조를 한 다음 간월암의 낙조와 덕산온천에서 온천욕을 즐기는 코스를 추천한다.

수덕사 - 해미읍성 - 개심사 - 천주교순교성지 - 서산마애삼존불상-보원사지 - 간월암낙조 - 천수만 철새탐조 기행 - 덕산온천

어리굴젓이 궁중의 진상품이 되어 오늘날까지 내려오게 되었다고 한다. 이곳에서는 매년 굴 풍년을 기원하는 굴부르기 군왕제가 열리는데 해마다 정월 보름날 만조가 되면 이곳 기념탑 앞에서 벌어진다. 간월암은 만조때면 섬이 되고 간조때는 육지와 연결되며 이곳에서 보는 서해 낙조가 아름다워 연중 많은 사람들의 발길이 이어지고 있다.

간월암은 서해고속도로 홍성IC에서 빠져나와 96번 국도를 타고 가면 약 20분정도면 도착한다. 홍성IC에서 96번 도로를 타고 가면 오른쪽에 드넓은 부남호와 현대A지구 간척지가 펼쳐진다. 부남호의 물막이 공사는 한때 정주영 회장의 유조선 공법으로도 화제가 됐던 바로 그곳이 지금의 배수 갑문이 설치된 자리이다.

간월암은 만조와 간조 때의 풍경이 각각 색다르며 일몰시 해가 암자 뒤편 안면도 쪽으로 지는데 강한 역광으로 인해 암자는 실루엣에 가깝게 표현된다. 촬영은 기념탑 좌측의 도로 갓길과 길 아래 백사장 쪽이 해를 정면으

🧳 1박2일 코스

해미IC로 빠져나와서 해미읍성과 천주교 순교성지, 그리고 개심사, 보원사지, 서산 마애삼존불상, 설원의 서산목장(농협가축개량사업소)를 둘러보고 간월도 가는 길에 부석사를 들렀다가 일몰 시간에 맞춰서 간월암에 도착 천수만 부남호의 철새탐조. 1박 후 수덕사와 수덕사 뒤편의 만공스님의 자취가 남아있는 암자와 덕숭산에 올라본다. 가파르지 않아 남녀노소 누구나 오를 수 있는 곳이다. 그리고 역사학자들과 풍수지리가 들이 많이 찾는 가야산 언저리의 흥선대원군의 아버지인 남연군 묘지를 둘렀다가, 인근의 덕산온천에서 스파를 하고 여행을 마무리 한다.

해미IC - 해미읍성 - 천주교순교성지 - 개심사 - 보원사지 - 서산마애삼존불상 - 서산목장 - 부석사 - 천수만철새탐조 - 간월암(1박) - 수덕사 - 덕숭산 등반 - 남연군묘 - 덕산온천

1

2

3

4

로 볼 수 있는 포인트다. 또한 기념탑 우측 산으로 5분 쯤 걸으면 간월암 진입로 끝나는 지점에서 내려다 볼 수 있는 곳이 있는데 이곳에서도 많이들 촬영한다.

물때를 고려하지 않고 암자에 들어갔다가 물이차서 나오지 못해 작은 쪽배에 밧줄을 묶어서 탈출(?)하는 진풍경이 벌어지기도 한다. 12월 한해를 보내면서 서해 낙조와 함께 다가오는 새해를 설계해보는 여행은 어떨까?

늦가을, 간월도 주변의 A/B지구 간척지에서는 철새 기행전이 열리고 있다. 현대건설이 간척 사업을 통해 만든 서산 A/B지구는 모두 467만평으로 해마다 10월 하순부터 약 1개월간 축제가 열린다. 가창오리와 천연기념물인 저어새 등 총 50여만 마리의 철새가 날아들고 있다. 축제 기간에는 간월도일언에 전시관과 기념관 및 풍물 장터 등을 운영하고 있으며 버스투어로 부남호와 A지구 일대를 돌아 철새 탐조를 할 수 있다. 일몰이 시작되기 전 가창오리 군무와 함께 아름다운 일몰 풍경을 감상할 수 있다.

서해안 고속도로가 개통되고부터는 수도권에서 비교적 가까운 거리에 있어서 연중 많은 사람들이 서해안을 찾는다. 이곳 또한 당일 코스로도 많이들 찾는데 주변의 안면도와 덕산온천 등을 연계해서 관광을 많이 하는 코스중의 하나이다. 해마다 이맘때쯤에는 천수만 철새기행전이 부남호와 A지구 간척지 일원에서 열리는데 버스투어로 돌아볼 수 있다.

1 천수만 철새
2 부남호의 풍경
3 부남호의 일물풍경
4 간월암 12mm 1/160s F8 ISO100

간월암 🄫 70mm 1/200s F8 ISO100

간월도 주변엔 남당항이 가까이 있어 궁리에서부터 약 10여km 해안도로를 타고 가다보면 우측으로 천수만이 눈앞에 펼쳐진다. 인근의 홍성군 결성면에는 만해 한용운 생가와 김좌진 생가가 있으며, 간척지 B지구 앞의 당암포에는 가두리 좌대 낚시터로도 유명하다. 몽산포 해수욕장 부근에는 오키드 식물원과 청산수목원 그리고 팜카밀레 허브농장이 있다. 그리고 장길산 세트장이 있으며 세트장 앞에는 염전이 있다.

일몰풍경이 아름다운 서해바다 특히 몽산포 해수욕장 인근의 몽대포구는 사람들에게 많이 알려지지 않은 곳으로서 포구 앞의 작은 섬 사이로 지는 해가 포구에 정박해있는 배들과 함께 어촌의 아름다운 풍경을 연출하는 곳이기도 하다. 몽대포구는 간월도에서 29번도로를 타고 안면도 방향으로 직진하다 태안 방면으로 우회전해서 가다보면 몽산포 해수욕장 안쪽으로 위치해 있는 작고 아담한 포구이다.

몽대포구에서 촬영시에는 포구 앞 방파제와 썰물때의 포구 안쪽에서 섬 뒤로 걸리는 일몰풍경을 담는 것이 좋은 화각을 이룬다. 겨울엔 특히 매서운 바닷바람으로 튼튼한 삼각대와 방한복 착용은 필수이다.

일출이나 일몰촬영시 가장 어려운 문제가 바로 측광인데, 대부분 역광의 상황에서 해를 측광하면 주변부 다른 피사체들이 시커멓게 나오고 해만 나오는 경우가 많다.

숙박 정보

● 간월도노을펜션
(041) 662-5218 / 서산시 부석면 간월도리 91

● 남문토방펜션
(041) 664-5079 / 서산시 부석면 간월도리 10-15

● 썬셋빌리지
(041) 664-9951 / 서산시 부석면 창리 284-7

● 천수만펜션타운
(041) 664-4800 / 서산시 부석면 창리 282-15

● 황금펜션
(041) 662-1483 / 서산시 부석면 창리

1 몽대포구 일몰풍경
2 몽대포구 풍경
3 몽대포구 일몰

노출측광은 해의 주변부 하늘 중간 밝기정도의 지점에 측광을 하고 스팟이나 멀티를
사용한다. 스팟의 경우는 초보자들이 실패할 확률이 높다. 일몰촬영은 한두스탑 언더
(−)로 촬영하고 또한 브라켓팅 촬영 방법이 초보자들에겐 좋은 방법이다.

간월도는 간척사업으로 인한 방조제지가 생기기 이전엔 섬이었다고 한다. 그로인하여 지금은 관광지로 개발되어 횟집타운과 위락시설들이 들어서고 있다. 이곳의 특산물인 어리굴젓과 굴 영양밥 그리고 새조개와 인근의 천수만에서 잡은 싱싱한 해산물이 사계절 찾는 이들의 입맛을 돋운다.

축제의 현장

★ 굴부르기 군왕제
- **기간** 매년 정월대보름날 만조때
- **장소** 간월도 일원
- **주요행사** 농악놀이와 전통 놀이 한마당, 굴식식 및 각종 행사

★ 천수만 철새축제
- **기간** 매년 10월 하순부터(1개월간)
- **장소** 간월도와 A지구 일원
- **주요행사** 철새탐조 및 버스투어, 철새 생태관과 기념관등 운영하며 각종 체험마당과 장터마당 등이 열린다.

그밖에도 창리 영신제와 부석 검은여 태평기원제 등이 창리와 부석일원에서 열린다.

맛있는 곳

* 전망 좋은 횟집 _ 대하, 새조개 및 각종 활어회
(041) 662-4464 / 서산시 부석면 간월도리

* 도비마루 _ 산채 한정식
(041) 669-6565 / 서산시 부석면 취평리 155-7

* 간월도 미래 군산횟집 _ 굴밥, 새조개
(041) 664-9812 / 서산시 부석면 간월도리 16-12

* 간월도 바다횟집_각종 활어회 및 대하
(041) 664-7822 / 서산시 부석면 간월도리

* 전망대 회굴밥집_활어회, 굴밥
(041) 663-9121 / 서산시 부석면 칭리 202-19

* 꽃피는 산골_산채비빔밥, 닭, 오리백숙
(041) 664-7849/서산시 운산면 용현리 2구 57-4

* 부석냉면_냉면, 한식
(041) 662-4128 / 서산시 부석면 취평리 258

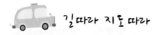

길따라 지도 따라

● 인터넷 웹 사이트
http://seosan.go.kr/서산시청

● 문의전화
서산시청 문화관광과 (041)-660-2499

● 대중 교통정보

▶ 자가운전
수도권에서 서해 고속도로나 경부 고속도로를 이용할 경우

서해 고속도로 홍성IC로 빠져나와 안면도 방향으로 29번 국도를 타면 간월도(간월암)에 도착한다.

▶ 버스
서울 강남 고속버스 터미널과 남부터미널에서 매일 서산행 버스가 운행되며 서산 공영버스터미널에서 간월암까지 시내버스가 매일 수시로 운행된다. 시간은 약 40분소요.

젊음과 낭만의 해변도시

울산 간절곶

월별 베스트 추천여행_12월

여행 시기 | 12월 1주~2월 중순 사이

당일코스	연인
1박 2일 코스	MT
주변명소	사진여행
가족여행	계절마다

첫 새로운 천년의 첫 해가 한반도에서 가장 먼저 떠오르는 곳이 있다. 수도권과는 멀지만 부산과는 가까운 울산에 위치한 곳이다. 새해를 앞두고 해맞이를 가면 간절곶 등대 일원은 항상 신년 해맞이 행사 준비에 한창이다.

울주군 서생면 대송리의 간절곶은 동해안에서 맨 먼저 떠오르는 해를 맞이할 수 있다. 영일만의 호미곶 보다도 1분 빠르게, 강릉시의 정동진보다도 5분이나 더 빨리 해돋이가 시작된다. 가장 먼저 보는 해라 벅차오르는 감동도 더욱 깊다. 간절곶 등대는 울산남부순환도로 입구에서 20여분 거리에 있다. 아카시아가 필 때 울산에서 부산해운대 쪽으로 해안선을 따라 달릴 때 바다 냄새보다 아카시아 향기가 더 그윽하다. 하얀 꽃을 주렁주렁 매단 아카시아 줄기가 축축 늘어져 있는 산길을 끼고 달리다가 어느새 바다가 펼쳐지기도 하는 이 길은 언제라도 드라이브 길로 제격이다. 한눈에 시원스레 펼쳐지는 바다

당일 코스

간절곶일출 - 진하해수욕장 - 서생포왜성 - 외고산옹기마을 - 석남사

를 눈앞에 두고 야트막한 구릉이 펼쳐져 있다. 가족나들이 장소로 언제든 좋은 곳이며 울산지역의 진하해수욕장, 서생포 왜성과 함께 새로운 명소로 각광받고 있다. 울산남부순환도로 입구에서 20분이면 닿는 지역이지만 아주 멀리 떠나온 듯 시원스런 풍경이 이국적이다. 바다를 바라보고 우뚝 선 하얀색의 등대를 바라보는 것은 배를 타고 오랫동안 바다여행을 하는 선장을 상상하는 것과 비슷하다. 끝없이 고독하면서도 무한한 상상력을 갖게 해 준다.

1박2일 코스

간절곶일출 - 진하해수욕장 - 서생포왜성 - 외고산옹기마을 - 자수정동굴나라 - 등억온천 - 석남사 - 봉계한우불고기 - 박제상유적지 - 선바위

등대 앞으로는 솔숲이다. 울기공원처럼 울창하지는 않지만 꼬불꼬불한 모양이 정겹다. 등대가 들어서 있는 집도 온통 흰색이다. 공단이 지척이건만 아주 먼 시골마을인 양 모든 움직이는 것의 동작이 느려지는 느낌이다. 해안으로 밀려오는 파도만이 변함없이 철썩인다. 1920년 3월에 점등되어 관리기관이 바뀌었을 뿐 오늘에 이르고 있다. 등대에는 누구나 올라가 볼 수 있다. 관리자에게 문의를 하고 방문 기록을 남기면 등

높이 5m , 가로 2.4m ,세로 2.0m , 무게가 무려 7톤이나 나가는 세계에서 가장 큰 우체통이 아름다운 바다를 배경으로 마련되어 있다.

대로 올라가도록 해준다. 원통형의 등대 안으로 나선형의 계단이 나있다. 창으로 바라보는 바다는 새로운 느낌이다. 등대를 오른편에 두고 바다와 더 가까이 접근할 수 있는 길이 나 있다. 길을 따라 일렬로 포장을 두른 횟집이 잘 정돈되어 늘어져 있다. 바다를 바라보면서 파도소리를 들으며 여러 가지 회를 맛볼 수 있다.

진하해수욕장, 서생포왜성, 대운산 내원암계곡, 반구대, 작괘천, 선바위, 파래소폭포, 석남사, 문수사, 자수정동굴나라, 외고산옹기마을 등이 있다.

일출 촬영 후 소망우체통 기준으로 오른쪽으로 가다보면 새벽에 멸치 삶는 장면을 볼 수 있다.
일하는 분들께 지장을 주지 않는 한에서 촬영을 해도 그렇게 싫어하지는 않는다.

간절곶에서 일출을 봤다면 인근에서 파도 장노출을 촬영할 수 있다. 이곳은 바닷바람이 많이 불고 바위 또한 불쑥 솟아 있는 곳이 많기 때문에 5~10초 정도의 노출로 환상의 아름다운 바다풍경을 담을 수 있다. 단 ND필터는 필수로 챙기자.

1 한낮에 ND400필터를 장착 후 망원렌즈로 촬영하였다. 장노출 촬영의 경우 흔들리지 않게 촬영하는 게 우선이기 때문에 삼각대가 필수며 필요에 따라선 릴리즈를 사용해서 셔터를 누르는 것이 좋다.

2 간절곶에서 울산방면으로 10분 정도 가다보면 진하해수욕장이 나온다. 멀리 보이는 곳이 명선도라는 섬인데 간조 때는 걸어서 섬 안으로 들어갈 수 있어 매력적인 곳이다.
진하해수욕장에서 바라본 명선도의 일출이다. 10월초부터 2월말까지 종종 물안개가 올라오는데 일출과 함께 바다에서 올라오는 물안개는 환상의 풍경을 자아낸다. 밤에는 명선도에 조명을 켜기 때문에 낮과는 또 다른 분위기를 느낄 수 있다.

Festival & taste 축제와 맛을 찾아

매년 간절곶에서 열리는 해맞이축제는 12월 31일의 전
야행사로 시작된다. 관광객이 참여하는 레크리에이션
행사와 간절곶 가요제가 끝이 나면 본격적인 재야행사
에 들어간다. 재야행사에서는 기대와 회상, 희망, 비상
을 주제로 한 콘서트, 퓨전영상쇼, 멀티미디어쇼를 비롯
하여 신년메시지 보내기와 불꽃놀이 등의 행사가 다채
롭게 펼쳐진다. 다음날인 1월 1일에는 해가 뜨기 전부터
해를 맞이하는 마음으로 모듬북 공연이 열린다. 장쾌한
북소리와 함께 새 해의 일출이 시작되면 사람들은 해를
바라보며 대나발을 불고, 소망의 새끼줄을 태우며 새해
의 소망을 빈다.

이밖에도 간절곶 해맞이축제에서는 다양한 부대행사를
벌이고 있는데, 한지에 새해의 소망을 적이 새끼줄에 엮
는 소망달기 행사가 열리며, 곳곳에서는 쌀 박상을 튀
겨 관광객들에게 나눠주기도 한다. 또한 전통놀이마당
을 설치, 투호놀이, 제기차기, 널뛰기, 그네타기 등 어린
이들의 놀이터를 제공하고 있으며, 행사장 어디서선 온
수와 커피 등의 음료를 무료로 제공받을 수 있다.

 숙박 정보

- 비학펜션
052-239-6468/울산 울주군 서
생면 나사리 457-6

- 나사리펜션
052-239-9845/울산광역시 울
주군 서생면 나사리 451-4

- 춘천옥황토찜질방
052-239-5522/울산광역시 울
주군 서생면 진하리 301-1
그 밖에 간절곶에서 10분 거리인
진하해수욕장 주변에 모텔 및 민
박집이 여럿 있다.

★ 간절곶 해맞이 축제
- **일시** 매년 12월 31일~후년 1월 1일
- **장소** 울주군 서생면 간절곶

★ 울주외고산 옹기축제
- **일시** : 2008년 10월 9일(목) ~ 2008년 10월 12일(일)
(매년 10월 개최)
- **장소** : 온양 외고산옹기마을 일원

★ 언양·봉계한우불고기축제
- **일시** 2008년 9월26일 ~ 2008년 9월28일 (3일간)
- **장소** 울산광역시 울주군 언양읍 서부리 삼성A앞(구. 삼도물산)

★ 달맞이 축제
- **일시** 2월경 (음력 1월15일)
- **장소** 진하해수욕장
- **주요행사** 농악, 사물놀이 공연, 전통 민속놀이 등
개막식과 기원제, 달집 점화, 달맞이 콘서트와 전통예술
무대공연 등

바닷가 근처에서 빠질 수 없는 회, 바다에서 잡은 해산물은 바다에서 먹는 것이 제
맛이다. 이곳 간절곶에서는 등대와 함께 바다를 바라보며 느긋하게 소주 한 잔과 회
를 먹을 수 있다. 간절곶은 대부분 바다를 바라보며 먹을 수 있는 식당들이 많다. 바
닷바람과 함께 향긋한 음식 맛을 한층 맛볼 수 있다.

 맛이있는 곳

- 일송횟집_자연산회
052-239-7000 /울산광역시 울주군 서생면 대송리

- 새벽가든_오리불고기
052-238-7540 / 울산광역시 울주군 서생면 대송리 137

- 시골집소고기국밥_장터국밥/사골곰탕/산채나물비빔밥
052-239-7652 / 울산광역시 울주군 서생면 나사리 114

- 고래식당_산곰장어/장어구이/고래고기/손두부
052-239-0955 / 울산광역시 울주군 서생면 진하리 84-6
번지

- 해물25시_자연산해물
052-239-2813 / 울산광역시 울주군 서생면 진하리 76-15

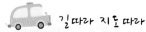

길따라 지도따라

- 인터넷 웹사이트

http://www.ganjeolgot.org/ 간절곶홈페이지

- 문의전화

052-229-7000

- 대중 교통정보

좌석버스(공동운수 1715번) : 울산 삼산 ~ 간절곶 ~ 서생역

시내버스(공동운수 715번) : 울산 삼산 ~(간절곶) ~ 서생역

시외버스(동부여객) : 진하해수욕장 ~ (간절곶) ~ 부산동부

터미널(김해)

시외버스(동부여객) : 울산 ~ 진하 ~ (간절곶) ~ 해운대(역앞)

자기운전정보

자가운전정보

- 경부고속도로 - 언양,울산고속도로 - 남부순환도로 - 진

하해수욕장 - 간절곶

- 울산공항 - 울산역 - 여천공단입구 - 청량면덕하 - 전하

해수욕장 - 간절곶

- 고속(시외버스터미널) - 공업탑 - 청량면덕하 - 진하해수

욕장 - 간절곶

- 부산14호국도-기장 - 서생(신암) - 나사리해수욕장 - 간절곶

- 부산7호국도 - 정관 - 일광 - 서생(신암) - 나사리해수욕

장 - 간절곶

해맞이관광열차운영(새해첫날에만 운행됨)

서울역 - 영등포 - 수원 - 대전 - 동대구역(12월 31일 22:20분)

(관광버스운행(서생역-간절곶)

- 기간 : 2일

- 출발일 : 12월 31일

- 관광안내 : 코레일투어서비스(주)

- 문의전화 : 1544-7786

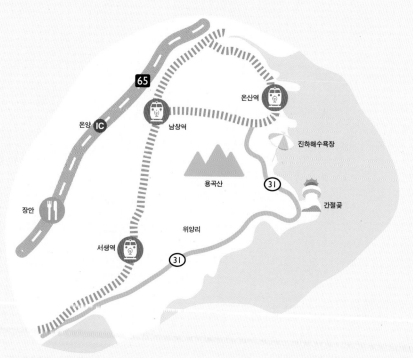

수도권 촬영지 10선

서울경마공원 / 낙산공원 / 부천 영상문화단지 / 선유도공원 / 안양 예술공원 /
양재 시민의 숲 / 올림픽공원 / 용산 전쟁기념관, 가족공원 / 임진각 평화누리 / 하늘공원

수도권 인근의 유명 사진촬영지 및 가족, 연인들의 나들이 코스로 10여 곳을 나름대로 선정해
봤다. 주말이나 평일 날 가장 많이 찾는 곳으로 특히 사진가들이 모델 프로필 야외촬영이나 동
호회 소모임 단위로 인물 출사지로 선호하는 곳이기도 하다.

서울경마공원

    기도 과천시 주암동 서울 경마공원은 서울대공원과 서울랜드 북쪽에 인접한 국제규모의 경마장으로, 1983년 2월 국무총리 지시 제8호에 의거 한국마사회가 1984년 5월에 착공하여 1988년 7월에 완공하였다. 1986년 제10회 아시아경기대회와 1988년 제24회 서울올림픽대회를 치르고 1989년 9월 개장하였다. 주요시설로는 지하 1층~6층 건물인 관람대와 모래마장인 주경기장이 있고, 관람대는 지하 1층·지상 6층의 규모로 길이 210m, 폭 50m에 달한다. 각층마다 마권판매소와 식당·매점 등이 편의시설이 들어서 있다. 그밖에도 어린이승마장과 일반인을 위한 각종 편의시설 등이 잘 갖춰져 있다.

서울경마장 경주모습 📷 400mm 1/3000s F6.6 ISO800

경주마의 촬영은 스타트 라인선과 동쪽 코너 쪽이 주요 촬영 포인트이다. 경주마 출마는 주말 1일에 약 11~12회 정도 시행되므로 촬영시 삼각대를 안전 휀스에 바짝 설치해놓고, 200mm 이상의 망원 렌즈를 사용해야만 한다. 빠르게 달리는 피사체의 경우 포커스를 잡기가 쉽지 않으므로 셔터속도를 1/640s~1/1000s 이상으로 잡아야 하며, 심도를 깊게 해야만 전체적인 모습을 선명하게 담을 수 있다. 셔터속도를 확보하기위해서는 그날의 일기와 촬영 조건에 따라서 ISO를 200~600 사이로 올려줘야만 한다. 주밍과 패닝 샷을 다양하게 시도해보자.

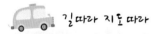
길따라 지도따라

- 인터넷 웹 사이트
http://www.kra.co.kr/서울경마공원

- 문의전화
서울경마공원 (02)-509-2348

- 대중 교통정보
서울경마공원 가는 길은 양재, 우면산터널, 사당 방면에서
과천 쪽 어린이 대공원 가는 방향의 경마공원역에서 좌회전
하면 입구 주차장에 도착한다. 지하철을 이용할 경우 4호선

서울경마공원역에서 하차 후 5분정도 걸으면 된다.
일반 주차비는 없으며 입장료는 경기가 있는 날은 800원,
경기가 없는 날은 무료로 입장 할 수 있다. 경기가 있는 주말
은 주차공간도 좁고 입구부터 차들로 막혀서 가급적 지하철
을 이용하는 편이 더 편리하다.

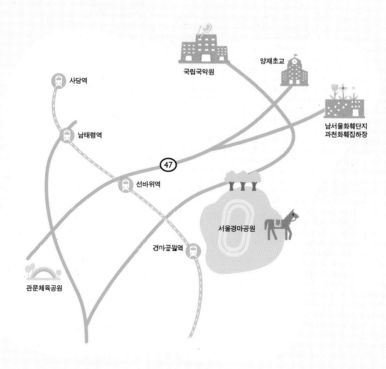

낙산 (駱山) 공원

산공원은 서울시 종로구 동숭동 산 2-10번지 일원에 있으며 약 4만6천여 평의 넓은 면적을 자랑한다. 혜화동, 대학로에서 동대문까지 길게 이어진 성곽 역사탐방로와 각종 설치미술품들과 운동시설, 교양시설, 휴양 및 편의시설 등이 잘 갖추어져 있는 도심 속의 또 다른 휴식 공간이며 대학로에서 낙산공원까지 골목의 거리 설치미술 작품들은 사진가들에게 좋은 촬영 소재를 제공하기도 한다. 종로구 동숭동. 마로니에 공원 뒤로 좁은 길을 밟아 낙산(駱山)의 품을 파고들면 좁은 골목길과 낡은 기와집, 그리고 벽돌 담벼락의 정겨운 그림들을 만난다. 서울의 한복판에서 아직도 70~80년대의 향수를 느낄 수 있는 곳이 바로 이곳이 아닐까 한다.

낙산은 서울의 형국을 구성하던 내사산(남산, 인왕산, 북악산, 낙산)의 하나로 풍수지리상 주산인 북악산의 좌청룡에 해당하는 산이다. '낙산'이라는 이름은 산의 모양이 낙타 등처럼 볼록하게 솟았다 해서 지어진 것으로 원래는 '낙타산'이었다. 조선시대 궁중에서 우유를 공급하던 유우소가 있었던 곳이라고 한다. 일제 강점기와 근대화 과정을 거치며 무분별한 개발로 오랜 시간 방치되어 있던 성곽과 유적지를 서울시가 복원에 나섰고, 지난 2006년 '공공낙산프로젝트'가 시행되며 '달동네'라 불리던 이 일대에 알록달록 설치미술들이 조성되었다. 서울 종로구 충신동과 이화동에 모여 있던 오래된 소규모의 봉제공장들은 설치미술 작가들이 만들어준 새 간판을 얻었고

버려진 우물 자리는 쉼터가 되었다. 또한 계단을 오르는 길들은 해바라기와 꽃그림들로 장식되어있고 달동네와 현대식 건물이 공존해있는 또 다른 세상을 느끼게 한다.

낙산공원 성곽에서 바라본 풍경 12mm 1/3200s F4.5 ISO200

낙산공공프로젝트 설치미술
낙산공원 풍경들

낙산 공공프로젝트를 카메라에 담기위해서는 사전 준비와 인터넷 자료 등을 참고로 하여 하나하나 빠짐없이 관람하고, 주위의 거리풍경과 함께 카메라에 담는 것이 좋다.

설치 미술품들은 대학로 마로니에공원 입구부터 낙산공원까지 중간 중간에 설치되어 있다. 올라갈 때는 우측 이화장과 동대문방향으로 시작해서 중앙광장 오르는 골목길과 제1,2 전망광장 쪽 골목길, 혜화문방면 제3의 광장골목길 등을 둘러보고 촬영하는 것이 좋다. 렌즈는 표준과 광각렌즈면 충분하다.

낙산공원 ⬜ 12mm 1/400s F5.6 ISO100

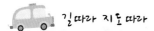
길따라 지도따라

● 인터넷 웹 사이트
http://parks.seoul.go.kr/서울의공원

● 문의전화
낙산공원 관리사업소 (02)-743-7985~6

● 대중 교통정보
서울 지하철 4호선 혜화역 2번 출구로 나와 마로니에 공원
과 방통대 사이 길로 직진하면 노란색의 '공공미술낙산프로
젝트'안내소가 보인다. 그 뒷길로 골목을 따라 올라가면 낙

산공원에 다다른다. 올라가는 길은 꽤 경사가 있기 때문에
편안한 복장으로 출발하는 것이 좋다. 지하철 1호선 동대문
역 5번 출구에서 마을버스(종로3번)를 타고 종점까지 가는
방법도 있다.

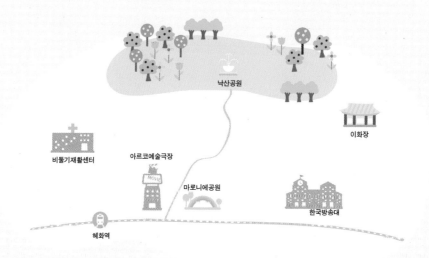

낙산공원

이화장

비둘기재활센터

아르코예술극장

MOVIE

마로니에공원

한국방송대

혜화역

부천 영상문화단지
(판타스틱 스튜디오)

부천 영상문화단지(판타스틱 스튜디오)는 부천시 원미구 상동에 위치한 영화, 드라마 촬영 오픈 세트장이다. 야인시대 촬영장으로 시작된 세트장은 우리나라 1950~60년대를 재현한 곳으로, 건물 200여 동으로 이루어져 있다. 주요 시설로는 지금은 사라진 종로의 우미관, 경성여관 등과 동대문에서 흥화문 사이를 왕복했던 전차, 명동의 일본 거리와 화신백화점, 청계천의 수표교와 장통교 등을 비롯해 연탄가게, 식당, 대포집, 양복점, 영화관, 잡화점, 다방 등 옛 서울의 거리 모습이 재현되어 있다. 모든 건물은 나무로 만든 가건물로서 외형만 갖추어져 있다.

그동안 많은 영화와 드라마가 여기서 촬영되었는데 대표적인 것이 태극기 휘날리며, 야인시대, 황금사과, 사랑과 야망, 하류인생, 역도산 등 주로 시대극 촬영장으로 많이 이용되었다.

촬영이 없을 때는 일반인들도 입장이 되는데 입장료 3,000원이면 40년 전으로 타임머신을 타고 갈수 있다. 세트장 안쪽까지 모두 돌아보면 꽤 넓은 공간에 만들어져 있어 생각보다 재미있는 곳이다. 부천 영상문화단지(판타스틱 스튜디오)는 2004년부터 현재까지 부천시 문화재단이 위탁운영하고 있으며 1년 365일 내내 개장하며 관람시간은 오전 10시부터 오후 10시까지이다.

부천 영상문화단지에는 판타스틱 스튜디오 외에도 세계 25개국 109점의 유명건축물

미니어처가 전시되어 있는 건축물 테마파크인 아인스월드, 실내스키돔·워터파크 및 스파·피트니스 전문 레저파크인 타이거월드를 비롯하여 한국만화영상산업진흥원, 동춘 서커스 상설공연장, 펄빅 스튜디오, 무형문화재 공방거리 등이 조성되어 있다.

부천 영상문화단지 24mm 1/1000s F8 ISO100

부천 영상문화단지(판타스틱 스튜디오)는 수도권 근거리에 위치하고 있어서 주말이면 많은 관람 인파와 사진 동호인들의 촬영 장소로 각광을 받고 있다. 특히 야외 인물 촬영장소로 사계절 많이 이용되고 있다. 세트장 전체를 돌아보면 사진 촬영 소재로 좋은 곳이 곳곳에 산재해 있다. 인물 촬영시는 반사판과 의상, 메이크업 등을 꼼꼼하게 챙겨 촬영 컨셉에 맞게 사전 준비해야 한다.

렌즈는 광각부터 200mm 망원까지 다양하게 활용할 수 있는 공간이다. 다만 지나치게 아웃포커싱으로 배경을 날려버려 촬영장소의 희소성을 반감해버리는 사진은 피하는 것이 좋다. 조리개값 F3.2 이상으로 인물과 배경을 적절히 조화시켜 촬영하는 것이 좋다.

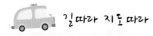

길 따라 지도 따라

• 인터넷 웹 사이트

http://www.bucheon.go.kr/부천시청

• 문의전화

부천시 원미구 상동 관리사무소(032)-320-6000/ 부천시청
공보실320-2062

• 대중 교통정보

▶ 자가운전

서울 외관순환도로를 타고 중동 나들목으로 나와서 고가도
로 아래 신호등에서 좌회전 후 아인스월드 지나 우회전하면

부천 영상문화단지 주차장에 도착한다.

경부고속도로나 서해고속도로를 이용할 경우에도 서울 외
곽순환도로(일산방면)을 타고 중동 나들목으로 빠져나오면
찾아가기가 쉽다.

▶ 버스

부평역에서 565번, 송내역에서 37번 시내버스가 부천 영상
문화단지 정문까지 운행되며 송내역 북광장에서 7-2번, 부
천남부역에서 23-2 번 버스가 부천 영상문화단지 후문까지
운행된다. 도보로 5~10분이면 주차장 앞 매표소에 도착할
수 있다.

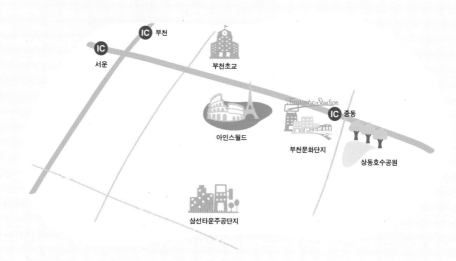

선유도 공원

유도 공원은 서울시 영등포구 양화동 95번지에 위치한 한강의 중앙에 떠있는 작은 섬이다. 선유도는 본래 선유봉이라는 작은 봉우리 섬으로, 일제강점기 때 홍수를 막고 길을 포장하기 위해 암석을 채취하면서 깎여나갔다. 1978년부터 2000년까지 서울 서남부 지역에 수돗물을 공급하는 정수장으로 사용되다가 2000년 12월 폐쇄된 뒤 서울특별시에서 164억 원을 들여 공원으로 꾸민 것이다.

한강의 역사와 동·식물을 한눈에 볼 수 있는 한강역사관·수질정화공원, 시간의 정원, 물놀이장 등의 시설이 들어서 있다. 전시관은 펌프장을 보수하여 만들었으며 한강 유역의 지질과 수질·수종·어류·조류·포유류 등 생태계와 한강을 주제로 한 지도, 시민들의 생업, 한강변 문화유적, 무속신앙 등의 생활상을 전시하고 있다. 또한 한강의 나루터 분포도와 교량·상하수도·댐과 한강 유역의 수해 등 한강 관리의 역사가 일목요연하게 전시되어있어서 사진 동호회와 주말 가족 나들이, 연인들의 데이트 장소로도 많이 찾는 명소가 되었다.

선유도는 4개의 테마 정원이 있다. 3개의 물탱크에서 흘러나오는 물이 온실과 수질정화원으로 유입되어 수질정화원의 부레옥잠 등의 각종 수생식물들을 거쳐 직접 수질이 정화되는 단계를 볼 수 있다. 그리고 수생식물원과 환경물놀이터는 자연환경

과 물의 오염을 막고 쾌적한 환경을 만드
는 것이 얼마나 소중한가를 느낄 수 있
게 한다.

시간의 정원은 주제정원 중 정수장의 구
조물을 가장 온전하게 보전하여 재활용
한 공간으로서, 이곳에 뿌리를 내리고 성
장하는 식물들과 점점 낡아가는 구조물
이 대비되어 시간의 흔적을 느낄 수 있
는 곳이다.

정원의 수로와 벽천을 타고 흘러내린 물
은 다시 물탱크로 돌아가 새로운 순환을
시작한다. 이렇게 물길을 따라 산책하다
보면 저절로 물의 의미와 생명의 소중함
을 깨닫게 된다.

봄에는 연산홍과 꽃나무 길, 가을엔 코
스모스, 단풍과 억새가 잘 어우러진 선
유도 산책길은 주말 가족들과 함께 또는
연인과 함께 호젓하게 보낼 수 있는 곳으
로 추천한다.

선유도는 주로 동호인들의 야외 인물 촬
영 장소로 많이 이용되기도 한다. 특히
코스프레 촬영이나 프로필 촬영 장소로
인기가 있다. 풍경 촬영 포인트는 선유
교 야경포인트가 단연 인기다. 우천시에
도 전시관이나 지하 주차장쪽 시설물 등
을 배경으로 촬영을 할 수가 있어서 많이
찾는 것 같다. 특히 지하주차장 벽면의
그래피티는 인물촬영 배경으로도 인기가
좋다. 지하주차장 계단도 빛이 들 때면
인물촬영 포인트로 좋은 곳이다.
봄, 가을이면 플라타너스 숲길이 아름다
워 배경으로 사용하기 위한 사진 촬영을
많이 한다.

선유도 지하주차장 그라피티 배경　85mm 1/250s F1.8 ISO400

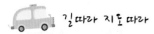 길따라 지도 따라

- 인터넷 웹 사이트

http://hangang.seoul.go.kr/서울시 한강공원

- 문의전화

한강 사업본부 운영부 (02)-3780-0590~5

- 대중 교통정보

승용차로 공항방면에서 진입할 경우 양화대교를 지나
1,000m 지점 양화 한강공원 선유도 방면 진입, 양화 한강
공원 주차장 이용하고 올림픽대로 잠실방면에서 진입할 경
우 성산대교 밑에서 우측방향으로 진행 후 좌회전(굴다리
통과), 양화 한강공원 주차장 이용하면 된다.

시내버스의 경우 양평동 한신아파트(1,000m)에서는 604,
605, 5516, 5712, 6514, 6623, 6631, 6632, 6633, 6712,
9707 이용하고 합정역 에서는 271, 570, 602, 603, 604,
5712, 5714, 6712, 7011, 7012, 7013, 7612번 버스를 이
용한다.

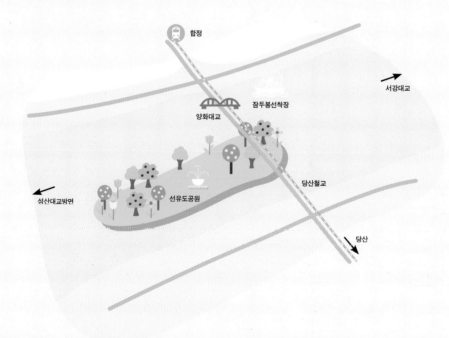

안양 예술공원

양 예술공원은 경기도 안양시 만안구 석수동에 있는 공원으로 옛날 안양 유원지로 더 잘 알려진 곳이기도 하다. 주변의 관악산과 삼성산의 골짜기에서 내려오는 계곡의 물은 안양천의 지류이기도하며, 이미 1950년대부터 수영장이 개성되기도 했던 곳이다. 한때는 포도나 딸기밭이 많았으며 각종 위락시설들이 많아서 수도권에서 많은 행락객들이 즐겨 찾는 명소이기도 했다. 그러나 행락객들이 늘어나면서 주변 음식점들과 생활하수 등으로 오염이 심각해져 자연환경이 훼손되고 낙후된 지역으로 변모했다. 그러던 것을 근래에 안양시에서 새로운 문화공간으로 조성하면서 인공폭포와 야외무대, 전시관, 광장, 산책로, 조명시설 등을 설치하였다. 또한 안양 공공예술프로젝트를 추진하여 전망대, 1평 정보센터, 하늘다락방, 물고기눈물 분수 등 유원지 곳곳에 국내외 유명작가의 예술작품 52점을 설치하여 새로운 시민 문화체육시설 공간으로 재탄생하였다.

안양 예술공원은 관악산과 삼성산이 만나 일군 계곡과 숲 6만3000여 평으로 이뤄진 안양유원지 곳곳에 건축, 조각, 그림, 디자인, 조경이 자연 속에 잘 조화를 이루고 있다. 예전의 막걸리 한 사발에 파전 한 조각 먹으며 취기에 올라 흥청거리던 안양유원지 풍경이 이제는 미술품을 즐기고 감상하는 현대미술의 실험 마당으로 변모

했다. 25개국에서 모인 90여 명의 작가가 각기 제 좋은 터를 만나 자연과 조화를 이뤄 창조한 작품은 아이들에게는 놀이터가 되고, 지친 도시인에게는 명상의 휴식공간이 된다. 안내소에서 나눠 준 탐방 지도를 들고서 약1.4㎞ 계곡을 따라 오르며 작품을 발견하는 재미가 쏠쏠하다. 이곳은 이제 예전의 그 흥청거리던 안양유원지가 아니다. 맑은 계곡물과 잘 조화된 자연 속에 살아 숨쉬는 천연 미술관이다. 주말 가족과 함께 서울에서 그리 멀지 않은 안양에 위치한 이곳에 연인과 가족들과 산책겸 무료로 많은 예술 작품을 즐겨보는 것도 알찬 주말을 보낼 수 있는 일정이 되지 않을까 싶다. 특히 저녁에는 곳곳에 예쁜 조명이 들어와 더더욱 운치 있는 공원으로 변신하므로 사진 촬영에도 좋은 소재가 될 수 있어서 한번쯤 찾아보는 것도 좋을 것 같다.

안양 예술공원 전망대 아래에서 올려다본 풍경　12mm 1/60s F8 ISO400

안양 예술공원 야외공연장

사진 촬영이 목적이라면 조금 서둘러 아침 일찍 도착하자. 오후가 되면 많은 사람들이 몰려오기 때문에 앵글을 잡기가 쉽지 않다. 공원에 도착하면 먼저 입구에서 안내책자를 받아서 촬영할 요소들을 미리 점검해 보자. 렌즈는 광각과 표준이면 충분하다.

먼저 전망대 쪽으로 올라가면서 주변의 설치미술품들을 담고, 전망대 아래 포인트에서는 최대한 광각으로 잡아야 나선형의 풍경을 앵글에 담을 수 있다. DSLR 크롭바디의 경우 10~24mm 광각과 어안렌즈가 좋고 FF바디의 경우 17~35mm 표준 광각렌즈면 무난하다.

전망대 촬영 후 반대편으로 내려오는 길에 곳곳의 설치미술작품들을 카메라에 담고, 위쪽의 주차장 쪽 통로와 야외무대 등의 작품을 담는 것이 적당한 코스이다. 촬영 시 숲의 그늘 등으로 셔터속도 확보가 어려우므로 ISO200 이상으로 올려주는 것이 좋다.

 길따라 지도 따라

● 인터넷 웹 사이트
http://www.anyang.go.kr/안양시청

● 문의전화
안양시청 문화예술과 (031)-389-2474

● 대중 교통정보
자가용을 이용할 경우는 경수산업도로(1번국도) 수원방면

의 오른쪽으로 나오면 된다. 네비게이션 "안양 예술공원"입력으로도 쉽게 찾을 수 있다.
지하철은 1호선 안양역과 관악역에서 내리면 된다. 그리고 시내버스는 1, 51, 5624, 5625, 5626, 5530, 5532, 5713번이 수시로 있다.

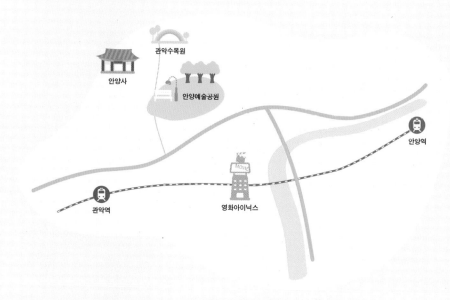

양재 시민의 숲

울특별시 서초구 양재동에 있는 양재 시민의 숲은 86아시안게임이 열리던 해에 완공된 시민공원으로, 서초구민들의 쉼터역할을 톡톡히 하고 있다. 공원에는 소나무와 느티나무, 단풍나무, 잣나무 등 약 70여종의 수목들이 울창하게 자라서 도심 속 삼림욕장 겸 휴식공간으로도 각광을 받고 있다.

공원 안쪽에는 잔디광장과 각종 운동을 할 수 있는 체육시설들이 갖추어져 있고, 매헌 윤봉길의사 기념관과 동상 등이 있다. 공원 뒤로는 양재천이 흐르고 자전거 도로와 조깅코스들도 잘 갖추어져 있어 많은 사람들이 찾는다. 그리고 인근에 교육문화회관서초문화예술회관 등이 있어 가족이나 연인들과 같이 둘러보기 좋은 곳이다.

양재 시민의 숲의 면적은 총 25만 8,992㎡이며 그 중 녹지대가 20만 5872㎡, 주차장이 5,972㎡, 광장이 7,211㎡, 기타 시설이 3만 9937㎡를 차지한다. 주요 시설물로는 조경시설로 잔디광장과 파고라(그늘막) 등이 있고 운동시설로 배구장·배드민턴장·테니스장이 있다.

6.25전쟁 당시 비정규군 전투부대로 참전하여 희생된 이들을 위로하고자 세운 높이 8.8m의 유격백마부대 충혼탑이 있다. 그밖에 1987년 11월 29일 미얀마 안다만해협에서 북한의 테러로 폭파된 대한항공 858기의 희생자위령탑과 1995년 6월 29일 삼풍백화점 붕괴로 사망한 사람들을 위로하기위한 위령탑이 있다.

양재 시민의 숲

양재 시민의 숲은 맑은 날이라고 해도 봄이
나 여름 또는 가을에는 숲이 울창해서 인
물 야외 촬영시 얼굴이나 몸의 일부분에 그
림자가 생기기 쉽다. 특히 오후에는 명암 대
비가 심해서 흰색계열이나 얼굴의 반사광은
거의 노출오버로 날아간다(화이트홀). 반사
판을 필히 이용하고 셔터스피드를 적절하게
확보해서 촬영하는 것이 좋은 사진을 촬영
할 수 있는 관건이라 할 수 있다. 야외 촬영
시 흐린 날이나 명암대비가 극명하게 드러
날 경우, 얼굴의 그림자를 없애고 쨍한 사진
을 촬영하기 위해서는 스트로보를 사용하
는 것도 좋은 방법이다.

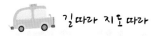
길따라 지도따라

- 인터넷 웹 사이트

http://www.parks.seoul.kr/citizen / 양재시민의숲

- 문의전화

양재 시민의 숲 공원관리사무소 (02)-575-3895

- 대중 교통정보

자가운전

양재 시민의 숲은 서초 화훼단지 인근으로 강남 대로를 따라 말죽거리를 직진으로 지나 성남방향으로 가다보면 길가에 양재시민의 숲이 있다. 윤봉길 의사 기념관 앞에 유료

주차장이 마련되어 있으며 매 10분마다 300~450원을 받는다.

지하철

지하철 3호선을 이용할 경우 양재역에 하차하여 성남방면(7번출구)로 나와 약 10여분정도 걸으면 우측으로 양재 시민의 숲이 있다. 그리고 서초구청과 가까이에 있어서 성남방면으로 약 10여분거리에 있기 때문에 시내버스나 좌석버스를 이용하면 된다.

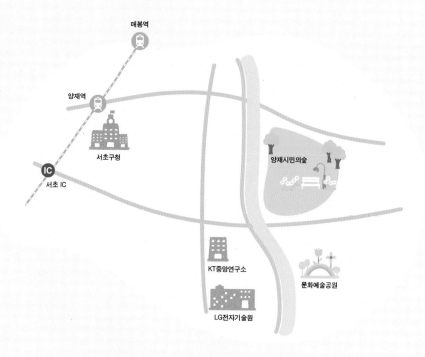

올림픽공원

서울 송파구 방이동에 있는 올림픽공원은 1988년 서울올림픽을 기념하기 위해 조성된 곳으로, 6개의 경기장이 있는 체육공원과 백제초기 문화유적인 몽촌토성을 중심으로 크게 나뉜다. 야외조각공원은 한가롭게 거닐며 세계 유명 조각 작품들을 만나볼 수도 있고 88놀이마당, 음악 분수 등과 같은 휴식공간이 조성되어 있다. 공원 전체 면적은 43만8,000평으로 전체를 돌아보는데도 상당한 시간이 걸린다. 원래는 1986년 서울 아시아 경기와 1988년 서울 올림픽대회를 목적으로 건설되었으나, 지금은 체육·문화예술·역사·교육·휴식 등 다양한 용도를 갖춘 종합공원으로 이용되고 있으며 주말이면 많은 사람들이 찾는 명소가 되었다.

올림픽공원의 주요 시설로는 올림픽회관, 경륜장, 역도경기장, 수영장, 펜싱경기장 등이 있고, 사적 297호인 몽촌토성지가 복원되어 있고 세계 110개국 200여 조각가들의 작품으로 조성된 올림픽조각공원, 세계평화의 문, 88놀이마당, 산책로, 올림픽 문화센터, 야생화단지, 야외미술관 등 다양한 시설이 있다. 또한 3개의 테마공원으로 구분되는데, 첫째는 산책·조깅 코스, 건강 지압로, 인라인스케이팅, 레포츠 킥보딩, 엑스게임경기장으로 이루어진 건강올림픽공원이고, 둘째는 몽촌역사관, 몽촌토성, 평화의 성지, 조각작품공원, 올림픽미술관으로 이루어진 볼거리 올림픽공원, 셋째는 호돌이 관광열차, 음악분수, 웨딩사진 찍기, 이벤트 광장 등으로 구성되어 시민들의 많은 사랑을 받고 있는 공원이다.

올림픽공원의 봄

아침햇살이 좋은 이른 시각이 촬영하기에 좋고, 올림픽공원하면 일명 '왕따나무'앞의 보리밭과 냉이꽃 등의 봄 풍경이 제일이라고 할 수 있다. 공원 호수의 반영도 봄에는 연산홍과 함께 담으면 좋다. 동호회 야외 인물촬영이나 웨딩촬영을 많이들 하는 장소이다. 인물촬영시 지나친 아웃포커싱보다 주변의 풍경을 배경으로 함께 담는 것이 좋다. 그늘이 많지 않아 한낮의 햇볕이 따가우므로 선크림과 생수도 함께 챙겨가자.

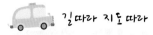
길 따라 지도 따라

- 인터넷 웹 사이트
http://www.sosfo.or.kr/olpark/올림픽공원

- 문의전화
올림픽공원 공원관리사무소 (02)-410-1683~4

- 대중 교통정보

▷ 자가운전
자가용 이용시 거여동방면은 몽촌토성역을 지나 남문4번과 2번문 출구로 들어가 주차하고 하남방면이나 천호동 방면에서 진입할 경우는 올림픽공원역 방향으로 직진하다 북

분2번, 동문1, 2번으로 진입하여 주차하면 된다. 주차비용은 주차장은 30분까지 무료이며, 추후 기본료 1,000원, 10분당 1,000원이므로 가급적이면 대중교통을 이용하는 편이 좋다.

▷ 버스
버스 21-2, 21-3, 21-5, 571, 522, 418, 30-5, 212, 813-2번 시내버스가 있고 그밖에도 지선과 간선 버스가 많이있다.

▷ 지하철
2호선 잠실역, 성내역, 5호선 올림픽공원역

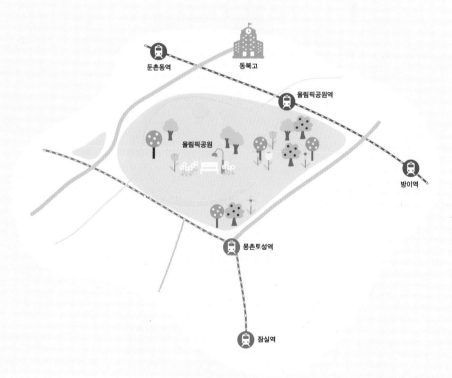

용산 전쟁기념관과 가족공원

　　용산 전쟁기념관은 서울특별시 용산구 용산동1가에 위치하고 있으며 연건평 2만5천 평으로 지하 2층, 지상 4층 규모이며 시대별 전쟁 관련 유물, 6전쟁자료, 항공기·전차·화포 등을 전시해놓아 일반관람객들과 학생들의 교육자료로 이용되고 있다. 1990년 9월 착공해 1993년 12월 완공하고, 1994년 6월 10일 개관한 기념관이다. 호국추모실·전쟁역사실·한국전쟁실·해외파병실·국군발전실·대형장비실 등 6개 전시실로 구분되어 있다. 6.25전쟁에 사용되었던 각종 항공기와 전차 화포 등을 야외 전시해 놓아 아이들과 함께 주말 나들이를 하는 것도 좋다. 야외 전시장과 각종 시설물들을 배경으로 사진 동호인들의 야외 인물촬영지로 많이 이용되기도 한다.

용산 전쟁기념관 앞 조형물

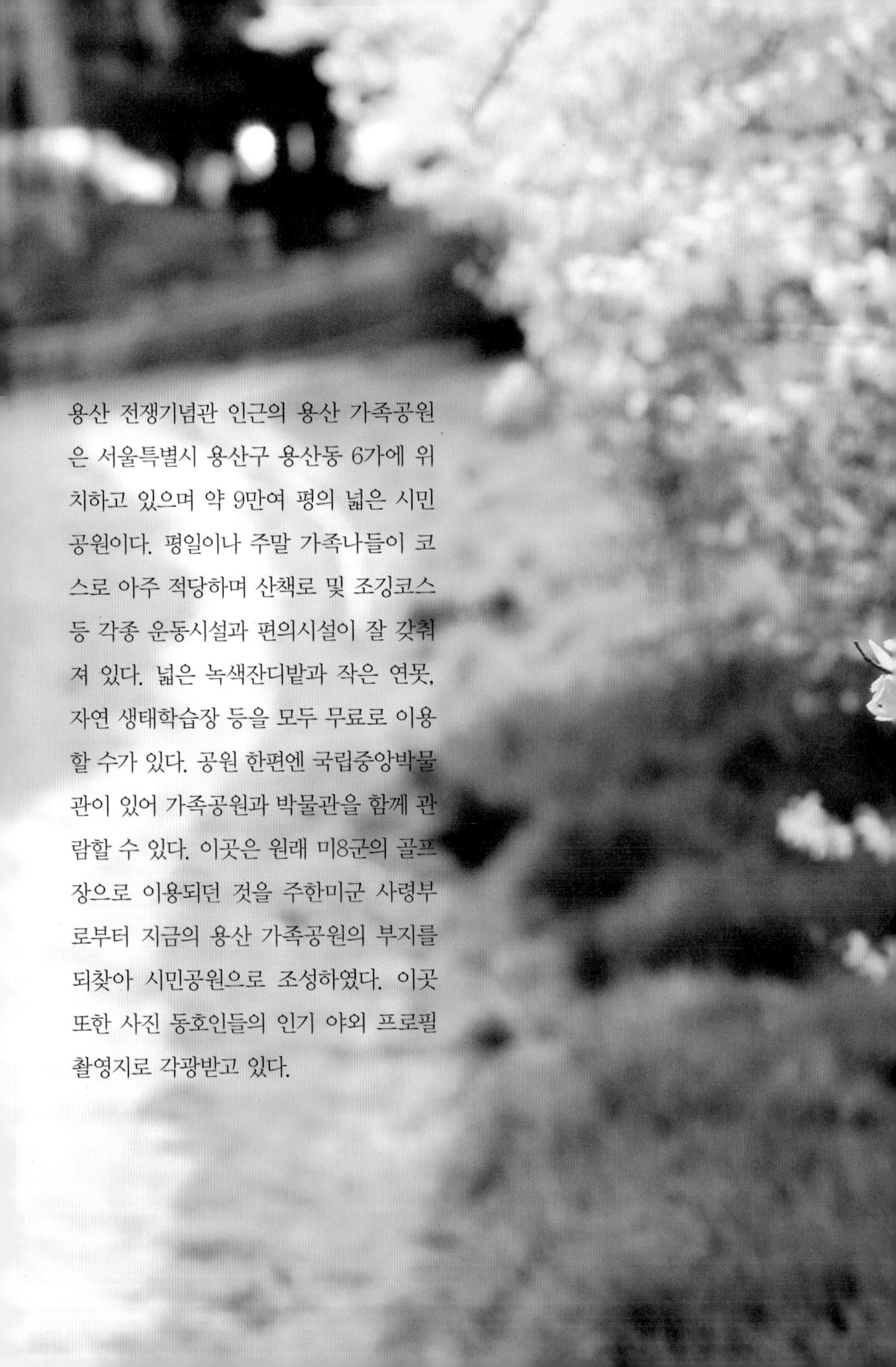

용산 전쟁기념관 인근의 용산 가족공원
은 서울특별시 용산구 용산동 6가에 위
치하고 있으며 약 9만여 평의 넓은 시민
공원이다. 평일이나 주말 가족나들이 코
스로 아주 적당하며 산책로 및 조깅코스
등 각종 운동시설과 편의시설이 잘 갖춰
져 있다. 넓은 녹색잔디밭과 작은 연못,
자연 생태학습장 등을 모두 무료로 이용
할 수가 있다. 공원 한편엔 국립중앙박물
관이 있어 가족공원과 박물관을 함께 관
람할 수 있다. 이곳은 원래 미8군의 골프
장으로 이용되던 것을 주한미군 사령부
로부터 지금의 용산 가족공원의 부지를
되찾아 시민공원으로 조성하였다. 이곳
또한 사진 동호인들의 인기 야외 프로필
촬영지로 각광받고 있다.

용산 전쟁기념관은 야외 전시장과 실내기념관 및 추모관이 있는데, 그중에서 야외전시장이 볼거리도 많고 사진촬영하기에도 좋다. 실내추모관은 떠들거나 촬영을 하지 않는 것이 관람자의 기본예의이다.

용산 가족공원의 경우는 국립중앙박물관과 야외 공원으로 나뉘는데, 박물관 외부 건물과 실내 사진촬영 포인트도 좋다. 야외 공원의 경우는 호수 쪽과 잔디밭 등이 모델촬영을 많이 하는 곳 중 하나이다. 야외 촬영의 경우 일반 시민들의 휴식에 방해가 되지 않도록 각별히 신경을 써야 하겠다.

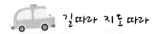
길따라 지도 따라

● 인터넷 웹 사이트
http://www.warmemo.or.kr/용산전쟁기념관
http://parks.seoul.go.kr/park/서울의 공원

● 문의전화
용산 전쟁기념관 관리사무소 (02)-709-3139,
용산 가족공원 관리사무소 (02)- 792-5662

● 대중 교통정보

▶ 자가운전
승용차를 이용할 경우 전쟁기념관은 이태원, 반포방면에서
는 동문으로 진입 노량진, 신촌, 서울역 방면에서는 북문으
로 진입하면 된다. 용산 가족공원은 삼각지 방면으로 진입
해서 이촌역 지나 국립중앙 박물관이나 용산 가족공원 방면
으로 진입하면 된다.

▶ 시내버스
전쟁기념관의 경우 정문 0013, 0015, 110, 730번 버스, 후
문의 경우 151, 152, 504, 605, 750, 751, 752번 버스가
있다.

▶ 지하철
전쟁기념관은 1호선 남영역에서 내려 도보로 10분 거리며
4, 6호선 삼각지역에서 내려 도보로 5분 거리이다. 가족공
원은 지하철4호선을 이용하여 이촌역에서 하차하고 서빙고
역이나 이촌역에서 약15분 정도 걸으면 된다.

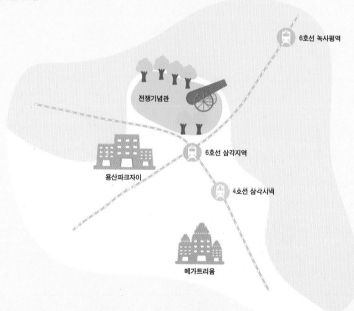

임진각 평화누리공원

　　유로를 따라 문산방향으로 가다보면 나오는 임진각 평화누리 공원은 경기
도 파주시 문산읍 마정리 임진각관광지 내에 있으며 평화를 주제로 한 복
합문화공간이다. 2005년 세계평화축전을 계기로 임진각관광지 내의 광활한 잔디언
덕(면적 약 99만㎡)에 조성한 공원이다. 분단과 냉전의 상징이었던 임진각을 화해와
상생, 평화와 통일의 상징으로 전환시키기 위해 조성되었으며, 기부프로그램과 함
께 공연·전시·영화 등 다양한 문화예술프로그램과 행사가 연중 운영되고 있다. 평
화 누리 언덕에 설치된 각종 예술작품들은 하나하나마다 통일의 염원을 담은 메시
지를 전달한다.

임진각 평화누리 공원은 2만5천명을 수용할 수 있는 대형 야외 공연장 "음악의 언덕"
과 호수의 반영이 아름다운 수상카페 "카페안녕" 3천개의 바람개비로 이루어진 "바
람의 언덕" 생명촛불 파빌리온 등으로 이루어져 있다. 통일기원 돌무지, 그리고 바람
의 언덕을 가로질러 붉은 천과 흰색의 천으로 설치되어 있는 '분다'라는 조형물이 있
으며 '평화의 언덕' 분수대 앞에는 중·소규모의 공연이 열리는 두루나눔공연장이 있
다. 그밖에도 상설 운영되는 전통 민속놀이 마당인 두루나눔 전통놀이 체험장, 아이
들의 놀이터인 모래언덕 자연 놀이터가 있어서 주말 가족 나들이와 사진 촬영인파로
좋아 항상 많은 사람들로 북적인다. 가까운 인근에 헤이리와 프로방스, 프리미엄 아
울렛, 출판단지 등이 조성되어 있어 드라이브나 데이트, 나들이로도 좋다.

임진각 평화누리 공원은 가족단위와 연인들 그리고 사진 촬영 여행을 많이 하는 곳이기도 하다. 한낮의 태양을 피할만한 공간이 별로 없어서 사전에 양산이나 생수, 선크림 등을 준비를 해가야 한다.

주로 많이 하는 촬영 포인트는 수상카페 앞의 풍경과 바람의 언덕 조형물들, 그리고 임진각 풍경 등을 스케치한다. 저속으로 바람의 언덕의 바람개비들을 담아보는 것도 좋다.

길따라 지도 따라

• 인터넷 웹 사이트
http://peace.ethankyou.co.kr / 임진각 평화누리공원

• 문의전화
임진각 평화누리공원 관리사무소 (031)-953-4744, 주차장
관리사무소 : (03)1-954-0025

• 대중 교통정보

➤ 자가운전
승용차를 이용할 경우 구파발에서 1번국도를 이용한 후 벽
제, 문산을 지나 1번국도 끝까지 직진하면 임진각에 당도한
다. 외곽순환 도로나 김포공항방면에서는 행주대교를 지나
자유로를 이용해서 직진하면 임진각에 당도한다.

➤ 버스
서울 불광동에서 909번 버스와 광화문에서 925번 버스를
이용하여 문산 터미널에 도착 후 94번 버스로 갈아타고 임
진각에서 하차하면 오른쪽으로 넓은 잔디밭과 멋진 조형물
들이 보인다.

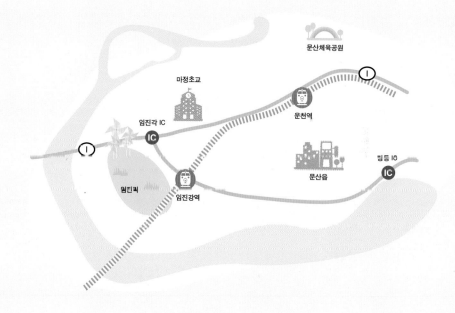

하늘공원

늘공원은 월드컵경기장에서 바라보면 2개의 난지도의 봉우리 가운데 동쪽의 봉우리에 조성된 생태환경공원이다. 본래 하늘공원이 조성된 봉우리는 난지도쓰레기매립장에 쌓인 생활쓰레기더미였다. 난지도쓰레기매립장이 포화상태에 이른 후 그 역할이 김포쓰레기매립장으로 이전되었고 오염된 침출수 처리와 함께 지반안정화 작업을 하면서 초지식물과 나무를 식재하여 생태계를 복원하였다. 2002 한·일월드컵을 맞이하여 생태환경공원으로 조성하였고 2002년 5월에 오픈하였다. 하늘공원은 도시의 생활쓰레기로 오염된 지역을 자연생태계로 복원하는 상징적인 의미가 있는 공원으로 지금은 많은 사람들이 찾는 명소가 되었다.

상암동 하늘공원은 생태환경을 복원할 목적으로 조성되었기 때문에 인공적인 편의시설은 거의 없고, 간이상점도 없어 음료수나 간식은 미리 준비해야 한다. 화장실은 탐방객 안내소와 주요 지점에 간이 화장실이 배치되어 있고, 장애인들도 쉽게 이용할 수 있도록 탐방객 안내소 등에는 장애인 램프와 전용 화장실이 갖추어져 있다.

이러한 특징 외에 하늘공원이 다른 공원과 특히 구별되는 것은 자연에너지를 사용한다는 점이다. 이곳에는 5개의 거대한 바람개비를 이용한 30m 높이의 발전타워에서 100kW의 전력을 생산해 자체 시설의 에너지원으로 사용하고, 또 쓰레기 더미에서 발생하는 풍부한 메탄가스를 정제 처리해 월드컵경기장과 주변지역에 천연가스 연료를 공급한다.

하늘공원 ◎ 24mm 1/250s f-8 ISO200

하늘공원에서 본 상암 월드컵경기장

하늘공원은 월드컵공원과 평화의 공원, 노을공원, 난지천공원 등이 주변에 있어서 사진촬영 뿐만 아니라 체육활동 및 주말 가족단위의 쉼터로도 각광을 받고 있다. 하늘공원은 승용차나 자전거를 이용할 수가 없다. 도보로 약 20~30분 올라가야 한다. 정상은 넓은 억새밭과 풍력발전기 등이 있어서 한강의 조망과 함께 이색적인 풍경을 자랑한다. 특히 가을에는 억새축제와 함께 코스모스, 해바라기 등의 조화가 아름다운 곳이다.

사진 촬영은 일반 관람객들에게 방해가 되지 않도록 해야 하고, 식수나 기타 간식 등은 챙겨가야 한다. 그리고 한낮의 뙤약볕을 피할만한 공간이 많지 않으므로 사전에 양산이나 파라솔 등을 챙겨 가면 좋다.

촬영 포인트는 월드컵공원 쪽 풍경과 성산대교, 여의도 63빌딩 방향으로의 풍경과 화각이 좋다. 야경촬영은 17:00~18:00이후는 출입을 통제하므로 사전 허가를 득해야한다.

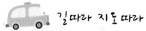
길따라 지도따라

● 인터넷 웹 사이트
http://worldcuppark.seoul.go.kr / 서울특별시 월드컵
공원

● 문의전화
월드컵공원 관리사무소 (02)-300-5542

● 대중 교통정보

▶ 자가운전
승용차로는 상암동 월드컵 경기장방면으로 진입 후 월드컵
경기장앞 주차장이나 하늘공원 주차장에 주차한 후 도보로
20~30분 오르면 된다.

▶ 버스
마포 농수산물시장, 월드컵공원행 시내버스.

간선 : 571,271번 버스
지선 : 7011,7013,7715번 시내버스가 수시로 운행된다.

▶ 지하철
지하철 6호선 월드컵경기장역 하차 후 1번 출구로 나온 후
직진 → 큰길(도로)이 나오면 우측으로 풍력발전기가 있는
하늘공원이 보이며 → 횡단보도를 건너(여기서부터 평화의
공원) → 평화의 공원과 하늘공원 사이의 육교를 건넌 후 →
하늘계단 또는 사면도로를 이용한다.

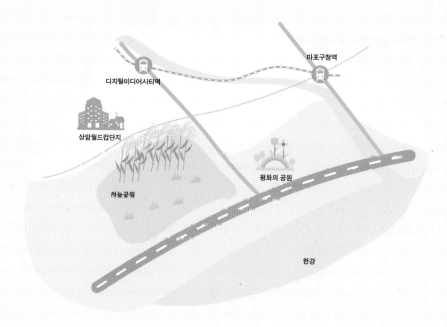